LÉON LEJE

DIDEROT

LE FILS NATUREL

ET LES

ENTRETIENS SUR « LE FILS NATUREL »

texte intégral

avec une Notice biographique, une Notice historique et littéraire,
une Notice bibliographique, une Documentation thématique,
des Jugements, un Questionnaire, des Notes explicatives
et des Sujets de devoirs,

par

JEAN-POL CAPUT

Ancien élève de l'E.N.S. de Saint-Cloud
Agrégé de Lettres modernes

LIBRAIRIE LAROUSSE
17, rue du Montparnasse, 75298 PARIS

RÉSUMÉ CHRONOLOGIQUE
DE LA VIE DE DIDEROT
1713-1784

1713 — **Naissance à Langres de Denis Diderot,** fils de Didier Diderot, maître coutelier, et d'Angélique Vigneron, son épouse **(5 octobre).**

1723 — Diderot entre au collège des jésuites de Langres.

1726 — Il est tonsuré (22 août) : sa famille espère pour lui la succession de son oncle, le chanoine Didier Vigneron (celui-ci mourra deux ans plus tard).

1728-1732 — Venu à Paris, il suit les cours du collège Louis-le-Grand et fréquente le collège d'Harcourt.

1732 — Il est reçu maître ès arts de l'Université de Paris (2 septembre).

1733 — Il mène une existence assez irrégulière et vit, médiocrement, de travaux littéraires.

1741 — Il écrit une *Épître* en vers à Baculard d'Arnaud.

1742 — Il se lie avec J.-J. Rousseau, qui vient de s'installer à Paris.

1743 — Traduction de l'*Histoire de Grèce,* de Temple Stanyan, paraît en avril. — Malgré son père, il épouse Antoinette Champion à l'église Saint-Pierre-aux-Bœufs (novembre).

1745 — **Le libraire Le Breton propose à Diderot la direction de l'*Encyclopédie*,** qui ne devait être, à l'origine, qu'une traduction de la *Cyclopaedia* de l'Anglais Chambers. — Il publie sa traduction de l'*Essai sur le mérite et la vertu* de Shaftesbury. — Diderot se lie avec Mme de Puisieux.

***

1746 — Privilège de l'*Encyclopédie*. — En juin, publication des *Pensées philosophiques*.

1747 — Diderot et d'Alembert acceptent la direction de l'*Encyclopédie*. — Diderot, dont l'irréligion a été dénoncée à Berryer, rédige la *Promenade du sceptique*.

1748 — En avril, nouveau privilège de l'*Encyclopédie*. — *Les Bijoux indiscrets,* roman libertin (janvier), *Mémoires sur différents sujets de mathématiques* (juin) et *Lettre au chirurgien Morand sur les troubles de la médecine et de la chirurgie* (décembre).

1749 — Diderot publie la *Lettre sur les aveugles,* qui lui vaut d'être **arrêté** et conduit à **Vincennes** (juillet) ; il signe un engagement écrit de soumission (août), et il est remis en liberté le 3 novembre.

1750 — Il se lie avec Grimm et d'Holbach. — En octobre, il publie le **Prospectus de l'*Encyclopédie*.**

1751 — Polémique avec le père Berthier sur le *Prospectus* de l'*Encyclopédie* (janvier). — Publication de la *Lettre sur les sourds et les muets* (février). — Diderot et d'Alembert sont nommés membres de l'Académie de Berlin (mars). — **Le premier tome de l'*Encyclopédie* paraît** en juin.

1752 — Le tome II de l'*Encyclopédie* paraît (janvier). — La thèse soutenue en Sorbonne par l'abbé de Prades, l'un des collaborateurs, est condamnée. Le 7 février, les deux volumes sont interdits. En mai, le gouvernement prie Diderot et d'Alembert de continuer leur œuvre. — Mme Diderot va à Langres et se réconcilie avec son beau-père (août).

1753 — Naissance de Marie-Angélique Diderot (septembre).

1754 — *Pensées sur l'interprétation de la nature* (janvier). — Séjour à Langres, d'octobre à décembre. Diderot révise, dans un sens plus avantageux pour lui, son contrat avec ses libraires (décembre).

1755 — Première lettre à Sophie Volland.

1756 — Diderot rejoint Rousseau à l'Ermitage (avril). — *Lettre à Landois sur le déterminisme et le fondement de la morale.* — Diderot rencontre Mme d'Epinay en novembre.

     2.03.870045.1

1757 — Publication du *Fils naturel* (joué en 1771) et des *Entretiens avec Dorval* (février). — Rupture avec J.-J. Rousseau.

1758 — **D'Alembert quitte l'***Encyclopédie*, mais Diderot déclare qu'il ne renoncera pas. — **Publication du** *Père de famille*, suivi du *Discours de la poésie dramatique*.

1759 — **Nouvelle condamnation de l'***Encyclopédie* (janvier), dont sept tomes ont été publiés de 1751 à 1757; révocation du privilège (mars). — Mort du père de Diderot (juin). — Rédaction du premier *Salon* (septembre), publié dans la *Correspondance littéraire* de Grimm. Il rédigera régulièrement jusqu'en 1771 le compte rendu des Salons de peinture et de sculpture, qui se tiennent tous les deux ans.

1760 — Rédaction de *la Religieuse* (février), qui sera publiée en 1796.

1761 — Première représentation du *Père de famille*. — Révision des derniers tomes de l'*Encyclopédie*.

1762 — Publication en volume de l'*Éloge de Richardson*. — Sollicité par Catherine II d'aller terminer l'*Encyclopédie* en Russie, Diderot refuse. — **Ebauche du** *Neveu de Rameau*.

1763 — Lettre à M. de Sartine *Sur le commerce de la librairie* (août). — En octobre, rencontre de David Hume.

1764 — Malgré la découverte de la mutilation, par Le Breton, des dix derniers tomes de l'*Encyclopédie*, Diderot accepte de terminer l'ouvrage.

1765 — Diderot, tout en en conservant la jouissance, vend sa bibliothèque à Catherine II contre 15 000 livres et une pension annuelle de cent pistoles (avril). — *Essai sur la peinture* (septembre). — **Fin de l'impression des dix derniers volumes de l'***Encyclopédie* (décembre).

***

1767 — Diderot est nommé membre de l'Académie des arts de Saint-Pétersbourg.

1769 — *Regrets sur ma vieille robe de chambre* (février). — **Rédaction de** *l'Entretien entre d'Alembert et Diderot*, du *Rêve de d'Alembert* et de la *Suite de l'Entretien*.

1770 — Voyage à Langres, puis à Bourbonne, avec Mᵐᵉ de Meaux et sa fille. *Les Deux Amis de Bourbonne; Apologie de Galiani* (décembre).

1771 — *Entretien d'un père avec ses enfants* (mars). — Première rédaction de *Jacques le Fataliste*.

1772 — Mariage de la fille de Diderot, Angélique, avec Caroillon de Vandeul. — *Ceci n'est pas un conte; Madame de la Carlière* (septembre). Première rédaction du *Supplément au « Voyage de Bougainville »*.

1773-1774 — **Voyage en Russie** par La Haye, Leipzig et Dresde. Pendant ce temps, Diderot rédige des notes sur son *Voyage de Hollande*, travaille à une *Réfutation de l' « Homme »* d'Helvétius et rédige les *Entretiens d'un philosophe avec la Maréchale de**, la *Politique des souverains*, le **Paradoxe sur le comédien**.

1775 — *Essai sur les études en Russie* et *Plan d'une université pour la Russie*. Huitième *Salon* (septembre).

1777 — Diderot passe une année à Sèvres et fait un travail considérable. — Il écrit peut-être une première version de la comédie *Est-il bon, est-il méchant?* — Il prépare la collection complète de ses œuvres.

1778 — *Essai sur les règnes de Claude et de Néron. Essai sur la vie de Sénèque* (décembre).

1781 — *Lettre apologétique de l'abbé Raynal à M. Grimm* (mars). Neuvième *Salon* (septembre).

1782 — Seconde édition de l'*Essai sur les règnes de Claude et de Néron*.

1784 — Diderot se remet difficilement d'une attaque d'apoplexie. — Février : mort de Sophie Volland. — **Mort de Diderot, le 31 juillet**, à Paris, et inhumation à l'église Saint-Roch le 1ᵉʳ août.

Diderot avait vingt-quatre ans de moins que Montesquieu; dix-neuf ans de moins que Voltaire; six ans de moins que Buffon; un an de moins que J.-J. Rousseau; quatre ans de plus que d'Alembert.

DIDEROT ET SON TEMPS

	la vie et l'œuvre de Diderot	le mouvement intellectuel et artistique	les événements historiques
1713	Naissance de Denis Diderot à Langres (5 octobre).	Addison : Caton (tragédie). Destouches : l'Irrésolu.	Traité d'Utrecht (guerre de Succession d'Espagne). Bulle Unigenitus.
1742	Rencontre de Jean-Jacques Rousseau.	Voltaire : Mahomet (tragédie). Ed. Young : Pensées nocturnes. Abbé Prévost : traduction de Pamela, de Richardson.	Traité de Berlin entre l'Autriche et la Prusse. Marie-Thérèse d'Autriche repousse les propositions de paix de Fleury (guerre de Succession d'Autriche).
1746	Débuts de l'Encyclopédie. Pensées philosophiques.	Condillac : Essai sur l'origine des connaissances humaines. Vauvenargues : Maximes. Marivaux : le Préjugé vaincu.	La Bourdonnais prend Madras. Mort de Philippe V d'Espagne.
1748	Les Bijoux indiscrets. Mémoires sur différents sujets de mathématiques. Lettre au chirurgien Morand.	Montesquieu : De l'esprit des lois. Richardson : Clarisse Harlowe. La Tour : Portrait de Louis XV.	Traité d'Aix-la-Chapelle, qui met fin à la guerre de Succession d'Autriche.
1749	Lettre sur les aveugles. Emprisonnement à Vincennes.	Buffon : Histoire naturelle (tomes Iᵉʳ-III); sa Théorie de la Terre est condamnée par la Sorbonne. Fielding : Tom Jones.	« Guerre de l'impôt », en France, à la suite de la création de l'impôt du vingtième.
1750	Diderot se lie avec Grimm et d'Holbach. Rédaction du Prospectus de l'Encyclopédie.	J.-J. Rousseau : Discours sur les sciences et les arts. Voltaire se rend à Berlin. Pigalle : l'Enfant à la cage.	Lutte entre Machault d'Arnouville et les privilégiés. Dupleix obtient le protectorat de Carnatic.
1751	Lettre sur les sourds et les muets. Premier tome de l'Encyclopédie.	Voltaire : le Siècle de Louis XIV.	En France : un édit suspend l'application du vingtième au clergé.
1752	Interdiction des deux premiers tomes de l'Encyclopédie (février), puis reprise de l'œuvre (mai).	Voltaire : Poème sur la loi naturelle; Micromégas.	Kaunitz est nommé chancelier d'Autriche; il pratiquera une politique de rapprochement avec la France.
1757	Brouille avec Jean-Jacques Rousseau. Le Fils naturel. Entretiens avec Dorval.	Bodmer édite le Nibelungenlied. Rameau : les Surprises de l'amour.	En France : attentat de Damiens, contre Louis XV. Invasion de la Bohême par Frédéric II (guerre de Sept Ans).

1758	Le Père de famille. Discours de la poésie dramatique. Départ de d'Alembert de l'Encyclopédie.	J.-J. Rousseau : Lettre à d'Alembert sur les spectacles. Helvétius : De l'esprit. Quesnay : Tableau économique.	Choiseul devient secrétaire d'Etat aux Affaires étrangères. Les Russes occupent la Prusse-Orientale.
1759	Nouvelle condamnation de l'Encyclopédie, Premier Salon. Mort du père de Diderot.	Voltaire : Candide. Wieland : Cyrus. Fondation du British Museum.	Les jésuites sont expulsés du Portugal et de son empire. Guerre généralisée en Europe centrale.
1760	Rédaction de la Religieuse.	Voltaire s'installe à Ferney. Macpherson : Ossian. Gainsborough : l'Amiral Hawkins.	Sac de Berlin par les Austro-Russes. Les Anglais occupent Montréal.
1762	Éloge de Richardson. Ebauche du Neveu de Rameau. Diderot décline l'invitation de Catherine II de venir terminer l'Encyclopédie en Russie.	J.-J. Rousseau : Émile; Du contrat social. Gluck : Orphée. Début de la construction du Petit Trianon par Gabriel.	Avènement de Catherine II en Russie. En France, le parlement supprime l'ordre des Jésuites. Procès et exécution de Calas.
1763	Troisième Salon. Rencontre de David Hume.	Voltaire : Traité de la tolérance. Reynolds : Portrait de Nelly O'Brien.	Traité de Paris, qui met fin à la guerre de Sept Ans.
1767	Cinquième Salon. Membre de l'Académie des arts de Saint-Pétersbourg.	Voltaire : l'Ingénu. Lessing : Minna von Barnhelm. Expérience de Watt sur la machine à vapeur.	Expulsion des jésuites d'Espagne (février) et de France (mai). Révision du procès Sirven.
1769	Regrets sur ma vieille robe de chambre. Le Rêve de d'Alembert. Entretien entre d'Alembert et Diderot.	Voltaire : Épître à Boileau; Histoire du parlement de Paris.	Naissance de Napoléon Bonaparte. Suppression du privilège de la Compagnie des Indes.
1771	Entretien d'un père avec ses enfants. Septième Salon. Première rédaction de Jacques le Fataliste.	Bougainville publie son Voyage autour du monde. Mort d'Helvétius. Houdon : Buste de Diderot.	Exil du parlement de Paris et réorganisation de la justice en France.
1773	Paradoxe sur le comédien. Voyage en Hollande, et en Russie.	Goethe : Goetz von Berlichingen.	Le pape Clément XIV dissout l'ordre des Jésuites.
1778	Essai sur les règnes de Claude et de Néron. Essai sur la vie de Sénèque.	Buffon : les Époques de la nature. Mort de Voltaire. Mort de J.-J. Rousseau.	Alliance entre la France et les Etats-Unis d'Amérique.
1781	Neuvième Salon.	Kant : Critique de la raison pure.	Victoire franco-américaine de Yorktown.
1784	Mort de Diderot (31 juillet) à Paris.	Beaumarchais : le Mariage de Figaro. Reynolds : Portrait de Mrs. Siddons.	Traité de paix anglo-hollandais de Versailles.

BIBLIOGRAPHIE SOMMAIRE

OUVRAGES GÉNÉRAUX SUR DIDEROT

André Billy — *Diderot* (Paris, Éditions de France, 1932).

Jean Thomas — *l'Humanisme de Diderot* (Paris, Les Belles Lettres, 1932).

Hubert Gillot — *Denis Diderot* (Paris, G. Courville, Paris, 1937).

Daniel Mornet — *Diderot, l'homme et l'œuvre* (Paris, Hatier-Boivin, 1941).

Paul Mesnard — *le Cas Diderot* (Paris, P. U. F., 1942).

Henri Lefebvre — *Diderot* (Paris, Les Éditeurs français réunis, 1949).

Charly Guyot — *Diderot par lui-même* (Paris, Éditions du Seuil, 1953).

Herbert Dieckmann — *Cinq Leçons sur Diderot* (Genève, Droz, 1959).

Numéro spécial de la revue « Europe » — *Diderot* (Paris, janvier-février 1963).

Valeria Tasca — *Introduction au « Fils naturel »* (Sobodi, Bordeaux, 1965).

SUR L'ŒUVRE DRAMATIQUE DE DIDEROT

Félix Gaiffe — *Etude sur le drame en France au XVIIIe siècle* (Paris, A. Colin, 1910).

Michel Lioure — *le Drame* (Paris, A. Colin, 1963).

Jean-Pol Caput — « le Théâtre de 1750 à 1780 », dans le *Manuel d'histoire littéraire*, tome II. (Paris, A. Colin, 1968).

SUR LA LANGUE DE DIDEROT

Jean Dubois, René Lagane et A. Lerond — *Dictionnaire du français classique* (Paris, Larousse, 1971).

LE FILS NATUREL
1757

NOTICE

CE QUI SE PASSAIT EN 1757

■ *EN POLITIQUE. Sur le plan international.* Depuis un an la guerre de Sept Ans fait rage en Europe. La France y est alliée à la Russie et à l'Autriche contre Frédéric II de Prusse et de Hanovre (et donc l'Angleterre). Succession d'opérations confuses, d'où se dégagent quelques lignes générales : victoires françaises en Hanovre (Closterseven), qui ne sont pas exploitées; en Prusse, Frédéric recule en bon ordre devant les incursions massives des Russes et défend sa capitale; la Prusse exploite la mésentente entre Russes et Autrichiens pour imposer des victoires sur chacun isolément (Rosbach, victoire sur les Autrichiens et les Français). Parallèlement, conflits coloniaux entre la France et l'Angleterre sur deux fronts : le Canada et l'Inde. En Inde, Clive lutte au nom de l'Angleterre contre les princes dévoués à la France, réoccupe Calcutta et Chandernagor. Au Canada, Montcalm se défend désespérément en dépit du déséquilibre des forces : aucune aide de la France contre un effort national anglais : succès précaire, Montcalm s'empare du fort William Henry. *En France.* Attentat de Damiens contre Louis XV, ce qui entraîne un remaniement du personnel gouvernemental : disgrâce du comte d'Argenson et de Machault d'Arnouville; intrigues de Choiseul, qui, l'année suivante, deviendra secrétaire d'État aux Affaires étrangères. En Angleterre, procès et exécution de l'amiral Bing; démission de Pitt, qui reforme un ministère deux mois plus tard.

■ *EN LITTÉRATURE :* Bodmer édite le Nibelungenlied; Burke : les Établissements européens en Amérique. VIIᵉ volume de l'Encyclopédie, dans lequel se trouve l'article Genève, inspiré par Voltaire, qui sera à l'origine d'une polémique assez vive. Palissot : Petites Lettres sur de grands philosophes.

■ *DANS LES ARTS :* En musique, les Surprises de l'amour de Rameau; mort de D. Scarlatti; Ph. E. Bach, Essai sur la véritable manière de toucher du clavier. En architecture : début de la construction de la place Louis-XV par Gabriel.

■ *DANS LES SCIENCES :* J. Dollond construit la première lunette achromatique.

COMPOSITION ET REPRÉSENTATION
DU « FILS NATUREL »

Si *le Fils naturel* est sa première œuvre dramatique, et non une œuvre de jeunesse — l'auteur a quarante-quatre ans —, Diderot s'intéresse depuis très longtemps au théâtre. Son mariage, puis la direction de l'*Encyclopédie* l'ont éloigné des spectacles; mais le chapitre XXXVIII des *Bijoux indiscrets* témoigne ses préoccupations, non moins que l'assiduité de Diderot et de d'Alembert au théâtre privé de Voltaire, inauguré avec Traversière le 6 juin 1750. Il est vrai que, sur ce point, les préoccupations politiques priment sans doute l'intérêt esthétique. Mais le théâtre est en grande vogue à ce moment, comme le prouve la multiplication des « théâtres de société », qui se rencontrent non seulement chez des particuliers, mais aussi jusqu'à l'armée et dans les couvents. Le 20 août 1755, première représentation de *l'Orphelin de la Chine,* de Voltaire; pour la première fois, l'on tente d'introduire de la couleur locale, plus de naturel et de vérité. Ainsi s'explique, partiellement du moins, que Diderot ait composé une œuvre dramatique originale, accompagnée de réflexions suggérant des réformes au théâtre. En outre, l'on peut dire que c'est une époque de plénitude pour l'écrivain : réconcilié avec sa famille de Langres, il a fait en 1755 la connaissance de Sophie Volland; sa situation matérielle est bonne, comme il le reconnaît lui-même, et l'*Encyclopédie,* si elle lui vaut bien des soucis, lui apporte aussi un prestige flatteur. Seul point noir : il vient de se brouiller avec Rousseau; mais l'évolution divergente de leurs idées rendait la rupture inévitable.

Telles sont les conditions dans lesquelles Diderot compose *le Fils naturel.* Le « Prologue » à la pièce — fragment des *Entretiens* placé par Diderot en tête de son drame — nous renseigne précisément sur la date exacte de composition : l'été 1756. En effet, la première phrase nous apprend que le sixième tome de l'*Encyclopédie* est paru; nous sommes donc après mai 1756; de plus, Diderot était « à la campagne »; or, il séjourna trois semaines à la fin de l'été dans la maison de campagne de son éditeur, Le Breton. Pendant l'hiver, la pièce fut examinée par Grimm en particulier, et, en février 1757, *le Fils naturel,* accompagné des *Entretiens,* paraissait « à Amsterdam » sous le titre suivant : « *Le Fils naturel ou les Epreuves de la vertu. Comédie en cinq actes,* et en prose, avec l'histoire véritable de la pièce. » En dessous, quatre vers de l'*Art poétique* d'Horace, dont nous donnons la traduction par François Villeneuve (Les Belles Lettres) : « Parfois, quand brillent les idées générales et que les caractères sont bien observés, une pièce où manquent la beauté, la force, l'art vaut plus pour donner du plaisir au public et le retenir que des vers pauvres de fond et des riens mélodieux » (vers 319-322). Comme nous le verrons plus loin, la pièce, par divers côtés, est marquée par les idées et les goûts des philosophes. Cela explique probablement les réactions qui l'accueillirent. Imprimé avant d'être représenté, l'ouvrage fut « lancé » par les encyclopédistes de façon peu modeste; Grimm en fait un éloge hyperbolique; Mme d'Épinay en aurait vendu cent exemplaires en deux jours, tandis que Voltaire ne marque qu'un intérêt courtois : dire de l'ouvrage qu'il est « plein de vertu, de sensibilité et de philosophie » revient à lui dénier d'autres qualités, fondamentales pour une pièce. Dans le clan opposé, la critique est sévère : un drame de peu de valeur, une poétique fondée sur une méconnaissance totale du problème, une sorte de plagiat — telles sont les opinions émises par Collé et Fréron. Palissot résumera le tout sous une forme satirique et sévère. Peut-être l'acharnement de Diderot contre « la ménagère » de la maison Bertin, dans *le Neveu de Rameau*, trouve-t-il ici l'une de ses sources. Par malheur pour notre philosophe, l'opinion des spectateurs ne le vengea pas de celle des critiques. Le duc d'Orléans, à qui un appel direct était lancé à la fin du dernier *Entretien*, confia la pièce à Grandval, comédien que Diderot n'avait pas maltraité (voir page 167); le verdict fut que *le Fils naturel* était injouable. Il faudra attendre le 26 septembre 1771 pour que la Comédie-Française accueille le drame; mais la distribution idéale envisagée par l'auteur (voir Distribution, page 28) fait place à une autre, plus modeste : on y voit les noms de Molé, Brizard, Augé et de Mlles Doligny, Farnies et Préville. Le succès de la première représentation fut assez vif : plus de 2 785 livres, selon les registres de la Comédie-Française. Il n'y en eut depuis lors aucune autre : le lendemain, Diderot retirait sa pièce, sans que l'on sache exactement pourquoi. *Le Père de famille* aura plus de chance, sans pour autant faire figure de succès. Depuis lors, les *Entretiens* retiennent l'intérêt, pour des raisons diverses d'ailleurs, tandis que *le Fils naturel* n'est réimprimé que trois fois : en 1770, d'abord; à sa place dans *les Œuvres complètes* de Diderot (Éd. Assénat-Tourneux); et enfin en photocopie de l'original, pour les besoins du programme d'un concours de recrutement, en 1965, accompagné d'une notice et de notes, à Bordeaux (voir Bibliographie, page 8). Nous avons suivi, pour notre part, le texte de l'édition originale — sauf cas de lapsus évident — jusque dans la ponctuation, si particulière, de Diderot.

ANALYSE DU « FILS NATUREL »

Prologue. Après avoir présenté Dorval, « sombre et mélancolique [...] à moins qu'il ne parlât de la vertu, ou qu'il n'éprouvât les transports qu'elle cause à ceux qui en sont fortement épris », Diderot raconte l'histoire de la pièce : l'événement vécu devint drame sur la demande du père de Dorval, pour en éterniser la mémoire et fournir ainsi un exemple aux descendants des personnages.

Acte premier. Dorval partira-t-il? Dorval, agité, décide de partir, malgré les représentations de son valet, Charles, sans parvenir à savoir s'il dira adieu à ses hôtes : Clairville son ami, Rosalie, amoureuse de celui-ci, qui l'aime, et Constance, sœur de Clairville et veuve.

Cette dernière arrive, apprend le départ de Dorval et, surprise, lui avoue qu'elle l'aime (**scène IV**). Clairville apparaît opportunément pour dispenser son ami d'une réponse embarrassante et le conjure, avant de s'en aller, d'intercéder en sa faveur auprès de Rosalie, qui semble ne plus l'aimer (**scène VI**). Dans le monologue final, Dorval exprime son embarras : il aime lui-même Rosalie (**scène VII**).

Acte II. L'embarras de Dorval. Rosalie confirme à sa suivante Justine qu'elle n'aime plus Clairville, lorsque paraît Dorval; de leur entretien jaillit l'explication : Rosalie s'est éprise de Dorval, dont elle admire les vertus (**scène II**). L'arrivée de Clairville entraîne leur séparation sans qu'aucun mot irréparable leur soit échappé; embarrassé, Dorval conseille à son ami d'attendre avec espoir jusqu'à l'arrivée du père de la jeune fille, sans lui donner d'explication. Monologue désespéré de Dorval : en dépit de sa vertu, il aura rendu tout le monde malheureux autour de lui (**scène V**). Il reçoit une lettre de Rosalie, pleine de remords, l'appelant à son secours; profondément troublé, il commence une réponse lorsqu'on l'appelle à l'aide de Clairville aux prises avec deux adversaires; sur ces entrefaites, Constance revient, fort surprise de voir Dorval la fuir si précipitamment, trouve la lettre — « Je vous aime, et je fuis... hélas! beaucoup trop tard! », y écrivait Dorval — et s'en croit la·destinataire; elle se jure d'empêcher le départ du jeune homme.

Acte III. Les épreuves de la vertu. Clairville apprend à son ami pourquoi il s'est battu — au risque de sa vie : deux inconnus prétendaient que Dorval partait parce que Constance l'aimait et que lui-même aimait Rosalie. Dorval se sent extrêmement gêné, au contraire de Clairville, quand la sœur de ce dernier, se fondant sur la lettre qu'elle a trouvée, révèle l'amour « réciproque » qui la lie à Dorval; Clairville approuve ces sentiments, Dorval reste de marbre — ce que son interlocuteur ne comprend pas —, Rosalie, venue s'enquérir du duel, apprend de Clairville que Dorval épousera, par inclination, Constance, manque s'évanouir de douleur et repousse Clairville : « Laissez-moi... je vous hais » (**scène IV**). Ce dernier reste atterré quand on annonce André, domestique du père de Rosalie. Dans une longue scène, André raconte leur odyssée : revenus d'Amérique, ils sont capturés par des Anglais en vue des côtes de France, traînés dans une prison infecte, où ils seraient morts sans l'intervention du correspondant anglais du vieillard qui les sauve et les rapatrie : ainsi le vieillard pourra-t-il revoir « ses enfants », mais il est ruiné (**scène VII**). Clairville annonce à Dorval que, désormais, il devra renoncer assurément à Rosalie, réduite à l'indigence : elle devra réserver le peu d'argent qu'elle possède à subvenir aux besoins de son père et aux siens. Dorval, en un monologue douloureux, fait un effort surhumain sur lui-même et décide de permettre le mariage de son ami avec Rosalie en transférant à celle-ci la moitié de sa fortune sans qu'elle puisse s'en douter : il fera croire que le bateau était assuré (**scène IX**).

Acte IV. L'œuvre de Dorval. Rosalie exhale son amertume et son indignation devant la trahison de Dorval; Constance tente de la raisonner et de la rapprocher de Clairville, sans succès. Dorval, par tous les moyens possibles, tente de détacher de lui Constance : il se peint sous le jour le plus sombre; mais la jeune femme a réponse à tout : un homme tel que lui est nécessaire à la société; son exemple incitera ses enfants à la vertu; eux-mêmes verront un monde meilleur grâce aux progrès des lumières; la vertu permet de se contenter d'une fortune modeste, et le fait d'être de naissance illégitime n'a aucune importance réelle **(scène III)**. Dorval, encore ébloui, conseille à Clairville de « s'attacher plus fortement à Rosalie ». Joyeux, celui-ci envisage de faire du commerce pour rétablir une situation financière précaire. L'acte se termine sur un monologue dans lequel Dorval constate avec satisfaction qu'il a tout sacrifié : la fortune, [sa] passion! la liberté! et décide de convaincre lui-même Rosalie d'épouser Clairville **(scène VII)**.

Acte V. Le triomphe de la vertu. Rosalie allait demander à son père de ne pas venir lorsque Clairville tente de se faire sa conquête; ébranlée, mais non convaincue, elle le met en garde contre Dorval, ce qui le scandalise. Dorval survient et, tandis que Clairville s'éloigne, fait honte à la jeune fille : on ne peut vivre sans une conscience pure; Clairville était pour elle un époux vertueux, chose rare; elle ne pouvait envisager d'épouser Dorval, sans honte pour tous deux; lui a surmonté l'épreuve; elle est capable d'en faire autant. Convaincue avec peine, elle accepte de revoir Constance et de rendre sa tendresse à Clairville **(scène III)**.

C'est alors que le vieillard paraît : aussitôt, Dorval le reconnaît pour son père, Lysimond; dès lors Rosalie et lui sont frère et sœur; ce bon père unit les deux couples, qu'il bénit, puis annonce : « Je vous laisse une grande fortune. » Rosalie, surprise à cette nouvelle, demande à son père des éclaircissements et fait ainsi éclater l'acte de générosité de Dorval, devant Lysimond ému **(scène V)**.

Épilogue. Diderot raconte qu'en fait il n'a pu assister à la dernière scène, car Lysimond étant mort, un autre vieillard avait tenu son rôle, mais l'émotion avait interrompu la pièce. Embarrassé par la tristesse ressentie au cours du spectacle, il s'est demandé s'il s'agissait d'une œuvre d'Imagination. Revoyant Dorval, il se fait confier le manuscrit pour l'examiner d'un œil critique dramatique après avoir reconnu que « le jeu des acteurs [lui] en avait tellement imposé, qu'il [lui] était impossible de prononcer sur le reste ». La discussion entre Diderot et Dorval sur la pièce constitue les trois *Entretiens*.

LES SOURCES : DIDEROT ET GOLDONI

Fréron, dans *l'Année littéraire*, accusait Diderot de plagiat; mieux : en faisant l'analyse du *Véritable Ami* de Goldoni, il semblait le démontrer. De son côté, Diderot, dans le *Discours de la poésie dramatique* (scène X), faisait la preuve du contraire en trois pages passionnées — et peu amènes pour Goldoni. Il avait en outre fait publier les traductions de l'auteur italien. Qu'en est-il en fait?

Pour situer le problème dans une plus juste perspective, il conviendrait d'abord de replacer ce maillon dans une chaîne beaucoup plus vaste. En effet, dans *le Véritable Ami* (1750), Goldoni aurait imité *la Force de l'amitié* de Luigi Riccoboni, qui s'inspirait lui-même du *Fidèle Ami* (1611) de Flaminio Scala. Si nous repartons du même auteur, mais en chronologie directe et non plus inverse, après *le Fils naturel* (1757) de Diderot, Goldoni composera une seconde version de son *Véritable Ami* en 1764, tandis qu'il sera imité par Alberto Nota (1775-1845) dans *le Philosophe célibataire*, et par Paolo Ferrari (1822-1889) dans *les Amis rivaux*. Par conséquent, il s'agit là d'une chaîne d'emprunts; Goldoni — qui s'installa à Paris en 1762 — ne regretta que la dureté avec laquelle Diderot l'avait traité dans le *Discours de la poésie dramatique;* lui-même, comme bien d'autres, empruntait aussi couramment qu'il fournissait de bonne grâce modèle ou canevas. On pourrait aussi évoquer deux faits : *le Cid* de Corneille fut accusé de plagiat par Mairet; Giraudoux s'était plu à rappeler par le titre de sa pièce — *Amphitryon 38* — qu'il était le trente-huitième à reprendre ce sujet. Dans tous les cas, comme on le voit par ces exemples rapprochés, la valeur de la pièce n'est pas liée à cette particularité.

En réalité, jusqu'à la scène où Constance prend pour elle la lettre que vient d'abandonner Dorval, le mécanisme de l'action est le même dans les deux pièces. Mais ensuite, l'une et l'autre divergent profondément. Chez Goldoni, l'on s'achemine vers la résignation : Florindo épouse Béatrice, mais c'est pour rendre impossible tout regret de son geste de désistement; encore doit-il s'éloigner pour consolider sa résolution. Les sentiments de Rosaura épousant finalement Lelio ne sont guère voisins de l'enthousiasme. Il s'agit presque d'une régularisation logique de la situation en fonction de la manière dont elle a été posée au départ. A cette digression désenchantée s'oppose, dans *le Fils naturel*, une unification en apothéose : autour de Lysimond qui unit les deux couples, chacun trouve son bonheur; Dorval, sa récompense; même après la disparition du patriarche, l'œuvre de ce dernier demeure solide, car il a eu deux rôles : lever les ambiguïtés qui demeuraient (relations entre Dorval et Rosalie; fortune ou indigence) et cristalliser ce vers quoi toute la pièce tendait indépendamment de lui; simplement les sacrifices faits par Dorval sont dépassés en tant que tels : le jeune homme en conserve le bénéfice moral, mais ce n'est plus que des « épreuves » comme le marque justement le sous-titre de la pièce.

D'après ces quelques éléments, nous voyons facilement que l'esprit des deux pièces est différent : le ton du *Fils naturel*, toujours tendu, pathétique parfois jusqu'à la limite acceptable, est loin de la comédie, ou, comme le dit assez méchamment Diderot, de la « farce en trois actes » écrite par Goldoni. Cela se déduit de l'intention de la pièce, mais aussi des caractères des personnages. Ainsi Lelio est-il moins sympathique que Clairville; parfois calculateur, assez léger, Lelio ne mérite guère le sacrifice fait, en sa faveur, par son ami.

Sans pousser plus loin une comparaison d'intérêt limité, l'on peut dire que Diderot n'a pas créé de toutes pièces son drame et qu'il est parti de l'ouvrage de Goldoni. En cela, il est fidèle à la technique classique : aurait-on oublié les préfaces de Corneille, de Racine et de Molière, dans lesquelles non seulement l'auteur cite ses sources, mais encore s'accuse même parfois d'avoir osé une modification qu'il s'emploie à justifier, à excuser; pourquoi? Pensons également, dans un autre registre, à Stendhal, qui éprouvait toujours le besoin de recevoir l'impulsion initiale d'un fait, d'un ouvrage avant de composer, à partir de là, une œuvre qui n'en reste pas moins personnelle. Sans doute *le Fils naturel* est-il un échec; mais il est des raisons à cela; l'accusation de plagiat n'a qu'une valeur de document historique : elle est conforme aux mœurs littéraires du temps, reste une attaque malveillante, mais faible contre une œuvre; enfin cet exemple tendrait à justifier l'épigramme connue que Voltaire fit sur Fréron.

L'ACTION

« Mais comparons un peu plus rigoureusement *l'Ami vrai* du poète italien avec *le Fils naturel*. Quelles sont les parties principales d'un drame? L'intrigue, les caractères et les détails[1]. » Sur le premier point, Diderot fait reposer toute la pièce sur le fait que Dorval est fils naturel de Lysimond; il nous montre que cette circonstance n'est pas chez Goldoni — ce qui est vrai — et que, sans elle, il n'y a « plus d'intrigue; plus de pièce » — ce qui est discutable. Palissot, le premier, remarquait : « Une des singularités de ce chef-d'œuvre, c'est son titre. Cela s'appelle *le Fils naturel*, on ne sait pourquoi. Vous connaissez, Madame, la marche de la pièce. La bâtardise de Dorval influe-t-elle en rien dans l'ouvrage? Fait-elle un événement? Amène-t-elle une situation? Fournit-elle seulement un remplissage? Non » *(Petites Lettres sur de grands philosophes)*. Force nous est de donner raison en grande partie à ce jugement; en fait, il y a deux intrigues superposées dans la pièce : l'une, apparente, que donne Diderot pour sa défense dans *De la poésie dramatique*, X, selon laquelle « tous les événements de la pièce sont conditionnés par la bâtardise de Dorval »; l'autre, plus profonde, indépendante de cette particularité : c'est le conflit, chez Dorval, entre l'amour qu'il éprouve pour Rosalie et l'amitié qu'il voue à Clairville. C'est donc une affaire de point de vue. Dans le premier cas, Diderot raisonne en partant du *fait* que Dorval *est* fils naturel et en en montrant les conséquences; dans le second, nous partons d'une mise en doute : est-il nécessaire que Dorval soit fils naturel? Ce qui entraîne une seconde question : supposons qu'il ne le soit pas; la pièce est-elle dès lors ou impossible,

---

1. Diderot, *De la poésie dramatique*, x.

ou différente ? Il est facile de montrer que cette particularité de Dorval exclut simplement le dénouement inverse (Dorval cédant à sa passion et épousant Rosalie), tandis qu'elle justifie *a posteriori* l'acte héroïque qu'il a accompli pour des raisons morales et qu'elle légitime les sentiments qu'il portait à celle qui se révèle être sa sœur. De ce fait, les deux pièces se fondent sur la même situation : deux amis rivaux, dont l'un, par égard pour l'autre, sacrifie sa passion. Toutefois, le dénouement se termine en apothéose chez Diderot; Dorval reçoit la récompense de son héroïsme — ce qui n'est pas le cas chez Goldoni.

« LE FILS NATUREL », DRAME BOURGEOIS

Ce n'est pas ici le lieu de faire la théorie de ce genre décrié que l'on appelle couramment, le « drame bourgeois ». Cette étude est plus à sa place dans la Notice accompagnant le *Discours de la poésie dramatique* et les extraits du *Père de famille*, en attendant une étude systématique sur la question. Toutefois, l'on s'accorde depuis Sedaine et Mercier à reconnaître que *le Fils naturel* est la première œuvre de ce type, tandis que les *Entretiens* ébauchent la théorie correspondante. La dénomination de ce genre n'est pas encore fixée, en 1757 — on parle de *genre sérieux*, de *tragédie bourgeoise*, de *drame*. Un certain climat est peut-être le premier élément distinctif : le pathétique dans le quotidien, en tant qu'il s'oppose aux personnages et aux situations hors du commun de la tragédie. Or, dans *le Fils naturel*, les personnages ne nous paraissent pas éloignés de nous comme Phèdre ou comme Attila; leur situation, pour délicate qu'elle soit, nous est moins étrangère que celle de Titus ou de Médée, voire d'Iphigénie. Nous éprouvons moins la terreur et la pitié qu'un certain attendrissement devant un pathétique né de la volonté, chez le personnage, de surmonter des difficultés peu différentes dans leur nature de celles que nous rencontrons. Ainsi s'opérera la « catharsis » : nous sortirons du spectacle meilleurs que nous n'y sommes entrés, grâce à notre émotion. La vertu persécutée est un spectacle touchant, dit Beaumarchais[1]; si je ne suis pas heureux moi-même, quel beau sens moral je puis en tirer! Si je suis heureux, je tire une satisfaction intense de me savoir capable d'attendrissement devant quelque chose qui m'est étranger. « Ainsi, je sors du spectacle meilleur que je n'y suis entré, par cela seul que j'ai été attendri », conclut-il. Nous reconnaissons ici le mécanisme émotionnel du *Fils naturel*. Le sujet est moins la peinture des caractères que celle des conditions ou des relations. Dans notre texte, Dorval n'est pas présenté comme un type d'homme — fait de la comédie —, ni comme un individu hors du commun — fait de la tragédie; voilà pourquoi Diderot s'acharne à donner pour clé du drame « la bâtardise de Dorval »; il n'en reste pas moins que l'intrigue dépend moins de sa personnalité propre que de son attachement à certaines valeurs morales, attachement que Diderot

---

1. *Essai sur le genre dramatique sérieux* (1767).

souhaite très sincèrement voir en chacun de nous. Dorval répond exactement à cette question de L.-S. Mercier *(Nouvel Essai sur l'art dramatique)* : « Enfin, pourquoi n'aurions-nous pas le courage de dénoncer à la nation les vertus d'un homme obscur? » Le ton de la pièce est uni : sérieux, émouvant, attendrissant; on joue sur des dégradés, non sur des contrastes. Nous sommes loin de l'alliance du sublime et du grotesque. Les moments forts de l'action ne sont pas les effets de coups de théâtre, toujours assez artificiels, mais des tableaux fixant un moment caractéristique ou particulièrement intense. Ainsi, dans *le Fils naturel*, de l'acte V, scène III (au début), de l'acte V, scène V. Si le monologue demeure, c'est probablement qu'il constitue une sorte de tableau intérieur, fixant un instantané de l'âme du personnage à un moment crucial de son cheminement. Il est significatif sur ce point de remarquer que seuls les personnages de premier plan ont le privilège de s'expliquer ainsi (ici : Dorval) et que ces monologues souvent closent un acte — comme s'ils soulignaient une étape. Enfin, le souci de naturel pousse Diderot à deux suggestions : privilégier la mimique, s'exprimer en prose. Ce dernier point débouche dans une perspective plus large, ainsi qu'en témoigne cette affirmation de Beaumarchais : « Le genre sérieux [...] devant nous montrer les hommes tels qu'ils sont ne peut pas se permettre la plus légère liberté contre le langage, les mœurs ou le costume de ceux qu'il met en scène. » Parlons-nous en vers? Donc, le drame bourgeois sera composé en prose. Au nom de la vraisemblance encore, les moments de forte intensité, d'embarras extrême, suscitent plus le geste que le discours; parfois encore, la mimique explicite, complète la parole. Le pathétique nécessite des scènes muettes. D'où la constatation de Diderot : « J'ai dit que la pantomime est une passion du drame; [...] j'ajoute qu'il y a des scènes entières où il est infiniment plus naturel aux personnages de se mouvoir que de parler[1]. » *Le Fils naturel* fournit de nombreuses applications de cette idée : mimique seule ou à peu près (acte premier, scène II), d'importance égale à la parole (acte III, scène V), soulignant le dialogue (acte V, scène III). Sans elle, de plus, il est impossible de réaliser un tableau parfait. En somme, nous touchons là à une idée fondamentale de Diderot : que l'on songe à la construction du *Neveu de Rameau*, associant étroitement la pantomime à la parole, l'y substituant chaque fois que c'est nécessaire; de plus, nous avons affaire à deux mouvements complémentaires : tandis que le critique d'art traduit ou paraphrase les tableaux de groupe en termes de dialogue dramatique, le dramaturge aboutit au tableau comme expression achevée du théâtre. On peut discuter une telle conception; on ne peut en faire fi. Que l'on relise ce que, dans les *Entretiens*, Diderot pense de la danse : « C'est l'imitation par les mouvements, qui suppose le concours du poète, du peintre, du musicien et du pantomime. »

---

1. *Discours de la poésie dramatique*, XXI.

L'ÉCHEC DU « FILS NATUREL »

Il s'agit moins ici de discuter le fait que d'en chercher les causes. On ne peut nier la première proposition; encore qu'une seule représentation soit d'une force persuasive discutable. Une première raison serait à chercher dans la spécificité de ce spectacle. Ce qui, au XVIIIe siècle, a dressé contre le *Fils naturel* une fraction de l'opinion a, depuis, vieilli et n'intéresse plus personne. En effet, les Fréron, Palissot et autres, stigmatisés dans *le Neveu de Rameau,* s'ils n'étaient pas aussi sots que l'autorité des philosophes tend à le faire penser, ont réagi de manière partisane à la pièce. Celle-ci glorifie le commerce (voir Sedaine, *le Philosophe sans le savoir,* etc.) plus encore que l'Angleterre; elle étale avec quelque pharisaïsme de bons sentiments — la vertu, la générosité, les vertus patriarcales —, affirme avec une insolence pathétique, et de bonne foi, la certitude que le progrès des lumières entraînera un monde meilleur, où le fanatisme n'aura plus de place, etc. Ces thèmes, que l'on retrouve chez Voltaire comme chez Rousseau, exprimés ici de manière péremptoire, expliquent l'agacement des non-encyclopédistes du XVIIIe siècle et l'ennui de la critique récente, dont Daniel Mornet reste le porte-parole, quoi qu'elle en ait : « D'un bout à l'autre, nous avons des marionnettes chargées de nous débiter les sermons conçus par Diderot. Dans son résumé des caractères du théâtre nouveau, Diderot a oublié de nous dire que le genre bourgeois et sérieux devait être une tribune du haut de laquelle on ne cesserait de nous inviter à pratiquer les vertus de loyauté, de justice, de générosité et de sacrifice. Et sur cette tribune, c'est Diderot qui monte et qui pérore [...] » *(Diderot, l'homme et l'œuvre).*

Sans doute, cet aspect moralisateur fige la pièce : les effondrements ne font guère avancer l'action. Mais une telle critique de la littérature didactique s'accorde assez mal avec l'estime octroyée au drame moderne dans sa volonté de démontrer une thèse — tel celui de Sartre — ou au roman d'Hemingway ou même de Malraux, dont l'action est souvent suspendue pour permettre aux protagonistes d'exposer, sous forme unie ou dialectique, les idées de l'auteur ou ses sensations. Qu'à notre époque pessimiste et sceptique, l'enthousiasme moralisateur de Diderot détonne, soit; mais il semblerait que la conception de la littérature comme support idéologique ou démonstratif demeure.

Une autre raison est peut-être un malentendu : Diderot passe à nos yeux pour un auteur classique, ce qui, au théâtre, correspond à des coordonnées qui ne s'appliquent pas à lui. Car, à vouloir le comparer aux dramaturges du XVIIe siècle, on ne peut qu'aboutir au superbe mépris de Mme de Staël : « Le drame est à la tragédie ce que les figures de cire sont aux statues : il y a trop de vérité et pas assez d'idéal; c'est trop, si c'est de l'art, et jamais assez pour que ce soit de la nature » *(De l'Allemagne,* II). C'est opposer le musée Grévin à la statuaire grecque de Praxitèle. On pense, à lire un tel jugement, à Voltaire corrigeant Corneille par référence au théâtre de Racine. Il est de fait que l'on trouve dans *le Fils naturel* un mélange de démesure et de quotidien qui se refuse à toute analyse académique. Mais si l'on quitte le terrain du spectacle pour celui de la critique littéraire — le seul sur lequel nous puissions juger actuellement —, on est surpris de voir refuser à Diderot ici ce qu'on lui accorde ailleurs : l'enthousiasme allant jusqu'à l'indiscrétion, la fantaisie, le dynamisme intérieur, une foi totale, peut-être naïve, dans l'amélioration morale de l'homme par le progrès de la raison critique et celui de la civilisation. Sans doute, sur ce plan, vieillit-on moins vite en faisant rire qu'en émouvant le lecteur. Que *le Fils naturel* soit un essai maladroit par certains côtés, qu'il n'ait pas réussi en fait, ne lui dénie pas *ipso facto* toute valeur au point d'en faire une pièce d'archives qui ne mérite plus d'être rééditée, ne fût-ce que pour en permettre le réexamen.

LES « ENTRETIENS » SUR « LE FILS NATUREL »

Diderot a souhaité présenter sa pièce et l'accompagner de réflexions théoriques. Les *Entretiens* forment comme une annexe au drame, et il est d'usage de les considérer comme une justification de la tentative théâtrale qui les précède. Celle-ci étant médiocre, dit-on, Diderot a senti lui-même le besoin de la justifier. On pourrait alors se demander comment l'auteur pouvait juger *le Père de famille,* si l'on se réfère à la longueur et à l'aspect systématique du *Discours de la poésie dramatique.* En réalité, le problème n'est peut-être pas là, car la présentation du *Fils naturel* est plus complexe.

En une sorte de Prologue, l'auteur présente Dorval de façon indirecte, puis directe, avant de nous amener en sa compagnie à assister à la représentation. La dernière scène terminée, Diderot reprend la parole pour exprimer son sentiment sur le spectacle qu'il vient de voir, renforcer l'impression qu'il a voulu créer de la dramatisation d'un fait vrai. Puis suivent les trois *Entretiens.* L'ensemble, constitué de cet encadrement de la pièce et des *Entretiens,* s'appelle « l'Histoire véritable de la pièce ». Nous voyons ainsi que le texte, dans l'esprit de l'auteur, possède une unité sur laquelle l'accent est mis avec insistance. Or, le plus souvent, il est convenu d'étudier seuls les *Entretiens,* comme un texte indépendant. N'est-ce pas trahir la volonté de Diderot ? L'argument des dialogues entre Dorval et Moi est la critique faite par ce dernier du *Fils naturel* au fil des scènes successives, avec les réponses et les commentaires de son interlocuteur, qui assume à la fois le rôle de protagoniste de la pièce et de son rédacteur. Lorsque la dernière scène est passée au crible, la discussion s'élargit (IIIe *Entretien*) à des considérations générales. L'originalité de cette entreprise tient sans doute essentiellement à l'esprit dans lequel elle est faite. Diderot y insiste en un paragraphe du *Discours de la poésie dramatique* que voici (X) : « Sans la supposition que l'aventure du *Fils naturel* était réelle, que devenaient l'illusion de ce roman et toutes les observations répandues dans les *Entretiens* sur la différence qu'il y a entre un fait vrai et un fait imaginé, des personnages réels, et des personnages fictifs, des discours tenus et des discours supposés; en un mot, toute la poétique où la vérité est mise sans cesse en parallèle avec la fiction. » Ainsi, dans le texte, nous avons une confrontation entre les exigences de la scène que Moi-Diderot se charge d'opposer à Dorval et une simple condensation des faits authentiques que ce dernier défend après l'avoir représentée dans le drame. Cette technique, originale, n'est pas reprise à propos du *Père de famille*, tandis que le *Discours* — nous venons de le voir — insiste sur cet aspect de la première pièce : sans doute cela correspond-il à une tentative imaginée par l'auteur dans une direction qui a pu faire penser V. Tasca au psychodrame (voir Bibliographie, page 8).

Tandis que cette confrontation échappe à une présentation ordonnée, et doit être étudiée par référence au texte — donc par le juge du questionnaire, il est possible, en revanche, de proposer sous une forme suivie et organisée les réflexions générales qui émaillent les *Entretiens* ou en constituent des fragments importants et suivis. Dans l'analyse qui suit, présentée ainsi, le chiffre romain qui suit chaque phrase ou suite de phrases renvoie au premier, au deuxième ou au troisième entretien. Ainsi peut être facilitée une étude de l'évolution de la pensée, chez Diderot, sur l'esthétique théâtrale des *Entretiens* au *Discours*. On trouverait des éléments complémentaires utiles dans l'*Eloge de Richardson*, l'*Eloge de Térence*, le *Paradoxe sur le comédien*, la *Lettre de M*me *Riccoboni* et la *Réponse de Diderot*.

ANALYSE DES THÈMES DES « ENTRETIENS »

I. Considérations sur le théâtre en général.

● But : l'objet d'une composition dramatique est d'inspirer aux hommes l'amour de la vertu, l'horreur du vice (III). Éloge du théâtre pour former les mœurs (II).

● Les unités : il faut les observer; « les lois des unités sont difficiles à observer; mais elles sont sensées » (I).

● La vraisemblance : les événements doivent être vraisemblables, non moins que le lien qui les unit (I).

Conséquences :

1° Il faut éviter les coups de théâtre, souvent amenés de manière artificielle (I);

2° Les acteurs qui se placent de façon conventionnelle perdent ainsi de leur naturel (I);

3° Les tirades sont à proscrire : applaudies, mais de mauvais goût, elles suspendent le cours du spectacle (II);

4° Un récit ou la représentation du fait : quel est le plus vraisemblable? Le rôle de l'imagination face au récit (III);

5° On doit éviter de présenter des valets sur scène : ils dispersent l'intérêt, sont peu vraisemblables; on ne gardera que les soubrettes, seules confidentes possibles des jeunes filles, dans la société actuelle (I).

● La décence, en revanche, édulcore notre théâtre contre toute vraisemblance; elle est en contradiction avec des pièces plus vraies de l'Antiquité (Sophocle, *Philoctète*) ou d'auteurs modernes étrangers (Lillo, *le Marchand de Londres*) [I]. La langue du théâtre s'épure et s'appauvrit à mesure que les mœurs se dégradent; Diderot s'élève contre cet état de fait (II).

● Les tableaux : technique de composition à adopter (I).

● Homogénéité : « Il y a, dans la composition d'une pièce dramatique, une unité de discours qui correspond à une unité d'accent dans la déclamation. » Il y a un accent propre à chaque passion (II).

● La mimique : elle s'allie ou se substitue à la parole dans les états émotionnels intenses (I). Elle est importante, et sa place n'est pas assez grande au théâtre (II). De plus « l'intonation et le geste se déterminent réciproquement » (II).

● L'acteur : comme dans l'art lyrique, il devrait avoir une certaine liberté d'interprétation (II). D'ailleurs, Diderot fait l'éloge de l'intuition des comédiens (II).

II. Aspect matériel des théâtres.

1° Selon Dorval, les théâtres devraient être beaucoup plus vastes : la scène permettrait ainsi le déroulement simultané de deux actions distinctes, qui se fondent ensuite en une seule (II);

2° Il serait souhaitable de pouvoir changer de décors selon les besoins (I);

3° Les spectateurs, comme dans les théâtres antiques, devraient être très nombreux, facilitant la participation de chacun au spectacle et la diffusion des émotions collectives (II).

III. Les différents genres.

● Hiérarchie des genres :

1° trois genres dramatiques s'appuyant sur le monde réel : comédie, genre sérieux, tragédie (III);

2° encadrés par deux genres fondés sur le monde imaginaire : le burlesque, au-dessous de la comédie; le merveilleux, au-dessus de la tragédie (III);

3° exclusion de la tragi-comédie, mauvaise parce qu'hétéroclite (III).

● Caractères de chaque genre :

— La comédie présente des types (II);

— La tragédie présente des individus (III);

— « C'est moins le sujet qui rend une pièce comique, sérieuse ou tragique, que le ton, les passions, les caractères et l'intérêt » (III).

● Poétique du genre sérieux :

— Sujet important; représentation des conditions, des relations (III);

— Une intrigue simple, domestique, quotidienne (III);

— Des situations fortes (II); une morale générale et forte; effort vers le sublime (III);

— L'action ne doit pas être mue par le personnage principal (III);

— Des tableaux; et non des coups de théâtre (III);

— Une place importante réservée à la pantomime (III);

— Des monologues (III);

— Aucun valet; les personnages épisodiques sont à éviter, à moins qu'ils n'aient un grand relief (III);

— Emploi de la prose (II).

● Le merveilleux et l'art lyrique :

— Le merveilleux, bon pour l'imagination, convient à l'épopée; mauvais pour les sens, il doit être proscrit du théâtre (III);

— La mythologie n'a pas la même valeur pour nous qu'elle avait pour les Grecs anciens (III);

— Elle contrarie l'unité de caractère des personnages (III);

— L'art lyrique doit donc abandonner le merveilleux pour la vérité humaine (III).

● La danse :

— « C'est une pantomime mesurée » (III);

— « C'est une imitation par les mouvements, qui suppose le concours du poète, du peintre, du musicien et du pantomime » (III).

L'ensemble de ce programme, pour l'essentiel, est résumé schématiquement à la fin du IIIe *Entretien,* en même temps que nous est promis un nouveau drame, *le Père de famille.*

ESSAI D'INTERPRÉTATION DE L'ŒUVRE : « LE FILS NATUREL » ET LES « ENTRETIENS »

Diderot a tenu à faire un ouvrage ambigu, bien dans la tradition des œuvres du XVIIIe siècle, toujours fondées sur plusieurs plans. *Le Fils naturel* est donné pour une histoire vraie, dramatisée et donc condensée; de bons esprits ne manqueront pas de remarquer que c'est là une supercherie littéraire banale, au XVIIIe siècle entre autres. Toutefois, dans les *Entretiens,* les interlocuteurs s'ingénient à souligner que la mécanique dramatique est conçue en fonction de cette authenticité, de sorte que la pièce ne peut guère passer telle quelle au théâtre. En même temps, Dorval reconnaît qu'il a triché avec cette réalité en idéalisant ou en stylisant. Il s'agit donc d'un réel né de l'imagination pour paraître authentique, puis systématiquement retouché dans le sens d'une idéalisation. Enfin, troisième plan, originalité d'un ensemble apparemment hétérogène; la pièce et les *Entretiens.* Voici ce qu'en dit Diderot : « Mon dessein n'étant pas de donner cet ouvrage au théâtre, j'y joignis quelques idées que j'avais sur la poétique, la musique, la déclamation, et la pantomime; et je formai du tout une espèce de roman que j'intitulai *le Fils naturel ou les Epreuves de la vertu,* avec l'histoire véritable de la pièce » (*De la poésie dramatique,* X). Cette dernière indication est authentifiée par le titre de l'original; en revanche, certes, on est moins sûr de la véracité de la première phrase donnée ici. Mais pourquoi, comme on l'a fait jusqu'alors, refuser d'examiner l'unité des deux textes? On retrouve dans l'un et l'autre le même personnage principal, Dorval, chez qui les mêmes traits se retrouvent : une sensibilité, génie sombre, passion pour les valeurs morales, idéalisme ascétique soutenu par une foi ardente dans l'héroïsme et le progrès moral. Il serait possible, sans acrobatie, de déduire des thèmes des *Entretiens*, d'une part, et du caractère de Dorval dans la pièce, d'autre part, l'attitude que celui-ci prendra devant ces thèmes. C'est d'ailleurs par la voie de cette unité ainsi reconstituée que l'on peut voir autre chose que des hors-d'œuvre dans la fin du premier *Entretien*, le début du deuxième et du troisième, quel que soit leur intérêt intrinsèque. En face de la nature, Dorval et Diderot réagissent de manière semblable, et le premier ne dément pas son caractère. Cela nous amène à voir que ces trois plans ne sont pas parallèles, mais qu'ils se recoupent : leur jonction se fait en Diderot. L'authenticité de la pièce est soutenable, non du point de vue du réel extérieur, mais de celui de la réalité intérieure à Diderot : ce dernier s'est projeté dans une situation pathétique et a fait jouer à Dorval le rôle qu'il aurait voulu tenir, ou qu'il croyait pouvoir tenir; dans la mesure où il s'agirait d'une telle construction, l'idéalisation est un caractère secondaire qui en découle. Enfin, la diversité toujours en mouvement qui caractérise la pensée de Diderot, son besoin perpétuel d'un interlocuteur, sensible aussi bien dans un roman (*Jacques le Fataliste*), dans une satire (*le Neveu de Rameau*), dans la critique d'art même (*Portrait de M*^me^* Greuze, le Mauvais Fils puni*, etc.), l'amenait à cette double dramatisation, dont les deux éléments sont complémentaires : dramatisation dans la fable (*le Fils naturel*) et dans l'exposé d'idées (les *Entretiens*).

DIDEROT

« ... et il retombait tout à coup dans le silence et la mélancolie. »
Portrait par J.-B. Chardin (1699-1779).

Musée Condé, Chantilly.

PROLOGUE[1]

Le sixième volume de l'*Encyclopédie*[2] venait de paraître, et j'étais allé chercher à la campagne du repos et de la santé[3], lorsqu'un événement, non moins intéressant par les circonstances que par les personnes, devint l'étonnement et l'entretien du
5 canton. On n'y parlait que de l'homme rare qui avait eu, dans un même jour, le bonheur d'exposer sa vie pour son ami, et le courage de lui sacrifier sa passion, sa fortune et sa liberté.

Je voulus connaître cet homme. Je le connus, et je le trouvai tel qu'on me l'avait peint, sombre et mélancolique. Le chagrin
10 et la douleur, en sortant d'une âme où ils avaient habité trop longtemps, y avaient laissé la tristesse. Il était triste dans sa conversation et dans son maintien, à moins qu'il ne parlât de la vertu, ou qu'il n'éprouvât les transports qu'elle cause à ceux qui en sont fortement épris. Alors vous eussiez dit qu'il
15 se transfigurait. La sérénité se déployait sur son visage. Ses yeux prenaient de l'éclat et de la douceur. Sa voix avait un charme inexprimable. Son discours devenait pathétique. C'était un enchaînement d'idées austères et d'images touchantes qui tenaient l'attention suspendue et l'âme ravie. Mais comme on
20 voit le soir, en automne, dans un temps nébuleux et couvert, la lumière s'échapper d'un nuage, briller un moment, et se perdre dans un ciel obscur; bientôt sa gaieté s'éclipsait, et il retombait tout à coup dans le silence et la mélancolie.

Tel était Dorval. Soit qu'on l'eût prévenu favorablement,
25 soit qu'il y ait, comme on le dit, des hommes faits pour s'aimer sitôt qu'ils se rencontreront, il m'accueillit d'une manière ouverte qui surprit tout le monde, excepté moi; et dès la seconde fois que je le vis, je crus pouvoir, sans être indiscret, lui parler de sa famille, et de ce qui venait de s'y passer. Il satisfit à mes
30 questions. Il me raconta son histoire. Je tremblai avec lui des épreuves auxquelles l'homme de bien est quelquefois exposé; et je lui dis qu'un ouvrage dramatique dont ces épreuves seraient le sujet, ferait impression sur tous ceux qui ont de la sensibilité, de la vertu, et quelque idée de la faiblesse humaine.

---

1. Dans le texte original, Diderot encadre la pièce de quelques pages où il présente son drame comme un événement véridique — ce qu'il appelle sur la page de titre de l'édition princeps « l'histoire véritable de la pièce ». Nous avons conservé cette disposition ici; 2. Le 1er mai 1756; 3. Diderot séjourna en effet trois semaines dans la maison de campagne de son éditeur, Le Breton, à Massy, vers la fin du mois d'août 1756.

35 « Hélas! me répondit-il en soupirant, vous avez eu la même
pensée que mon père. Quelque temps après son arrivée, lorsqu'une joie plus tranquille et plus douce commençait à succéder à nos transports, et que nous goûtions le plaisir d'être assis
les uns à côté des autres, il me dit :

40 « Dorval, tous les jours je parle au Ciel de Rosalie et de
« toi. Je lui rends grâces de vous avoir conservés jusqu'à mon
« retour, mais surtout de vous avoir conservés innocents. Ah!
« mon fils, je ne jette point les yeux sur Rosalie, sans frémir
« du danger que tu as couru. Plus je la vois, plus je la trouve
45 « honnête et belle; plus ce danger me paraît grand. Mais le
« Ciel qui veille aujourd'hui sur nous, veut[1] nous abandonner
« demain. Nul de nous ne connaît son sort. Tout ce que nous
« savons, c'est qu'à mesure que la vie s'avance, nous échappons
« à la méchanceté qui nous suit. Voilà les réflexions que je
50 « fais toutes les fois que je me rappelle ton histoire. Elles me
« consolent du peu de temps qui me reste à vivre; et si tu
« voulais, ce serait la morale d'une pièce dont une partie de
« notre vie serait le sujet, et que nous représenterions entre
« nous.

55 « — Une pièce, mon père!...

« — Oui, mon enfant. Il ne s'agit point ici d'élever des tré-
« teaux, mais de conserver la mémoire d'un événement qui
« nous touche, et de le rendre comme il s'est passé... Nous le
« renouvellerions nous-mêmes, tous les ans, dans cette maison,
60 « dans ce salon. Les choses que nous avons dites, nous les redi-
« rions. Tes enfants en feraient autant, et les leurs, et leurs
« descendants. Et je me survivrais à moi-même, et j'irais conver-
« ser ainsi, d'âge en âge, avec tous mes neveux[2]... Dorval,
« penses-tu qu'un ouvrage qui leur transmettrait nos propres
65 « idées, nos vrais sentiments, les discours que nous avons
« tenus dans une des circonstances les plus importantes de notre
« vie, ne valût pas mieux que des portraits de famille qui ne
« montrent de nous qu'un moment de notre visage.

« — C'est-à-dire que vous m'ordonnez de peindre votre âme,
70 « la mienne, celles de Constance, de Clairville, et de Rosalie.
« Ah, mon père, c'est une tâche au-dessus de mes forces, et
« vous le savez bien !

« — Écoute; je prétends y faire mon rôle avant que de mou-

---

1. *Vouloir* : vouloir bien, consentir; 2. *Neveu* : descendant.

« rir; et pour cet effet, j'ai dit à André de serrer dans un coffre
75 « les habits que nous avons apportés des prisons.

« — Mon père...

« — Mes enfants ne m'ont jamais opposé de refus; ils ne vou-
« dront pas commencer si tard. »

En cet endroit, Dorval, détournant son visage et cachant ses
80 larmes, me dit du ton d'un homme qui contraignait sa douleur :
« ... la pièce est faite... Mais celui qui l'a commandée n'est
plus... » Après un moment de silence, il ajouta : « ... Elle était
restée là cette pièce, et je l'avais presque oubliée; mais ils m'ont
répété si souvent que c'était manquer à la volonté de mon
85 père, qu'ils m'ont persuadé; et dimanche prochain nous nous
acquittons pour la première fois d'une chose qu'ils s'accordent
tous à regarder comme un devoir.

« Ah! Dorval, lui dis-je, si j'osais!...

— Je vous entends[1], me répondit-il; mais croyez-vous que ce
90 soit une proposition à faire à Constance, à Clairville et à Rosalie?
Le sujet de la pièce vous est connu; et vous n'aurez pas de peine
à croire qu'il y a quelques scènes où la présence d'un étranger
gênerait beaucoup. Cependant c'est moi qui fais ranger le salon.
Je ne vous promets point. Je ne vous refuse pas. Je verrai. »
95 Nous nous séparâmes Dorval et moi. C'était le lundi. Il ne
me fit rien dire de toute la semaine. Mais le dimanche matin
il m'écrivit : « ... Aujourd'hui, à trois heures précises, à la
porte du jardin... » Je m'y rendis. J'entrai dans le salon par la
fenêtre; et Dorval qui avait écarté tout le monde me plaça
100 dans un coin, d'où, sans être vu, je vis et j'entendis ce qu'on
va lire, excepté la dernière scène. Une autre fois je dirai pourquoi je n'entendis pas la dernière scène[2].

---

1. *Entendre :* deviner la pensée de quelqu'un; 2. A la fin de la pièce. Voir page 106.

———— QUESTIONS ————

Sur le Prologue. — Justifiez le titre donné par Diderot à ces pages :
« l'Histoire véritable de la pièce ». Dans le premier paragraphe, comment
relie-t-il ce qu'il va raconter à des faits historiques et qui le touchent?
— Le portrait de Dorval : relevez-y des traits appartenant à Diderot.
Précisez les deux points fondamentaux qui peuvent faire du personnage
un modèle, pour l'auteur. Pourquoi, au troisième paragraphe, Diderot
n'est-il pas surpris de sa rapide intimité avec Dorval?
— Rôle et caractère de la dernière phrase du deuxième paragraphe.
— D'après la construction de cette « histoire », montrez que Diderot
manie de préférence le style de théâtre, le dialogue au moins. Cherchez
dans d'autres œuvres de semblables témoignages (*le Neveu de Rameau,
Jacques le Fataliste*).

PERSONNAGES

Voici les noms des personnages réels de la pièce, avec ceux des acteurs qui pourraient les remplacer[1].

LYSIMOND	père de Dorval et de Rosalie,	M. Sarrazin.
DORVAL	fils naturel de Lysimond, et ami de Clairville,	M. Grandval.
ROSALIE	fille de Lysimond,	Mlle Gauffin.
JUSTINE	suivante de Rosalie,	Mlle Dangeville.
ANDRÉ	domestique de Lysimond,	M. Le Grand.
CHARLES	valet de Dorval,	M. Armand.
CLAIRVILLE	ami de Dorval et amant de Rosalie,	M. Lequin.
CONSTANCE	jeune veuve, sœur de Clairville	Mlle Clairon.
SYLVESTRE	valet de Clairville,	.....

Autres domestiques de la maison de Clairville.

La scène est à Saint-Germain-en-Laye.

L'action commence avec le jour, et se passe dans un salon de la maison de Clairville.

---

1. La pièce ne fut représentée qu'en 1771, au Théâtre-Français. Voir la Notice, page 11.

LE FILS NATUREL

ACTE PREMIER

Scène première. — DORVAL.

La scène est dans un salon. On y voit un clavecin, des chaises, des tables de jeu; sur une de ces tables un trictrac; sur une autre quelques brochures; d'un côté un métier à tapisserie, etc., dans le fond un canapé, etc.

DORVAL, *seul.*

Il est en habit de campagne, en cheveux négligés; assis dans un fauteuil, à côté d'une table sur laquelle il y a des brochures. Il paraît agité. Après quelques mouvements violents, il s'appuie sur un des bras de son fauteuil, comme pour dormir. Il quitte bientôt cette situation. Il tire sa montre, et dit :

A peine est-il six heures.

Il se jette sur l'autre bras de son fauteuil; mais il n'y est pas plus tôt qu'il se relève, et dit :

Je ne saurais dormir.

Il prend un livre qu'il ouvre au hasard, et qu'il referme presque sur-le-champ, et dit :

Je lis sans rien entendre.

Il se lève. Il se promène, et dit :

Je ne peux m'éviter... Il faut sortir d'ici... Sortir d'ici! Et
5 j'y suis enchaîné! J'aime!... *(comme effrayé)* et qui aimai-je?...
J'ose me l'avouer; malheureux, et je reste. *(Il appelle violemment.)* Charles. Charles. (1)

━━ **QUESTIONS** ━━

1. Sur la scène première. — Quelle est l'importance relative du texte dit et des jeux de scène? Est-ce, de la part de Diderot, volonté délibérée d'innover, ou la situation psychologique du personnage justifie-t-elle ce déséquilibre?

— Dans les indications scéniques, relevez ce qui témoigne d'un souci net et méticuleux de reproduire le réel : description du salon, attitude de Dorval.

— Soulignez qu'une telle scène est faite pour la représentation et non pour la lecture : en particulier, précisez tout ce qui, dans le dernier cas, encombre et ralentit le rythme.

Scène II. *(Cette scène marche vite.)* — DORVAL, CHARLES.

(Charles croit que son maître demande son chapeau et son épée ; il les apporte, les pose sur un fauteuil, et dit :)

CHARLES

Monsieur, ne vous faut-il plus rien?

DORVAL

Des chevaux; ma chaise[1].

CHARLES

Quoi, nous partons!

DORVAL

A l'instant. *(Il est assis dans le fauteuil ; et tout en parlant, il ramasse des livres, des papiers, des brochures, comme pour en faire des paquets.)*

CHARLES

5 Monsieur, tout dort encore ici.

DORVAL

Je ne verrai personne.

CHARLES

Cela se peut-il?

DORVAL

Il le faut.

CHARLES

Monsieur...

DORVAL

(Se tournant vers Charles, d'un air triste et accablé.)

10 Eh bien, Charles!

CHARLES

Avoir été accueilli dans cette maison, chéri de tout le monde, prévenu[2] sur tout, et s'en aller sans parler à personne; permettez, Monsieur...

DORVAL

J'ai tout entendu. Tu as raison. Mais je pars.

CHARLES

15 Que dira Clairville votre ami? Constance sa sœur, qui n'a rien négligé pour vous faire aimer ce séjour[3]? *(D'un ton plus bas.)* Et Rosalie?... vous ne les verrez point?

---

1. *Chaise :* chaise de poste, moyen de transport rapide; 2. *Prévenu :* précédé. Tous ses désirs ont été comblés avant même d'être formulés; 3. *Séjour :* lieu où l'on reste.

DORVAL

(Soupire profondément, laisse tomber sa tête sur ses mains, et Charles continue.)

CHARLES

Clairville et Rosalie s'étaient flattés de vous avoir pour témoin de leur mariage. Rosalie se faisait une joie de vous présenter à
20 son père. Vous deviez les accompagner tous à l'autel.

DORVAL

(Soupire, s'agite, etc.)

CHARLES

Le bonhomme[1] arrive, et vous partez. Tenez, mon cher maître, j'ose vous le dire, les conduites bizarres sont rarement sensées... Clairville! Constance! Rosalie!

DORVAL

(Brusquement, en se levant :) Des chevaux, ma chaise,
25 te dis-je.

CHARLES

Au moment où le père de Rosalie arrive d'un voyage de plus de mille lieues[2]! à la veille du mariage de votre ami!

DORVAL, *en colère... à Charles.*

Malheureux!... *(A lui-même, en se mordant la lèvre et se frappant la poitrine)* que je suis... Tu perds le temps, et je
30 demeure[3].

CHARLES

Je vais.

DORVAL

Qu'on se dépêche. (2)

---

1. *Bonhomme* : homme de bien, généralement âgé. Ce terme n'a pas la nuance dépréciative que nous lui donnons aujourd'hui; 2. Voir acte III, scène VII, ligne 4; 3. *Demeurer* : s'attarder.

——————— **QUESTIONS** ———————

2. SUR LA SCÈNE II. — Mouvement de cette scène. Comment s'enchaînent les étapes successives? Que révèle la brièveté des répliques? Nuancez votre réponse en tenant compte de ce qu'elles expriment. Intérêt de l'indication portée par Diderot en tête de la scène.
— Étions-nous préparés à la fois à ce départ précipité et à ce désarroi de Dorval dans la scène précédente? Comment ce dernier aspect est-il traduit ici? Relevez les cas où la mimique remplace le texte, ceux où elle le complète ou le souligne.
— Qu'apprenons-nous de nouveau sur la situation de Dorval, sur l'action? Tout cela nous aide-t-il à comprendre la fuite de Dorval ou, au contraire, contribue-t-il à nous la rendre plus étrange? Aidez-vous de la remarque de Charles, lignes 11-12.

Scène III. — DORVAL, *seul.*

(Il continue de se promener et de rêver[1].)

Partir sans dire adieu! il a raison; cela serait d'une bizarrerie, d'une inconséquence... Et qu'est-ce que ces mots signifient? Est-il question de ce qu'on croira, ou de ce qu'il est honnête de faire?... Mais après tout, pourquoi ne verrais-je pas Clair-
5 ville et sa sœur? Ne puis-je les quitter et leur en taire le motif?... Et Rosalie? Je ne la verrai point?... Non... l'amour et l'amitié n'imposent point ici les mêmes devoirs, surtout un amour insensé qu'on ignore et qu'il faut étouffer... Mais que dira-t-elle? Que pensera-t-elle?... Amour, sophiste dangereux, je
10 t'entends[2].

(Constance arrive en robe de matin, tourmentée de son côté par une passion qui lui a ôté le repos. Un moment après, entrent les domestiques, qui rangent le salon et qui ramassent les choses qui sont à Dorval... Charles, qui a envoyé à la poste pour avoir des chevaux, rentre aussi.) [3]

Scène IV. — DORVAL, CONSTANCE, des domestiques.

DORVAL

Quoi, Madame, si matin?

CONSTANCE

J'ai perdu le sommeil. Mais vous-même, déjà habillé!

DORVAL, *vite.*

Je reçois des lettres à l'instant. Une affaire pressée m'appelle à Paris. Elle y demande ma présence. Je prends le thé. Charles,
5 du thé. J'embrasse Clairville. Je vous rends grâces à tous les

---

1. *Rêver* : réfléchir profondément; 2. *Entendre* : voir page 27, ligne 89 et la note.

——— QUESTIONS ———

3. Sur la scène III. — Utilité de ce monologue sur les plans psycho-logique, dramatique, technique.

— Qu'apprenons-nous de nouveau par Dorval? En quoi sa conduite commence-t-elle ainsi à s'éclairer? Est-il cependant bien ferme dans ses résolutions? Est-ce parce qu'il est partagé entre des sentiments qui impliquent des conduites différentes — comme il le dit? Expliquez sa dernière phrase et montrez qu'elle donne la raison véritable.

— L'arrivée de Constance : comment est-elle justifiée par Diderot? Cette explication peut-elle être traduite à la représentation? Quel est le rôle de la présence des domestiques?

MADAME D'ÉPINAY (1726-1783)

Avec les Encyclopédistes, elle collabora activement à la diffusion du
Fils naturel.

deux des bontés que vous avez eues pour moi. Je me jette dans ma chaise, et je pars.

CONSTANCE

Vous partez! Est-il possible?

DORVAL

Rien malheureusement n'est plus nécessaire.

(Les domestiques, qui ont achevé de ranger le salon et de ramasser ce qui est à Dorval, s'éloignent. Charles laisse le thé sur une des tables. Dorval prend le thé. Constance, un coude appuyé sur la table, et la tête penchée sur une de ses mains, demeure dans cette situation pensive.)

DORVAL

10 Constance, vous rêvez.

CONSTANCE, *émue, ou plutôt d'un sang-froid un peu contraint.*

Oui, je rêve... mais j'ai tort... la vie qu'on mène ici vous ennuie... Ce n'est pas d'aujourd'hui que je m'en aperçois.

DORVAL

Elle m'ennuie! Non, Madame, ce n'est pas cela.

CONSTANCE

Qu'avez-vous donc?... Un air sombre que je vous trouve...

DORVAL

15 Les malheurs laissent des impressions... Vous savez... Madame... je vous jure que depuis longtemps je ne connaissais de douceurs que celles que je goûtais ici.

CONSTANCE

Si cela est, vous revenez sans doute.

DORVAL

Je ne sais... Ai-je jamais su ce que je deviendrais?

CONSTANCE, *après s'être promenée un instant.*

20 Ce moment est donc le seul qui me reste. Il faut parler. *(Une pause.)* [4]

———— ▪ QUESTIONS ▪ ————

4. Soulignez les deux moments successifs de cette première partie. Quelle symétrie les premières répliques cherchent-elles à créer entre les deux personnages? Dans les indications scéniques des scènes précédentes, certains détails ne nous suggéraient-ils pas ce rapprochement? Montrez que si, au départ, Dorval est réduit à se justifier, c'est ensuite le tour de Constance (pour l'instant d'une réplique), et enfin Dorval retrouve son premier rôle. Pourquoi? Celui-ci peut-il imaginer ce que son interlocutrice doit lui dire? Est-il en état de le deviner?

Dorval, écoutez-moi. Vous m'avez trouvée ici il y a six mois, tranquille et heureuse. J'avais éprouvé tous les malheurs des nœuds mal assortis. Libre de ces nœuds, je m'étais promis une indépendance éternelle, et j'avais fondé mon bonheur sur

25 l'aversion de tout lien, et dans la sécurité d'une vie retirée.

Après les longs chagrins, la solitude a tant de charmes! On y respire en liberté. J'y jouissais de moi. J'y jouissais de mes peines passées. Il me semblait qu'elles avaient épuré ma raison. Mes journées toujours innocentes, quelquefois déli-

30 cieuses, se partageaient entre la lecture, la promenade, et la conversation de mon frère. Clairville me parlait sans cesse de son austère et sublime ami. Que j'avais de plaisir à l'entendre! Combien je désirais de connaître un homme que mon frère aimait, respectait à tant de titres, et qui avait développé dans

35 son cœur les premiers germes de la sagesse!

Je vous dirai plus. Loin de vous, je marchais déjà sur vos traces; et cette jeune Rosalie que vous voyez ici était l'objet de tous mes soins, comme Clairville avait été l'objet des vôtres.

DORVAL, *ému et attendri.*

Rosalie!

CONSTANCE

40 Je m'aperçus du goût que Clairville prenait pour elle, et je m'occupais à former l'esprit, et surtout le caractère de cet enfant qui devait un jour faire la destinée de mon frère. Il est étourdi, je la rendais prudente. Il est violent, je cultivais sa douceur naturelle. Je me complaisais à penser que je préparais de concert

45 avec vous l'union la plus heureuse qu'il y eût peut-être au monde, lorsque vous arrivâtes. Hélas!...

(La voix de Constance prend ici l'accent de la tendresse, et s'affaiblit un peu.)

Votre présence qui devait m'éclairer et m'encourager n'eut point ces effets que j'en attendais. Peu à peu mes soins se détour-

50 nèrent de Rosalie. Je ne lui enseignai plus à plaire... et je n'en ignorai pas longtemps la raison.

Dorval, je connus tout l'empire que la vertu avait sur vous, et il me parut que je l'en aimais encore davantage. Je me proposai d'entrer dans votre âme avec elle, et je crus n'avoir jamais formé de dessein qui fût si bien selon mon cœur. Qu'une

55 femme est heureuse, me disais-je, lorsque le seul moyen qu'elle ait d'attacher celui qu'elle a distingué, c'est d'ajouter de plus en plus à l'estime qu'elle se doit, c'est de s'élever sans cesse

à ses propres yeux. Je n'en ai point employé d'autre. Si je
n'en ai pas attendu le succès[1], si je parle, c'est le temps, et non
60 la confiance qui m'a manqué. Je ne doutai jamais que la vertu
ne fît naître l'amour, quand le moment en serait venu. *(Une
petite pause : ce qui suit doit coûter à dire à une femme, telle
que Constance.)*

Vous avouerai-je ce qui m'a coûté le plus? C'était de vous
65 dérober ces mouvements si tendres et si peu libres, qui trahissent
presque toujours une femme qui aime. La raison se fait entendre
par intervalles. Le cœur importun parle sans cesse, Dorval,
cent fois le mot fatal à mon projet s'est présenté sur mes lèvres.
Il m'est échappé quelquefois; vous ne l'avez point entendu, m'en
70 et je m'en suis toujours félicitée.

Telle est Constance. Si vous la fuyez, du moins elle n'aura
point à rougir d'elle. Éloignée de vous, elle se retrouvera dans
le sein de la vertu. Et tandis que tant de femmes détesteront
l'instant où l'objet d'une criminelle tendresse arracha de leur
75 cœur un soupir, Constance ne se rappellera Dorval que pour
s'applaudir de l'avoir connu. Ou s'il se mêle quelque amertume
à son souvenir, il lui restera toujours une consolation douce
et solide dans les sentiments mêmes que vous lui aurez
inspirés. (5) (6)

---

1. *Succès* : issue, résultat bon ou mauvais.

——————— QUESTIONS ———————

5. Organisation et thème de la tirade de Constance. Comment se
justifie ainsi la détermination qu'elle a prise de parler? Précisez les étapes
de la *naissance de l'amour*. En quoi, avant l'arrivée de Dorval, l'esprit
de la jeune femme était-il préparé? Relevez à ce propos le rôle qu'elle
assigne à l'estime dans l'amour. A quel auteur dramatique du XVIIe siècle
cela vous fait-il penser? — Expliquez l'exclamation qui échappe à Dorval
au milieu de ce passage : Constance en saisit-elle le sens?

6. SUR L'ENSEMBLE DE LA SCÈNE IV. — Distinguez les mouvements
successifs de cette scène. Quel en est le passage principal? Indiquez sa
portée dramatique et précisez les conditions psychologiques qui le rendent
à la fois nécessaire et pathétique.

— Sur quoi se fonde l'amour de Constance? Rapprochez du portrait
de Dorval fait par l'auteur dans la Préface (2e paragraphe). Relevez les
maximes morales qui émaillent la déclaration de la jeune femme. Montrez-
en le caractère logique (justification de son acte et de ses sentiments)
et nécessaire (pour la bienséance et la vraisemblance). Relevez les marques
de naïveté dans tout ce passage.

— Rapprochez de cette scène la critique qui en est faite dans le premier
Entretien (voir, plus loin, pages 113-115). Appréciez les arguments de part
et d'autre. Quelle est votre opinion personnelle tant sur le plan dramatique que sur celui de la psychologie?

Scène V. — DORVAL, CONSTANCE, CLAIRVILLE.

DORVAL

Madame, voilà votre frère.

CONSTANCE, *attristée, dit :*

Mon frère, Dorval nous quitte *(et sort).*

CLAIRVILLE

On vient de me l'apprendre. (7)

Scène VI. — DORVAL, CLAIRVILLE.

DORVAL, *faisant quelques pas, distrait et embarrassé.*

Des lettres de Paris... Des affaires qui pressent... Un banquier qui chancelle...

CLAIRVILLE

Mon ami, vous ne partirez point sans m'accorder un moment d'entretien. Je n'ai jamais eu un si grand besoin de votre secours.

DORVAL

5 Disposez de moi; mais si vous me rendez justice, vous ne douterez pas que je n'aie les raisons les plus fortes...

CLAIRVILLE, *affligé.*

J'avais un ami, et cet ami m'abandonne. J'étais aimé de Rosalie, et Rosalie ne m'aime plus. Je suis désespéré... Dorval, m'abandonnerez-vous?...

DORVAL

10 Que puis-je faire pour vous? (8)

——————— QUESTIONS ———————

7. Sur la scène v. — Utilité psychologique de cette scène. Pourquoi interrompre ainsi l'entretien? Dorval pouvait-il répondre sans embarras? Constance peut-elle ne recevoir qu'un silence en réponse? Comment Diderot marque-t-il sa déception devant la réplique de Dorval?
— Le pathétique de ce moment. Peut-il durer bien longtemps? Analysez et expliquez la sécheresse neutre des trois répliques qui constituent cette scène.

8. Pourquoi Dorval est-il *embarrassé?* Comment cela se trahit-il dans son langage? Clairville s'en rend-il compte? Pourquoi? Quelle précision inquiétante contient sa dernière réplique, si on la rapproche de l'exclamation de son ami à la scène précédente (ligne 39) et de son départ précipité?

CLAIRVILLE

Vous savez si j'aime Rosalie !... Mais non, vous n'en savez rien. Devant les autres, l'amour est ma première vertu ; j'en rougis presque devant vous... Eh bien, Dorval, je rougirai, s'il le faut ; mais je l'adore... Que ne puis-je vous dire tout ce que
15 j'ai souffert ! Avec quel ménagement[1], quelle délicatesse j'ai imposé silence à la passion la plus forte !... Rosalie vivait retirée près d'ici, avec une tante. C'était une américaine[2] fort âgée, une amie de Constance. Je voyais Rosalie tous les jours, et tous les jours je voyais augmenter ses charmes ; je sentais
20 augmenter mon trouble. Sa tante meurt. Dans ses derniers moments elle appelle ma sœur, lui tend une main défaillante ; et lui montrant Rosalie qui se désolait au bord de son lit, elle la regardait sans parler ; ensuite elle regardait Constance ; des larmes tombaient de ses yeux ; elle soupirait ; et ma sœur
25 entendait tout cela. Rosalie devint sa compagne, sa pupille, son élève ; et moi, je fus le plus heureux des hommes. Constance voyait ma passion : Rosalie en paraissait touchée. Mon bonheur n'était plus traversé que par la volonté d'une mère inquiète qui redemandait sa fille. Je me préparais à passer dans les
30 climats éloignés où Rosalie a pris naissance : mais sa mère meurt ; et son père, malgré sa vieillesse, prend le parti de revenir parmi nous.

Je l'attendais, ce père, pour achever mon bonheur ; il arrive, et il me trouvera désolé.

DORVAL

35 Je ne vois pas encore les raisons que vous avez de l'être.

CLAIRVILLE

Je vous l'ai dit d'abord[3]. Rosalie ne m'aime plus. A mesure que les obstacles qui s'opposaient à mon bonheur ont disparu, elle est devenue réservée, froide, indifférente. Ces sentiments tendres qui sortaient de sa bouche avec une naïveté qui me
40 ravissait, ont fait place à une politesse qui me tue. Tout lui est insipide. Rien ne l'occupe. Rien ne l'amuse. M'aperçoit-elle ? son premier mouvement est de s'éloigner. Son père arrive ; et l'on dirait qu'un événement si désiré, si longtemps attendu, n'a plus rien qui la touche. Un goût sombre pour la solitude
45 est tout ce qui reste. Constance n'est pas mieux traitée que

---

1. *Ménagement* : soin prudent ; 2. *Américain* : Européen qui a vécu aux Antilles ; 3. *D'abord* : immédiatement, d'entrée de jeu (voir, en effet, la deuxième réplique de Clairville dans cette scène).

moi. Si Rosalie nous cherche encore, c'est pour nous éviter
l'un par l'autre; et pour comble de malheur, ma sœur même
ne paraît plus s'intéresser à moi.

DORVAL

Je reconnais bien là Clairville. Il s'inquiète, il se chagrine,
50 et il touche au moment de son bonheur. (9)

CLAIRVILLE

Ah, mon cher Dorval, vous ne le croyez pas. Voyez...

DORVAL

Je ne vois dans toute la conduite de Rosalie que de ces
inégalités auxquelles les femmes les mieux nées sont le plus
sujettes, et qu'il est quelquefois si doux d'avoir à leur par-
55 donner. Elles ont le sentiment¹ si exquis²; leur âme est si sensible; leurs organes sont si délicats, qu'un soupçon, un mot,
une idée suffit pour les alarmer. Mon ami, leur âme est semblable au cristal d'une onde pure et transparente où le spectacle tranquille de la nature s'est peint. Si une feuille en tom-
60 bant vient à en agiter la surface, tous les objets sont vacillants.

CLAIRVILLE, *affligé.*

Vous me consolez; Dorval, je suis perdu. Je ne sens que
trop... que je ne peux vivre sans Rosalie; mais quel que soit
le sort qui m'attend, j'en veux être éclairci avant l'arrivée
de son père.

DORVAL

65 En quoi puis-je vous servir?

CLAIRVILLE

Il faut que vous parliez à Rosalie.

DORVAL

Que je lui parle!

---

1. *Sentiment* : sensibilité; 2. *Exquis* : raffiné, d'où fragile dans son équilibre.

QUESTIONS
---

9. La peinture de la passion à travers le récit de Clairville. Relevez
tous les éléments romanesques de cette histoire; en quoi ce passage est-il
touchant? — La mort de la tante : analysez de quelle manière Diderot
esquisse un tableau « à la Greuze ». En quoi les deux étapes successives
du récit de Clairville s'opposent-elles en même temps qu'elles se com-
plètent? — Les réponses de Dorval vous paraissent-elles satisfaisantes?
A quoi peut tenir leur froideur apparente? La dernière ne paraît-elle pas
une fin de non-recevoir? Motivez-la.

CLAIRVILLE

Oui, mon ami. Il n'y a que vous au monde qui puissiez me la rendre. L'estime qu'elle a pour vous me fait tout espérer.

DORVAL

70 Clairville, que me demandez-vous? A peine Rosalie me connaît-elle; et je suis si peu fait pour ces sortes de discussions.

CLAIRVILLE

Vous pouvez tout, et vous ne me refuserez[1] point. Rosalie vous révère. Votre présence la saisit de respect, c'est elle qui l'a dit. Elle n'osera jamais être injuste, inconstante, ingrate à 75 vos yeux. Tel est l'auguste privilège de la vertu; elle en impose à tout ce qui l'approche. Dorval, paraissez devant Rosalie, et bientôt elle redeviendra pour moi ce qu'elle doit être, ce qu'elle était. **(10)**

DORVAL, *posant la main sur l'épaule de Clairville.*

Ah, malheureux!

CLAIRVILLE

80 Mon ami, si je le suis!

DORVAL

Vous exigez...

CLAIRVILLE

J'exige...

DORVAL

Vous serez satisfait. **(11) (12)**

---

1. *Refuser* : opposer un refus.

─────── **QUESTIONS** ───────

10. Comment Dorval essaie-t-il de se soustraire à la requête de son ami? L'avait-il prévue, du moins sous cette forme? — Appréciez le développement de Dorval sur les états de l'humeur féminine : en quoi est-ce le fait d'un moraliste? Par quoi ces inégalités s'expliquent-elles? Est-ce le type d'explication qu'aurait donné un La Rochefoucauld ou un La Bruyère? Tirez-en une conséquence sur l'évolution des esprits et sur l'importance des sciences de la nature au xviiie siècle. — Quel lien Clairville semble-t-il faire entre l'amour et la morale dans sa dernière réplique? Y croit-il vraiment ou cherche-t-il à se rassurer sur l'issue de l'ultime démarche qu'il peut tenter?

11. Quel motif détermine Dorval à accepter la mission que lui confie Clairville? Importance de la mimique dans cette fin de scène; essayez d'imaginer les jeux de physionomie. En quoi ce passage est-il émouvant et sobre?

Question 12 : voir page 41.

Scène VII. — DORVAL, *seul.*

Quels nouveaux embarras!... le frère... la sœur... Ami cruel, amant aveugle, que me proposez-vous?... Paraissez devant Rosalie![1] Moi, paraître devant Rosalie, et je voudrais me cacher à moi-même... Que deviens-je si Rosalie me devine? et comment en imposerai-je à mes yeux, à ma voix, à mon cœur?... Qui me répondra de moi?... La vertu?... M'en reste-t-il encore? **(13) (14)**

Fin du premier acte.

---

1. Cette phrase est une reprise de l'ordre qui lui est donné par Clairville et que le personnage se rappelle ici.

━━━━ ● QUESTIONS ━━━━━━━━━━━━━━━━━━━━━

12. Sur l'ensemble de la scène vi. — Composition de cette scène : marquez-en l'évolution et soulignez que les ressources dramatiques utilisées changent à chaque étape.

— Le pathétique : étudiez-en la courbe, relevez ses moments d'intensité maximale. Comment se traduit-il (mimiques, style, mouvement des idées)?

— La situation réciproque des deux amis est-elle parfaitement claire : 1° pour chacun d'eux? 2° pour le spectateur?

— Comment vous apparaît Rosalie à travers cette scène?

13. Sur la scène vii. — Analysez comment Diderot essaie de traduire le trouble profond de Dorval.

— En quoi ce court passage est-il pathétique? Par quels moyens cela est-il rendu? Précisez de ce point de vue la portée de la dernière phrase.

14. Sur l'ensemble de l'acte premier. — L'action. Faites le point de tout ce que nous avons appris sur les personnages, leurs relations réciproques, leurs difficultés, leur situation. Quels progrès l'action a-t-elle faits depuis le début?

— Les personnages : esquissez un rapide portrait de chacun tel qu'il apparaît par ses paroles ou ses actes, ou à travers ce que d'autres disent de lui. Pensez-vous que l'étude psychologique soit particulièrement approfondie, ou avez-vous l'impression que dans un cadre assez général Diderot décrit des comportements « en situation »? Justifiez votre réponse par des appels précis au texte.

— Les sentiments et leur traduction. Rôles de la mimique, des tableaux.

CARLO GOLDONI (1707-1793).

Le Véritable Ami de l'auteur comique italien servit de point de départ à
Diderot pour *le Fils naturel*.

Gravure de l'époque.

ACTE II

Scène première. — ROSALIE, JUSTINE.

ROSALIE

Justine, approchez mon ouvrage.

(Justine approche un métier à tapisserie. Rosalie est triste-
ment appuyée sur ce métier. Justine est assise d'un autre côté.
Elles travaillent. Rosalie n'interrompt son ouvrage que pour
essuyer des larmes qui tombent de ses yeux. Elle le reprend
ensuite. Le silence dure un moment, pendant lequel Justine laisse
l'ouvrage et considère sa maîtresse.)

JUSTINE

Est-ce là la joie avec laquelle vous attendez Monsieur votre
père? sont-ce là les transports que vous lui préparez? Depuis
un temps je n'entends rien à votre âme. Il faut que ce qui s'y
5 passe soit mal; car vous me le cachez, et vous faites très bien.

ROSALIE

(Point de réponse de la part de Rosalie; mais des soupirs,
du silence et des larmes.)

JUSTINE

Perdez-vous l'esprit, Mademoiselle? au moment de l'arrivée
d'un père! à la veille d'un mariage! Encore un coup, perdez-
vous l'esprit?

ROSALIE

Non, Justine.

JUSTINE, *après une pause.*

10 Serait-il arrivé quelque malheur à Monsieur votre père?

ROSALIE

Non, Justine. *(Toutes ces questions se font à différents inter-*
valles dans lesquels Justine quitte et reprend son ouvrage.)

JUSTINE, *après une pause un peu plus longue.*

Par hasard, est-ce que vous n'aimeriez pas Clairville?

ROSALIE

Non, Justine.

JUSTINE *reste un peu stupéfaite. Elle dit ensuite :*

15 La voilà donc la cause de ces soupirs, de ce silence et de ces
larmes?... Oh, pour le coup, les hommes n'ont qu'à dire que

nous sommes folles; que la tête nous tourne aujourd'hui pour
un objet que demain nous voudrions savoir à mille lieues.
Qu'ils disent de nous tout ce qu'ils voudront, je veux mourir
20 si je les en dédis... Vous ne vous êtes pas attendue, Mademoiselle, que j'approuverais ce caprice... Clairville vous aime
éperdument. Vous n'avez aucun sujet de vous plaindre de lui.
Si jamais femme a pu se flatter d'avoir un amant tendre, fidèle,
honnête; de s'être attaché un homme qui eût de l'esprit, de
25 la figure, des mœurs, c'est vous. Des mœurs! Mademoiselle,
des mœurs!... Je n'ai jamais pu concevoir, moi, qu'on cessât
d'aimer; à plus forte raison qu'on cessât sans sujet. Il y a là
quelque chose où je n'entends rien.

*(Justine s'arrête un moment. Rosalie continue de travailler
et de pleurer. Justine reprend d'un ton hypocrite et radouci,
et dit tout en travaillant, et sans lever les yeux de dessus son
ouvrage :)*

Après tout, si vous n'aimez plus Clairville, cela est fâcheux...
30 mais il ne faut pas s'en désespérer comme vous faites... Quoi
donc! après lui, n'y aurait-il plus personne au monde que vous
pussiez aimer?

ROSALIE

Non, Justine.

JUSTINE

Oh pour celui-là, on ne s'y attend pas[1].

*(Dorval entre, Justine se retire; Rosalie quitte son métier,
se hâte de s'essuyer les yeux, et de se composer un visage tranquille. Elle a dit auparavant :)*

ROSALIE

35 O Ciel! c'est Dorval. **(1)**

----

1. On ne s'attendait pas à ce genre de réponse.

──────── QUESTIONS ────────

1. SUR LA SCÈNE PREMIÈRE. — Distinguez les mouvements successifs
de cette scène. Quels en sont les éléments moteurs? Montrez comment
Justine mène son investigation. Pourquoi ce déséquilibre entre les répliques
de la suivante et celles de la maîtresse?
— Importance des indications scéniques : 1º d'un point de vue quanti-
tatif; 2º d'un point de vue dramatique. Que remplacent-elles? Pourquoi?
Effet produit? Ce procédé vous paraît-il plus ou moins efficace que le
dialogue?

Suite de la question page 45.

Scène II. — ROSALIE, DORVAL.

DORVAL, *d'un ton un peu ému.*

Permettez, Mademoiselle, qu'avant mon départ *(à ces mots Rosalie paraît étonnée)*, j'obéisse à un ami, et que je cherche à lui rendre auprès de vous un service qu'il croit important. Personne ne s'intéresse plus que moi à votre bonheur et au sien;
5 vous le savez. Souffrez donc que je vous demande en quoi Clairville a pu vous déplaire, et comment il a mérité la froideur avec laquelle il dit être traité.

ROSALIE

C'est que je ne l'aime plus.

DORVAL

Vous ne l'aimez plus!

ROSALIE

10 Non, Dorval.

DORVAL

Et qu'a-t-il fait pour s'attirer cette horrible disgrâce?

ROSALIE

Rien. Je l'aimais. J'ai cessé. J'étais légère apparemment, sans m'en douter.

DORVAL

Avez-vous oublié que Clairville est l'amant que votre cœur
15 a préféré?... Songez-vous qu'il traînerait des jours bien malheureux, si l'espérance de recouvrer votre tendresse lui était ôtée?... Mademoiselle, croyez-vous qu'il soit permis à une honnête femme de se jouer du bonheur d'un honnête homme?

ROSALIE

Je sais là-dessus tout ce qu'on peut me dire. Je m'accable
20 sans cesse de reproches. Je suis désolée. Je voudrais être morte!

───── **QUESTIONS** ─────

— Indiquez sur quel ton doivent être prononcées les différentes réponses de Rosalie et précisez à chaque fois l'effet visé. Y a-t-il monotonie?
— Dans quelle mesure les représentations de Justine à sa maîtresse, concernant la personne de Clairville, constituent une réponse à l'espoir formulé par le jeune homme à la fin de l'acte précédent? Sur quoi insiste la confidente pour faire honte à sa maîtresse? En quoi la démarche de Dorval risque-t-elle d'essuyer un échec, quand elle doit reprendre les mêmes arguments?
— L'attitude de Rosalie paraît-elle, après la dernière réplique, explicable? Justifiez son dernier *non* et son exclamation à l'arrivée de Dorval.

DORVAL

Vous n'êtes point injuste.

ROSALIE

Je ne sais plus ce que je suis. Je ne m'estime plus. **(2)**

DORVAL

Mais pourquoi n'aimez-vous plus Clairville? Il y a des raisons
à tout.

ROSALIE

25 C'est que j'en aime un autre.

DORVAL

Rosalie! Elle! *(avec un étonnement mêlé de reproches).*

ROSALIE

Oui, Dorval,... Clairville sera bien vengé!

DORVAL

Rosalie,... si par malheur il était arrivé... que votre cœur
surpris... fût entraîné par un penchant... dont votre raison
30 vous fît un crime... J'ai connu cet état cruel!... Que je vous
plaindrais!

ROSALIE

Plaignez-moi donc.

DORVAL *ne lui répond que par le geste de commisération.*

ROSALIE

J'aimais Clairville. Je n'imaginais pas que je pusse en aimer
un autre, lorsque je rencontrai l'écueil de ma constance et de
35 notre bonheur... Les traits, l'esprit, le regard, le son de la voix,
tout dans cet objet[1] doux et terrible semblait répondre à je ne
sais quelle image que la nature avait gravée dans mon cœur.
Je le vis. Je crus y reconnaître la vérité de toutes ces chimères
de perfection que je m'étais faites, et d'abord[2] il eut ma

---

1. *Objet :* personne aimée (langue classique); 2. *D'abord :* voir page 38, ligne 36
et la note.

─────── **QUESTIONS** ───────

2. Analysez le ton de la première réplique de Dorval; justifiez-le par
la situation présente et par les sentiments que le personnage peut éprouver.
Expliquez la sécheresse des réponses de Rosalie : sa brutalité est-elle
le fait de l'inconscience? de la cruauté? En quoi la deuxième phase de
ce dialogue, fondée sur des arguments moraux, éclaire-t-elle l'attitude
de la jeune fille? Sachant l'importance de la vertu pour les personnages
et pour Diderot, soulignez le désespoir que révèle la dernière réplique
de Rosalie.

40 confiance... Si j'avais pu concevoir que je manquais[1] à Clairville!... Mais hélas! je n'en avais pas eu le moindre soupçon,
que j'étais toute accoutumée à aimer son rival... Et comment
ne l'aurais-je pas aimé?... Ce qu'il disait, je le pensais toujours.
Il ne manquait jamais de blâmer ce qui devait me déplaire.
45 Je louais quelquefois d'avance ce qu'il allait approuver. S'il
exprimait un sentiment[2], je croyais qu'il avait deviné le mien...
Que vous dirai-je enfin? Je me voyais à peine dans les autres;
(elle ajoute en baissant les yeux et la voix) et je me retrouvais
sans cesse en lui. (3)

DORVAL

50   Et ce mortel heureux connaît-il son bonheur?

ROSALIE

Si c'est un bonheur, il doit le connaître.

DORVAL

Si vous aimez, on vous aime sans doute?

ROSALIE

Dorval, vous le savez.

DORVAL, *vivement.*

Oui, je le sais, et mon cœur le sent... Qu'ai-je entendu?...
55 Qu'ai-je dit?... Qui me sauvera de moi-même?...

*(Dorval et Rosalie se regardent un moment en silence. Rosalie
pleure amèrement. On annonce Clairville.)*

SYLVESTRE, *à Dorval.*

Monsieur, Clairville demande à vous parler.

DORVAL, *à Rosalie.*

Rosalie... Mais on vient... Y pensez-vous... C'est Clairville.
C'est mon ami. C'est votre amant.

---

1. *Manquer à :* trahir; 2. *Sentiment :* opinion.

———— **QUESTIONS** ————

3. La révélation faite ici par Rosalie était-elle imprévisible? Étudiez
dans les réponses de Dorval le mélange de reproche et de commisération
compréhensive. — Rôle du geste dans ce passage; importance et signification des points de suspension. — Analysez la manière dont Rosalie
présente celui qu'elle aime : que trouve-t-elle en lui? Sur quoi se fondent
donc ses sentiments? En quoi le problème devient-il plus complexe sur
le plan moral, de ce fait? Soulignez la beauté significative de la dernière
phrase.

ROSALIE

Adieu, Dorval. *(Elle lui tend une main ; Dorval la prend, et*
60 *laisse tomber tristement sa bouche sur cette main, et Rosalie*
ajoute :) Adieu, quel mot! **(4) (5)**

SCÈNE III. — DORVAL, *seul.*

Dans sa douleur, qu'elle m'a paru belle! Que ses charmes
étaient touchants! J'aurais donné ma vie pour recueillir une
des larmes qui coulaient de ses yeux... « Dorval, vous le savez »...
Ces mots retentissent encore dans le fond de mon cœur... Ils
5 ne sortiront pas sitôt de ma mémoire!... **(6)**

SCÈNE IV. — DORVAL, CLAIRVILLE.

CLAIRVILLE

Excusez mon impatience. Eh bien, Dorval!...

DORVAL

(Dorval est troublé. Il tâche de se remettre ; mais il y réussit
mal. Clairville, qui cherche à lire sur son visage, s'en aperçoit,
se méprend, et dit :)

───────── **QUESTIONS** ─────────

4. L'identité de celui qu'aime Rosalie nous surprend-elle? Montrez
tout ce qui nous y a préparés (scène précédente, portrait esquissé dans
celle-ci). Expliquez la réponse de Dorval : émotion, sentiments moraux.
Le pathétique de ce passage. — L'opportunité de l'intervention d'un
tiers à ce point de la conversation; le fait que le personnage annoncé
soit Clairville est-il indifférent? Expliquez le sens de la dernière réplique.

5. SUR L'ENSEMBLE DE LA SCÈNE II. — Comment le dialogue évolue-t-il?
Montrez la rigueur de composition de cette scène : déroulement général,
enchaînement des différents mouvements; qui dirige chaque moment?
— Y a-t-il des coups de théâtre?
— L'évolution du ton, parallèlement à celle de l'action et à celle de
l'émotion.
— Rapprochez de cette scène et de la précédente la critique faite à
leur sujet dans le premier *Entretien* (voir plus loin, page 115) : les reproches
vous paraissent-ils fondés? Les réponses de Dorval vous satisfont-elles?
L'arrivée de Clairville vous paraît-elle très défendable psychologiquement?

6. SUR LA SCÈNE III. — Utilité psychologique de cette courte scène.
— Quel sentiment domine l'âme de Dorval? Est-ce légitime? Relevez
l'ambiguïté de sa dernière phrase.

CLAIRVILLE

Vous êtes troublé! Vous ne me parlez point! Vos yeux se remplissent de larmes! Je vous entends, je suis perdu!

(Clairville, en achevant ces mots, se jette dans le sein de son ami. Il y reste un moment en silence. Dorval verse quelques larmes sur lui, et Clairville dit, sans se déplacer, d'une voix basse et sanglotante :)

Qu'a-t-elle dit? Quel est mon crime? Ami, de grâce, achevez-5 moi.

DORVAL

Que je l'achève!

CLAIRVILLE

Elle m'enfonce un poignard dans le sein! et vous, le seul homme qui pût l'arracher peut-être, vous vous éloignez! vous m'abandonnez à mon désespoir!... Trahi par ma maîtresse, 10 abandonné de mon ami! que vais-je devenir! Dorval, vous ne me dites rien?

DORVAL

Que vous dirai-je?... Je crains de parler. (7)

CLAIRVILLE

Je crains bien plus de vous entendre; parlez pourtant, je changerai du moins de supplice... Votre silence me semble 15 en ce moment, le plus cruel de tous.

DORVAL, *en hésitant.*

Rosalie...

CLAIRVILLE, *en hésitant.*

Rosalie...

DORVAL

Vous me l'aviez bien dit... ne me paraît plus avoir cet empressement qui vous promettait un bonheur si prochain.

CLAIRVILLE

20 Elle a changé!... Que me reproche-t-elle?

─────── **QUESTIONS** ───────

7. Utilité de la première réplique, compte tenu notamment de la critique faite dans le premier *Entretien* (voir pages 115-116). Le pathétique de ce passage; importance, à ce point de vue, de la mimique. Relevez dans tout ce passage ce qui peut nous paraître excessif dans les gestes comme dans les mots. Dans quelle mesure un tel moment donne-t-il des armes à ceux qui rapprochent le drame bourgeois du mélodrame?

DORVAL

Elle n'a pas changé, si vous voulez... Elle ne vous reproche rien... mais son père...

CLAIRVILLE

Son père a-t-il repris son consentement?

DORVAL

Non. Mais elle attend son retour. Elle craint... Vous savez
25 mieux que moi qu'une fille bien née craint toujours.

CLAIRVILLE

Il n'y a plus de crainte à avoir. Tous les obstacles sont levés. C'était sa mère qui s'opposait à nos vœux; elle n'est plus, et son père n'arrive que pour m'unir à sa fille, se fixer parmi nous, et finir ses jours tranquillement, dans sa patrie, au sein
30 de sa famille, au milieu de ses amis. Si j'en juge par ses lettres, ce respectable vieillard ne sera guère moins affligé que moi. Songez, Dorval, que rien n'a pu l'arrêter; qu'il a vendu ses habitations[1]; qu'il s'est embarqué avec toute sa fortune, à l'âge... de quatre-vingts ans, je crois, sur des mers couvertes
35 de vaisseaux ennemis.

DORVAL

Clairville, il faut l'attendre. Il faut tout espérer des bontés du père, de l'honnêteté de la fille, de votre amour, et de mon amitié. Le ciel ne permettra pas que des êtres qu'il semble avoir formés pour servir de consolation et d'encouragement
40 à la vertu, soient tous malheureux sans l'avoir mérité. (8)

CLAIRVILLE

Vous voulez donc que je vive.

DORVAL

Si je le veux!... Si Clairville pouvait lire au fond de mon âme!... Mais j'ai satisfait à ce que vous exigiez.

---

1. *Habitation* : nom donné à l'époque à la propriété que possédait un Blanc aux Antilles. Cette concession pouvait avoir des dimensions très vastes.

─────── **QUESTIONS** ───────

8. Expliquez ce que Dorval cherche à faire ici. Cette idée lui est-elle venue dès l'entrée de Clairville? Cherchez dans le texte des marques d'hésitation chez Dorval. Montrez que son embarras est double : 1º Peut-il avouer nettement la vérité à son ami? Pourquoi? 2º L'emploi du mensonge le laisse-t-il indifférent? Pourquoi y recourt-il ici? Sous quelle forme atténuée? — Est-il finalement très convaincant? Analysez sa dernière réplique : mettez en évidence son caractère général, vague, dilatoire.

CLAIRVILLE

C'est à regret que je vous entends. Allez, mon ami. Puisque
45 vous m'abandonnez dans la triste situation où je suis, je peux
tout croire des motifs qui vous rappellent. Il ne me reste plus
qu'à vous demander un moment. Ma sœur alarmée de quelques
bruits fâcheux qui se sont répandus ici sur la fortune de Rosalie
et sur le retour de son père, est sortie malgré elle. Je lui ai
50 promis que vous ne partiriez point qu'elle ne fût rentrée. Vous
ne me refuserez pas de l'attendre.

DORVAL

Y a-t-il quelque chose que Constance ne puisse obtenir de
moi!

CLAIRVILLE

Constance! hélas, j'ai pensé quelquefois... Mais renvoyons
55 ces idées à des temps plus heureux... Je sais où elle est, et je
vais hâter son retour. **(9) (10)**

SCÈNE V. — DORVAL, *seul.*

Suis-je assez malheureux!... J'inspire une passion secrète à
la sœur de mon ami... J'en prends une insensée pour sa maîtresse; elle, pour moi... Que fais-je encore dans une maison
que je remplis de désordre? Où est l'honnêteté? Y en a-t-il
5 dans ma conduite?... *(Il appelle comme un forcené.)* Charles,
Charles... On ne vient point... Tout m'abandonne... *(Il se*

───── **QUESTIONS** ─────

9. Indiquez précisément les mouvements qui se succèdent en cette
fin de scène. Expliquez chacune des trois phrases que prononce Dorval
dans son avant-dernière réplique; quel lien les unit? Précisez l'effet qui
en résulte et montrez qu'il justifie la réponse de Clairville. — Quelle
signification peut-on donner aux derniers mots de la scène, concernant
Constance?

10. Sur l'ensemble de la scène iv. — Marquez les différentes étapes
de cette scène. Précisez ce qui la fait évoluer. La technique dramatique
utilisée est-elle constamment identique pendant toute sa longueur?
— Dorval : analysez le personnage du double point de vue psychologique et moral. Comment se manifeste son embarras ici? A quelle solution se résout-il? Cela vous paraît-il satisfaisant? Que pouvait-il faire
d'autre?
— Montrez que le ton de la scène évolue du pathétique violent, au
début, à la résignation et aux regrets à la fin. Ce decrescendo d'intensité
vous paraît-il une faute de la part de l'auteur? En fait, est-on arrivé à
une solution du problème posé?

*renverse dans un fauteuil. Il s'abîme dans la rêverie. Il jette
ses mots par intervalles.)* ...Encore, si c'étaient là les premiers
malheureux que je fais!... mais non, je traîne partout l'infor-
10 tune... Tristes mortels, misérables jouets des événements... soyez
bien fiers de votre bonheur, de votre vertu!... Je viens ici, j'y
porte une âme pure... oui; car elle l'est encore... J'y trouve
trois êtres favorisés du ciel; une femme vertueuse et tranquille;
un amant passionné et payé de retour; une jeune amante rai-
15 sonnable et sensible... La femme vertueuse a perdu sa tranquil-
lité. Elle nourrit dans son cœur une passion qui la tourmente.
L'amant est désespéré. Sa maîtresse devient inconstante, et
n'en est que plus malheureuse... Quel plus grand mal eût fait
un scélérat!... O toi qui conduis tout, qui m'as conduit ici, te
20 chargeras-tu de te justifier?... Je ne sais où j'en suis... *(Il crie
encore.)* Charles, Charles. **(11)**

Scène VI. — DORVAL, CHARLES, SYLVESTRE.

CHARLES

Monsieur, les chevaux sont mis. Tout est prêt. *(Cela dit,
il sort.)*

SYLVESTRE *entre.*

Madame vient de rentrer. Elle va descendre.

DORVAL

Constance?

────── **QUESTIONS** ──────

11. SUR LA SCÈNE V. — Nécessité psychologique de ce monologue.
Montrez que, dans les scènes qui précèdent, Dorval a subi deux épreuves
particulièrement pénibles. Que fait-il ici?

— Utilité de cette scène pour le spectateur : qu'apprenons-nous ici
sur Dorval aux points de vue psychologique et moral? Dans quelle mesure
cela corrige-t-il les impressions parfois ambiguës laissées par les scènes
antérieures sur ce point? Que se reproche-t-il? Précisez votre jugement
à ce sujet.

— Moralité et prédestination : comment se justifie l'affirmation de
Dorval qu'il a *une âme pure?* N'a-t-il pas cependant une certaine respon-
sabilité dans les événements qui viennent de se produire? Comment
explique-t-il cette apparente contradiction? Importance explicative de la
phrase : *Je traîne partout l'infortune* (lignes 9-10)? Cette constatation
est-elle sans rapports avec la psychologie qu'aura plus tard le héros
romantique?

— L'avant-dernière phrase : à qui s'adresse Dorval? Pourquoi? Est-ce
une réflexion isolée, ou un thème que l'on retrouve ailleurs? Comparez,
sur ce plan, avec Voltaire, *Zadig*, chapitre de *l'Ermite* en particulier.

SYLVESTRE

5 Oui, Monsieur. *(Cela dit, il sort.)*

CHARLES

(Rentre, et dit à Dorval, qui, l'air sombre et les bras croisés, l'écoute et le regarde :)

(En cherchant dans ses poches.) Monsieur... vous me troublez aussi avec vos impatiences[1]... Non, il semble que le bon sens se soit enfui de cette maison... Dieu veuille que nous le rattrapions en route... Je ne pensais plus que j'avais une lettre; 10 et maintenant que j'y pense, je ne la trouve plus. *(A force de chercher, il trouve la lettre et la donne à Dorval.)*

DORVAL

Et donne donc? *(Charles sort.)* **[12]**

Scène VII. — DORVAL, *seul. (Il lit.)*

« La honte et le remords me poursuivent... Dorval, vous connaissez les lois de l'innocence... Suis-je criminelle?... Sauvez-moi!... Hélas, en est-il temps encore?... Que je plains mon père!... mon père!... Et Clairville? Je donnerais ma vie pour 5 lui... Adieu, Dorval, je donnerais pour vous mille vies... Adieu!... vous vous éloignez, et je vais mourir de douleur. »

(Après avoir lu d'une voix entrecoupée et dans un trouble extrême, il se jette dans un fauteuil. Il garde un moment le silence. Tournant ensuite des yeux égarés et distraits sur la lettre qu'il tient d'une main tremblante, il en relit quelques mots, et il dit :)

« La honte et le remords me poursuivent. » C'est à moi de rougir, d'être déchiré... « Vous connaissez les lois de l'innocence »... Je les connus autrefois... « Suis-je criminelle? » Non, 10 c'est moi qui le suis... « Vous vous éloignez, et je vais mourir. »

---

1. *Impatiences :* témoignages de hâte irritée.

QUESTIONS

12. Sur la scène VI. — Quelle impression Diderot cherche-t-il à produire, dans le début de cette scène, par ce ballet des serviteurs qui entrent et sortent? Montrez que le style des répliques concourt à donner la même impression que Charles souligne du mot *impatiences* (ligne 7).

— De qui peut être la lettre que Charles doit donner à Dorval? Par quel moyen Diderot augmente-t-il son importance? Est-ce un effet neuf au théâtre (voir *le Misanthrope* de Molière, IV, III)?

O ciel, je succombe!... *(En se levant.)* Arrachons-nous d'ici...
Je veux... je ne puis... ma raison se trouble... Dans quelles
ténèbres suis-je tombé?... O Rosalie! ô vertu! ô tourment!

*(Après un moment de silence, il se lève, avec peine. Il s'approche
lentement d'une table. Il écrit quelques lignes pénibles; mais,
tout au travers de son écriture[1], arrive Charles, en criant.)* **[13]**

Scène VIII. — DORVAL, CHARLES.

CHARLES

Monsieur, au secours. On assassine... Clairville...

*(Dorval quitte la table où il écrit, laisse sa lettre à moitié, se
jette sur son épée, qu'il trouve sur un fauteuil, et vole au secours
de son ami. Dans ces mouvements, Constance survient, et demeure
fort surprise de se voir laisser seule par le maître et par le valet.)*

Scène IX. — CONSTANCE, *seule.*

Que veut dire cette fuite?... Il a dû m'attendre. J'arrive, il
disparaît... Dorval, vous me connaissez mal... J'en peux guérir...

(Elle approche de la table, et aperçoit la lettre à demi écrite.)
Une lettre!

(Elle prend la lettre, et la lit.)

« Je vous aime, et je fuis... hélas, beaucoup trop tard!...
5 Je suis l'ami de Clairville... Les devoirs de l'amitié, les lois
sacrées de l'hospitalité? »...

---

1. Tandis qu'il écrit, en l'interrompant.

─────── **QUESTIONS** ───────

13. Sur la scène VII. — Pourquoi, à votre avis, Rosalie a-t-elle tenu
à écrire à Dorval? Qu'espère-t-elle de sa démarche? Risque-t-elle d'être
mal interprétée?
— Analysez les termes de ce billet. Relevez les termes qui trahissent
l'amour de la jeune fille; ceux qui traduisent son désarroi moral. Que
signifie son appel à Dorval? Qu'attend-elle de lui?
— Les commentaires de Dorval : dans quelle mesure marquent-ils une
simple réaction, dans quelle autre sont-ils une amorce de réponse?
— Toute cette scène n'est-elle pas mélodramatique? Cherchez les éléments qui concourent à créer cette impression.

Ciel! quel est mon bonheur!... Il m'aime!... Dorval, vous m'aimez... *(Elle se promène, agitée)*... Non, vous ne partirez point... Vos craintes sont frivoles... votre délicatesse est vaine...
10 Vous avez ma tendresse... Vous ne connaissez ni Constance ni votre ami... Non, vous ne les connaissez pas... Mais peut-être qu'il s'éloigne, qu'il fuit au moment où je parle. *(Elle sort de la scène avec quelque précipitation.)* [14] [15]

Fin du second acte.

───── **QUESTIONS** ─────

14. Sur les scènes viii et ix. — Soulignez l'accélération du mouvement en cette fin d'acte; montrez que, parallèlement, la densité augmente aussi. Toutefois, l'événement de la scène viii ne peut-il paraître un peu invraisemblable? Du moins ne constitue-t-il pas un hasard un peu forcé?
— A qui est adressée la lettre de Dorval? Expliquez en quoi Constance peut croire vraisemblablement qu'elle lui est adressée? Importance psychologique et dramatique de ce quiproquo.

15. Sur l'ensemble de l'acte ii. — Le mouvement dramatique : mettez en relief son accélération progressive. Par quels moyens Diderot y parvient-il? Quel est l'effet recherché? Parallélisme avec l'évolution psychologique. Montrez que désormais le drame est noué, concerne tous les personnages.
— Tracez le portrait des personnages intervenus depuis le début de l'acte; complétez celui des personnages antérieurement présents. Qu'ont-ils en commun? Par quoi se différencient Constance et Rosalie? Soulignez tout ce qui concourt à faire de Dorval le personnage principal, tant sur le plan psychologique qu'au point de vue dramatique.
— Les différents tons de cet acte. Montrez qu'il n'y a pas uniformité, mais, en un sens, homogénéité. Relevez les variations d'intensité. Ne peut-on relever un penchant particulier à Diderot pour le pathétique, voire pour les effets plus ou moins mélodramatiques. Rattachez cette constatation à son tempérament et à la forme de son goût en général.

ACTE III

Scène première. — DORVAL, CLAIRVILLE.

(Ils rentrent le chapeau sur la tête. Dorval remet le sien avec son épée sur le fauteuil.)

CLAIRVILLE

Soyez assuré que ce que j'ai fait, tout autre l'eût fait à ma place.

DORVAL

Je le crois. Mais je connais Clairville. Il est vif.

CLAIRVILLE

J'étais trop affligé pour m'offenser légèrement... Mais que
5 pensez-vous de ces bruits qui avaient appelé Constance chez son amie?

DORVAL

Il ne s'agit pas de cela.

CLAIRVILLE

Pardonnez-moi. Les noms s'accordent; on parle d'un vaisseau pris, d'un vieillard appelé Merian...

DORVAL

10 De grâce, laissons pour un moment ce vaisseau, ce vieillard,
et venons à votre affaire. Pourquoi me taire une chose dont
tout le monde s'entretient à présent, et qu'il faut que j'apprenne?

CLAIRVILLE

J'aimerais mieux qu'un autre vous la dît.

DORVAL

Je n'en veux croire que vous.

CLAIRVILLE

15 Puisque absolument vous voulez que je parle; il s'agissait
de vous.

DORVAL

De moi?

CLAIRVILLE

De vous. Ceux contre lesquels vous m'avez secouru, sont
deux méchants, et deux lâches. L'un s'est fait chasser de chez
20 Constance pour des noirceurs; l'autre eut quelque temps des
vues sur Rosalie. Je les trouve chez cette femme que ma sœur
venait de quitter. Ils parlaient de votre départ; car tout se sait

ici. Ils doutaient s'il fallait m'en féliciter ou m'en plaindre. Ils
en étaient également surpris.

DORVAL

25 Pourquoi surpris?

CLAIRVILLE

C'est, disait l'un, que ma sœur vous aime.

DORVAL

Ce discours m'honore.

CLAIRVILLE

L'autre que vous aimez ma maîtresse.

DORVAL

Moi?

CLAIRVILLE

30 Vous.

DORVAL

Rosalie?

CLAIRVILLE

Rosalie. (1)

DORVAL

Clairville, vous croiriez...

CLAIRVILLE

Je vous crois incapable d'une trahison. *(Dorval s'agite.)*
35 Jamais un sentiment bas n'entra dans l'âme de Dorval, ni un
soupçon injurieux dans l'esprit de Clairville.

DORVAL

Clairville, épargnez-moi.

CLAIRVILLE

Je vous rends justice. Aussi, tournant sur eux des regards
d'indignation et de mépris *(Clairville regardant Dorval avec ces*
40 *yeux, Dorval ne peut les soutenir. Il détourne la tête, et se couvre*
le visage avec ses mains), je leur fis entendre qu'on portait en
soi le germe de bassesses *(Dorval est tourmenté)* dont on était
si prompt à soupçonner autrui, et que partout où j'étais, je
prétendais qu'on respectât ma maîtresse, ma sœur et mon ami...
45 Vous m'approuvez, je pense.

─────── **QUESTIONS** ───────

1. Effet produit par cette révélation. Comment Diderot traduit-il
l'impression qu'elle laisse sur Dorval? Expliquez les hésitations de Clairville à répondre aux questions de son ami au début de la scène.

DORVAL

Je ne peux vous blâmer... Non... Mais.

CLAIRVILLE

Ce discours ne demeura pas sans réponse. Ils sortent. Je sors.
Ils m'attaquent...

DORVAL

Et vous périssiez, si je n'étais accouru?...

CLAIRVILLE

50   Il est certain que je vous dois la vie.

DORVAL

C'est-à-dire qu'un moment plus tard, je devenais votre
assassin.

CLAIRVILLE

Vous n'y pensez pas. Vous perdiez votre ami; mais vous
restiez toujours vous-même. Pouviez-vous prévenir un indigne
55 soupçon?

DORVAL

Peut-être.

CLAIRVILLE

Empêcher d'injurieux propos?

DORVAL

Peut-être.

CLAIRVILLE

Que vous êtes injuste envers vous!

DORVAL

60   Que l'innocence et la vertu sont grandes, et que le vice obscur
est petit devant elles. (2) (3)

─────── **QUESTIONS** ───────

2. Par quels moyens Diderot traduit-il l'embarras et la gêne morale de
Dorval? Comment accroît-il son malaise? Soulignez combien la mimique
doit être discrète sur scène si l'on veut éviter le ridicule : l'idée de Diderot
est-elle mauvaise pour autant? — Rattachez à l'ensemble de la scène la
dernière réplique de Dorval.

3. SUR L'ENSEMBLE DE LA SCÈNE PREMIÈRE. — Comment se rattache
cette scène à l'acte précédent? Que s'est-il passé pendant l'entracte?
Vérifiez la vraisemblance des événements intervenus (sortie de Clairville, lieu où il se rend, cause de la querelle, intervention de Dorval).

— Essayez d'imaginer les sentiments que peut éprouver Dorval en
entendant les révélations de son ami. Les accusations portées sont-elles
fausses? Montrez que l'interprétation seule fait la méchanceté des uns
ou des autres et rend la générosité de Clairville d'autant plus noble.

Suite et fin de la question page 59.

Scène II. — DORVAL, CLAIRVILLE, CONSTANCE.

CONSTANCE

Dorval... mon frère... dans quelles inquiétudes vous nous jetez!... Vous m'en voyez encore toute tremblante, et Rosalie en est à moitié morte.

DORVAL et CLAIRVILLE

Rosalie! *(Dorval se contraint subitement.)*

CLAIRVILLE

5   J'y vais. J'y cours.

CONSTANCE, *l'arrêtant par le bras.*

Elle est avec Justine. Je l'ai vue. Je la quitte. N'en[1] soyez pas inquiet.

CLAIRVILLE

Je le suis d'elle... Je le suis de Dorval... Il est d'un sombre qui ne se conçoit pas... Au moment où il sauve la vie à son
10 ami! Mon ami, si vous avez quelques chagrins, pourquoi ne pas les répandre dans le sein d'un homme qui partage tous vos sentiments; qui, s'il était heureux, ne vivrait que pour Dorval et pour Rosalie.

CONSTANCE

(tirant une lettre de son sein, la donne à son frère, et lui dit :)

Tenez, mon frère, voilà son secret, le mien, et le sujet appa-
15 remment de sa mélancolie[2].

(Clairville prend la lettre et la lit. Dorval, qui reconnaît cette lettre pour celle qu'il écrivait à Rosalie, s'écrie :)

DORVAL

Juste ciel! C'est ma lettre!

CONSTANCE

Oui, Dorval. Vous ne partez plus. Je sais tout. Tout est arrangé... Quelle délicatesse vous rendait ennemi de notre bonheur? Vous m'aimiez!... Vous m'écriviez!... Vous fuyiez!...

(A chacun de ces mots, Dorval s'agite et se tourmente.)

---

1. **En**, dans la langue classique, pouvait renvoyer à des personnes (ici : Rosalie). Cet usage n'est plus correct de nos jours; 2. *Mélancolie*, plus proche du sens actuel qu'au XVIIe siècle, garde néanmoins une force qu'il n'a plus : humeur sombre et durable.

--- **QUESTIONS** ---

— Ambiguïté de la dernière réplique. En quoi donne-t-elle le ton et sa conclusion à toute la scène?

DORVAL

20 Il le fallait. Il le faut encore. Un sort cruel me poursuit.
Madame, cette lettre... *(bas)* Ciel, qu'allais-je dire!

CLAIRVILLE

Qu'ai-je lu? Mon ami, mon libérateur va devenir mon frère!
Quel surcroît de bonheur et de reconnaissance!

CONSTANCE

Aux transports de sa joie, reconnaissez enfin la vérité de ses
25 sentiments et l'injustice de votre inquiétude. Mais quel motif
ignoré peut encore suspendre les vôtres[1]? Dorval, si j'ai votre
tendresse, pourquoi n'ai-je pas aussi votre confiance?

DORVAL, *d'un ton triste et avec un air abattu.*

Clairville.

CLAIRVILLE

Mon ami, vous êtes triste.

DORVAL

30 Il est vrai.

CONSTANCE

Parlez, ne vous contraignez plus... Dorval, prenez quelque
confiance en votre ami. *(Dorval continuant toujours de se taire,
Constance ajoute :)* Mais je vois que ma présence vous gêne.
Je vous laisse avec lui. **(4)**

SCÈNE III. — DORVAL, CLAIRVILLE.

CLAIRVILLE

Dorval, nous sommes seuls... Auriez-vous douté si j'approuverais l'union de Constance avec vous?... Pourquoi m'avoir
fait un mystère de votre penchant? J'excuse Constance, c'est
une femme... mais vous!... Vous ne me répondez pas.

---

1. *Les vôtres :* vos sentiments, et leur expression.

■ QUESTIONS ■

4. Sur la scène ii. — L'erreur commise par Constance à la fin de
l'acte précédent risque-t-elle d'apporter un nouvel obstacle à la marche
de l'action vers le dénouement? Est-elle, dans l'immédiat, utile ou non
à Dorval au point où était parvenu son entretien avec Clairville?
— Que savons-nous des sentiments de Dorval envers Constance?
Pourquoi? Son amour pour Rosalie permettait-il une autre solution?
Clairville peut-il comprendre grand-chose à ce qu'éprouve et témoigne
son ami dans cette scène et dans la précédente?

(Dorval écoute, la tête penchée et les bras croisés.)

5   Auriez-vous craint que ma sœur instruite des circonstances
de votre naissance...

DORVAL, *sans changer de posture,*
seulement en tournant la tête vers Clairville.

Clairville, vous m'offensez. Je porte une âme trop haute,
pour concevoir de pareilles craintes. Si Constance était capable
de ce préjugé, j'ose le dire, elle ne serait pas digne de moi.

CLAIRVILLE

10   Pardonnez[1], mon cher Dorval, la tristesse opiniâtre où je
vous vois plongé, quand tout paraît seconder vos vœux...

DORVAL, *bas et avec amertume.*

Oui, tout me réussit singulièrement.

CLAIRVILLE

Cette tristesse m'agite, me confond, et porte mon esprit sur
toutes sortes d'idées. Un peu plus de confiance de votre part
15   m'en épargnerait beaucoup de fausses... Mon ami, vous n'avez
jamais eu d'ouverture avec moi... Dorval ne connaît point ces
doux épanchements... son âme renfermée... Mais enfin vous
aurais-je compris? Auriez-vous appréhendé que privé par un
second mariage de Constance de la moitié d'une fortune, à la
20   vérité peu considérable, mais qu'on me croyait assurée, je ne
fusse pas assez riche pour épouser Rosalie?

DORVAL, *tristement.*

La voilà, cette Rosalie!... Clairville, songez à soutenir l'impression que votre péril a dû faire sur elle. (5)

---

1. *Pardonnez*-moi. Ce verbe ne porte pas sur ce qui suit; il faut, pour rétablir la
syntaxe de cette phrase interrompue, l'enchaîner au début de la réplique suivante
de Clairville, où *tristesse opiniâtre* est repris par *cette tristesse.*

──────── QUESTIONS ────────

5. SUR LA SCÈNE III. — Quel fait important pour Dorval, et pour la
pièce, apparaît ici pour la première fois? Pourquoi ce thème, dont vous
indiquerez la portée, n'est-il évoqué qu'en cette circonstance? Précisez
les conséquences que l'on en peut tirer.
   — Expliquez la réponse de Dorval : pourquoi cet orgueil; précisez
ce à quoi il fait équilibre.
   — Y a-t-il réellement dialogue dans cette scène? Analysez le mécanisme d'enchaînement des répliques et justifiez la technique utilisée.
Ce système pouvait-il se prolonger beaucoup?

Scène IV. — DORVAL, CLAIRVILLE, ROSALIE, JUSTINE.

CLAIRVILLE, *se hâtant d'aller au-devant de Rosalie.*

Est-il bien vrai que Rosalie ait craint de me perdre? qu'elle ait tremblé pour ma vie? Que l'instant où j'allais périr me serait cher, s'il avait rallumé dans son cœur une étincelle d'intérêt!

ROSALIE

Il est vrai que votre imprudence m'a fait frémir.

CLAIRVILLE

5   Que je suis fortuné! *(Il veut baiser la main de Rosalie, qui la retire.)*

ROSALIE

Arrêtez, Monsieur. Je sens toute l'obligation que nous avons à Dorval. Mais je n'ignore pas que, de quelque manière que se terminent ces événements pour un homme, les suites en sont
10 toujours fâcheuses pour une femme.

DORVAL

Mademoiselle, le hasard nous engage, et l'honneur a ses lois.

CLAIRVILLE

Rosalie, je suis au désespoir de vous avoir déplu. Mais n'accablez pas l'amant le plus soumis et le plus tendre. Ou si vous l'avez résolu, du moins n'affligez pas davantage un ami
15 qui serait heureux sans votre injustice. Dorval aime Constance. Il en est aimé. Il partait. Une lettre surprise a tout découvert... Rosalie, dites un mot, et nous allons tous être unis d'un lien éternel, Dorval à Constance, Clairville à Rosalie; un mot! et le ciel reverra ce séjour avec complaisance.

ROSALIE, *tombant dans un fauteuil.*

20 Je me meurs.

DORVAL et CLAIRVILLE

O Ciel! elle se meurt.
(Clairville tombe aux genoux de Rosalie.)

DORVAL *appelle les domestiques.*

Charles, Sylvestre, Justine.

JUSTINE, *secourant sa maîtresse.*

Vous voyez, Mademoiselle... Vous avez voulu sortir... Je vous l'avais prédit...

ROSALIE, *revenant à elle et se levant, dit :*

25 Allons, Justine.

CLAIRVILLE, *voulant lui donner le bras et la soutenir.*

Rosalie...

ROSALIE

Laissez-moi... Je vous hais... Laissez-moi, vous dis-je. (6)

Scène V. — DORVAL, CLAIRVILLE.

(Clairville quitte Rosalie. Il est comme un fou. Il va, il vient, il s'arrête. Il soupire de douleur, de fureur. Il s'appuie les coudes sur le dos d'un fauteuil, la tête sur ses mains, et les poings dans les yeux. Le silence dure un moment. Enfin, il dit :)

CLAIRVILLE

En est-ce assez?... Voilà donc le prix de mes inquiétudes!
Voilà le fruit de toute ma tendresse! Laissez-moi. Je vous hais.
Ah! *(Il pousse l'accent inarticulé du désespoir; il se promène avec agitation; et il répète sous différentes formes de déclama-*
5 *tions violentes :* « *Laissez-moi, je vous hais.* » *Il se jette dans un fauteuil. Il y demeure un moment en silence. Puis il dit d'un ton sourd et bas :)* Elle me hait!... et qu'ai-je fait pour qu'elle me haïsse? Je l'ai trop aimée. *(Il se tait encore un moment. Il se lève. Il se promène. Il paraît s'être un peu tranquillisé.*
10 *Il dit :)* Oui, je lui suis odieux. Je le vois. Je le sens. Dorval, vous êtes mon ami. Faut-il se détacher d'elle... et mourir?
Parlez. Décidez de mon sort. *(Charles entre, Clairville se promène.)* [7]

—————— **QUESTIONS** ——————

6. Sur la scène iv. — Marquez les mouvements successifs de cette scène; soulignez-en les enchaînements. Montrez-en la continuité et la progression tout à la fois.

— Caractérisez l'attitude de Rosalie à l'égard de Clairville; comment peut-on la justifier? La jeune fille peut-elle comprendre le revirement apparent et subit de Dorval à son égard?

— Analysez comment la scène est organisée autour d'un tableau central; de quelle manière il se construit et se défait brutalement — sur un mot lui-même brutal.

— Étudiez le pathétique de cette scène.

7. Sur la scène v. — Montrez ici l'alliance étroite, rêvée par Diderot, de la mimique et de la parole. Comment l'auteur a-t-il essayé de rendre cette association? la simultanéité des deux modes d'expression?

— Le pathétique : ses éléments, son intensité, sa traduction. N'est-il pas justifié tant par la situation que par la force des sentiments de Clairville? Le silence persistant de Dorval ne l'accroît-il pas?

Scène VI. — DORVAL, CLAIRVILLE, CHARLES.

CHARLES, *en tremblant, à Clairville qu'il voit agité.*

Monsieur...

CLAIRVILLE, *le regardant de côté.*

Eh bien?

CHARLES

Il y a là-bas un inconnu qui demande à parler à quelqu'un.

CLAIRVILLE, *brusquement.*

Qu'il attende.

CHARLES, *toujours tremblant et fort bas.*

5 C'est un malheureux, et il y a longtemps qu'il attend.

CLAIRVILLE, *avec impatience.*

Qu'il entre. **(8)**

Scène VII. — DORVAL, CLAIRVILLE, JUSTINE, CHARLES, SYLVESTRE, ANDRÉ,

et les autres domestiques de la maison attirés par la curiosité, et diversement répandus sur la scène.

Justine arrive un peu plus tard que les autres.

CLAIRVILLE, *un peu brusquement.*

Qui êtes-vous? Que voulez-vous?

ANDRÉ

Monsieur, je m'appelle André. Je suis au service d'un honnête vieillard. J'ai été le compagnon de ses infortunes; et je venais annoncer son retour à sa fille.

——— QUESTIONS ———

8. SUR LA SCÈNE VI. — Nécessité de cette scène après l'intensité du passage précédent.

— Les indications scéniques vous paraissent-elles toutes très utiles ici? Un acteur ne trouverait-il pas seul le ton à employer?

CLAIRVILLE

5   A Rosalie?

ANDRÉ

Oui, Monsieur.

CLAIRVILLE

Encore des malheurs! Où est votre maître? Qu'en[1] avez-vous
fait?

ANDRÉ

Rassurez-vous, Monsieur. Il vit. Il arrive. Je vous instruirai
10 de tout, si j'en ai la force, et si vous avez la bonté de m'entendre.

CLAIRVILLE

Parlez.

ANDRÉ

Nous sommes partis, mon maître et moi, sur le vaisseau
l'*Apparent*, de la rade du Fort-Royal[2], le six du mois de juillet.
Jamais mon maître n'avait eu plus de santé ni montré tant de
15 joie. Tantôt le visage tourné où les vents semblaient nous
porter, il élevait ses mains au ciel, et lui demandait un prompt
retour. Tantôt me regardant avec des yeux remplis d'espérance,
il me disait : « André, encore quinze jours, et je verrai mes
enfants, et je les embrasserai, et je serai heureux une fois du
20 moins avant que de mourir. »

CLAIRVILLE, *touché*.

(A Dorval.) Vous entendez. Il m'appelait déjà du nom de
fils. Eh bien, André?

ANDRÉ

Monsieur, que vous dirai-je? Nous avions eu la navigation
la plus heureuse. Nous touchions aux côtes de France. Échap-
25 pés aux dangers de la mer, nous avions salué la terre par mille
cris de joie; et nous nous embrassions tous les uns les autres,
commandants, officiers, passagers, matelots, lorsque nous
sommes approchés par des vaisseaux qui nous crient « la paix,
la paix »; abordés à la faveur de ces cris perfides, et faits pri-
30 sonniers[3].

---

1. *En :* voir page 59, ligne 6 et la note; 2. *Fort-Royal :* port de la Martinique;
3. Les événements racontés ici peuvent avoir une base historique dans les abordages
de vaisseaux français faits par les Anglais, dès avant la déclaration de la guerre de
Sept Ans (1756), provoquée par les rivalités coloniales en Amérique entre les deux
pays. De même les événements suivants sont inspirés de faits contemporains.

DORVAL et CLAIRVILLE, *en marquant leur surprise et leur douleur,*
chacun par l'action qui convient à son caractère.

Prisonniers! **(9)**

ANDRÉ

Que devint alors mon maître? Des larmes coulaient de ses
yeux. Il poussait de profonds soupirs. Il tournait ses regards,
il étendait ses bras, son âme semblait s'élancer vers les rivages
35 d'où nous nous éloignions. Mais à peine les eûmes-nous perdus
de vue, que ses yeux se séchèrent. Son cœur se serra. Sa vue
s'attacha sur les eaux, il tomba dans une douleur sombre et
morne qui me fit trembler pour sa vie. Je lui présentai plusieurs
fois du pain et de l'eau qu'il repoussa.

(André s'arrête ici un moment pour pleurer.)

40 Cependant nous arrivons dans le port ennemi... Dispensez-
moi de vous dire le reste... Non, je ne pourrai jamais.

CLAIRVILLE

André, continuez.

ANDRÉ

On me dépouille. On charge mon maître de liens. Ce fut
alors que je ne pus retenir mes cris. Je l'appelai plusieurs fois :
45 « Mon maître, mon cher maître. » Il m'entendit, me regarda,
laissa tomber ses bras tristement, se retourna, et suivit sans
parler ceux qui l'environnaient... Cependant[1] on me jette à
moitié nu, dans le lieu le plus profond d'un bâtiment, avec une
foule de malheureux, abandonnés impitoyablement dans la
50 fange, aux extrémités terribles de la faim, de la soif et des
maladies. Et pour vous peindre en un mot toute l'horreur du
lieu, je vous dirai qu'en un instant j'y entendis tous les accents
de la douleur, toutes les voix du désespoir; et que de quelque
côté que je regardasse, je voyais mourir.

---

1. *Cependant :* pendant ce temps.

─────── ■ QUESTIONS ───────

9. Comment est accueilli André? Montrez que, peu à peu, sa personne et son récit inspirent aux auditeurs une sympathie croissante. —
Ce retour était-il attendu? Se produit-il dans les circonstances les plus
favorables pour Clairville et ceux qui l'entourent? — Relevez les éléments
attendrissants qui concernent la joie du vieillard. — En quoi les conditions de navigation de l'époque expliquent-elles la joie extrême qui saisit
passagers et équipage en vue des côtes de France?

Phot. Larousse.

L'Opéra-
Comique.
Autrefois
Théâtre-Italien
(salle Favart).
Gravure de
François Denis
(1732-1817).

CLAIRVILLE

55 Voilà donc ces peuples dont on nous vante la sagesse, qu'on nous propose sans cesse pour modèles! C'est ainsi qu'ils traitent les hommes!

DORVAL

Combien l'esprit de cette nation généreuse a changé!

ANDRÉ

Il y avait trois jours que j'étais confondu dans cet amas de 60 morts, tous français, tous victimes de la trahison, lorsque j'en fus tiré. On me couvrit de lambeaux déchirés, et l'on me conduisit avec quelques-uns de mes malheureux compagnons, dans la ville, à travers les rues pleines d'une populace effrénée qui nous accablait d'imprécations et d'injures; tandis qu'un monde 65 tout-à-fait différent que le tumulte avait attiré aux fenêtres, faisait pleuvoir sur nous l'argent et les secours.

DORVAL

Quel mélange incroyable d'humanité, de bienfaisance et de barbarie!

ANDRÉ

Je ne savais si on nous conduisait à la liberté, ou si l'on nous 70 traînait au supplice. **(10)**

CLAIRVILLE

Et votre maître, André?

ANDRÉ

J'allais à lui; c'était le premier des bons offices d'un ancien correspondant[1] qu'il avait informé de notre malheur. J'arrivai à une des prisons de la ville. On ouvrit les portes d'un cachot 75 obscur où je descendis. Il y avait déjà quelque temps que j'étais immobile dans ces ténèbres, lorsque je fus frappé d'une voix

---

1. *Correspondant* au point de vue commercial : « Personne domiciliée dans un lieu, et avec laquelle une autre personne résidente dans une autre ville ou pays est en commerce de banque ou de marchandise » (*Encyclopédie*, 1752).

━━━━━━ QUESTIONS ━━━━━━

10. Soulignez le pathétique de la situation du vieillard. Comment la description de sa mimique en rend-elle compte? Des paroles auraient-elles eu la même puissance évocatrice? — Quel effet produit la description des prisons et des prisonniers? Imaginez les sentiments des spectateurs de l'époque, sachant que Diderot suit ici de très près une réalité courante. — Expliquez les réactions de la « populace »; que représente le *monde tout-à-fait différent* (lignes 64-65) et qu'est-ce qui justifie son attitude contraire? — Relevez les commentaires faits par Clairville et par Dorval : dans quelle mesure reflètent-ils l'opinion de Diderot et de toute une fraction « éclairée » des Français du temps?

mourante qui se faisait à peine entendre, et qui disait en s'éteignant : « André, est-ce toi? Il y a longtemps que j'attends. »
Je courus à l'endroit d'où venait cette voix, et je rencontrai
80 des bras nus qui cherchaient dans l'obscurité. Je les saisis.
Je les baisai. Je les baignai de larmes. C'étaient ceux de mon
maître. *(Une petite pause.)* Il était nu, il était étendu sur la
terre humide... « Les malheureux qui sont ici, me dit-il à voix
basse, ont abusé de mon âge et de ma faiblesse pour m'arra-
85 cher le pain, et pour m'ôter ma paille. »

*(Ici, tous les domestiques poussent un cri de douleur. Clairville
ne peut plus contenir la sienne. Dorval fait signe à André de
s'arrêter un moment. André s'arrête. Puis il continue en
sanglotant.)*

Cependant je me dépouille de mes lambeaux, et je les étends
sous mon maître qui bénissait d'une voix expirante la bonté
du ciel...

DORVAL, *bas, à part, et avec amertume.*

Qui le faisait mourir dans le fond d'un cachot, sur les hail-
90 lons de son valet! (11)

ANDRÉ

Je me souvins alors des aumônes que j'avais reçues. J'appelai
du secours, et je ranimai mon vieux et respectable maître.
Lorsqu'il eut un peu repris de ses forces, « André, me dit-il,
aie bon courage. Tu sortiras d'ici. Pour moi, je sens à ma
95 faiblesse qu'il faut que j'y meure. » Alors je sentis ses bras se
passer autour de mon cou, son visage s'approcher du mien,
et ses pleurs couler sur mes joues. « Mon ami (me dit-il, et ce
fut ainsi qu'il m'appela souvent), tu vas recevoir mes derniers
soupirs. Tu porteras mes dernières paroles à mes enfants.
100 Hélas, c'était de moi qu'ils devaient les entendre! »

CLAIRVILLE, *regardant Dorval, et pleurant.*
Ses enfants!

ANDRÉ

Il m'avait dit pendant la traversée qu'il était né français,
qu'il ne s'appelait point Merian; qu'en s'éloignant de sa patrie,

────────── QUESTIONS ──────────

11. Montrez qu'ici le pathétique atteint un sommet. Analysez les
moyens employés par Diderot. Quel est sur ce plan le rôle des mouvements de l'assistance face à ce récit? Faites l'étude du réalisme dans
ce passage. — Opposez l'attitude du vieillard et celle de Dorval à l'égard
de la Providence : justifiez chacune d'elles par le caractère des personnages
et leur situation.

il avait quitté son nom de famille pour des raisons que je sau-
105 rais un jour. Hélas, il ne croyait pas ce jour si prochain! Il
soupirait, et j'en allais apprendre davantage, lorsque nous
entendîmes notre cachot s'ouvrir. On nous appela; c'était cet
ancien correspondant[1] qui nous avait réunis, et qui venait
nous délivrer. Quelle fut sa douleur! lorsqu'il jeta ses regards
110 sur un vieillard qui ne lui paraissait plus qu'un cadavre palpitant. Des larmes tombèrent de ses yeux. Il se dépouilla. Il le
couvrit de ses vêtements; et nous allâmes nous établir chez
cet hôte, et y recevoir toutes les marques possibles d'humanité.
On eût dit que cette honnête famille rougissait en secret de la
115 cruauté et de l'injustice de la[2] nation. (12)

DORVAL

Rien n'humilie donc autant que l'injustice!

ANDRÉ, *s'essuyant les yeux et reprenant un air tranquille.*

Bientôt mon maître reprit de la santé et des forces. On lui
offrit des secours, et je présume qu'il en accepta; car au sortir
de la prison, nous n'avions pas de quoi avoir un morceau de pain.
120 Tout s'arrangea pour notre retour, et nous étions prêts à partir,
lorsque mon maître, me tirant à l'écart (non, je ne l'oublierai
de ma vie!), me dit : « André, n'as-tu plus rien à faire ici?
— Non, Monsieur, lui répondis-je... — Et nos compatriotes
que nous avons laissés dans la misère d'où la bonté du ciel
125 nous a tirés, tu n'y[3] penses donc plus? Tiens, mon enfant,
va leur dire adieu. » J'y courus. Hélas, de tant de misérables
il n'en restait qu'un petit nombre, si exténués, si proches de
leur fin, que la plupart n'avaient pas la force de tendre la main
pour recevoir. (13)

---

1. *Correspondant* : voir page 68, ligne 73 et la note; 2. *La* a ici une valeur d'adjectif possessif; 3. *Y* : voir page 59, ligne 6 et la note sur *en*.

--- **QUESTIONS** ---

12. Quelle nouvelle révélation recevons-nous ici sur ce vieillard? Pourquoi André ne fait-il qu'évoquer ces confidences, sans les rapporter scrupuleusement? — Montrez que nous retrouvons dans ce passage un thème cher au drame bourgeois et aux philosophes : la solidarité des négociants par-delà les frontières, la dignité de cette profession (voir en particulier Sedaine, *le Philosophe sans le savoir*, II, IV, et Voltaire, *Lettres philosophiques*, sur « le Commerce »).

13. En quoi ce dernier geste du vieillard achève-t-il son portrait moral?

130   Voilà, Monsieur, tout le détail de notre malheureux voyage.

(On garde ici un assez long silence, après lequel André dit ce qui suit. Cependant[1], Dorval, rêveur, se promène vers le fond du salon.)

J'ai laissé mon maître à Paris pour y prendre un peu de repos. Il s'était fait une grande joie d'y retrouver un ami. *(Ici, Dorval se retourne du côté d'André, et lui donne attention.)*

Mais cet ami est absent depuis plusieurs mois; et mon maître
135 comptait me suivre de près.

(Dorval continue de se promener en rêvant[2].)

CLAIRVILLE

Avez-vous vu Rosalie?

ANDRÉ

Non, Monsieur. Je ne lui apporte que de la douleur, et je n'ai pas osé paraître devant elle.

CLAIRVILLE

André, allez vous reposer. Sylvestre, je vous le recommande...
140 Qu'il ne lui manque rien.

(Tous les domestiques s'emparent d'André et l'emmènent.) [14] [15]

---

1. *Cependant :* voir page 66, ligne 47 et la note; 2. *Rêver :* réfléchir profondément.

──── **QUESTIONS** ────

14. Analysez l'attitude de Dorval dans la fin de cette scène : pourquoi est-il *rêveur?* Comment peut-on interpréter les dernières paroles d'André qui justifient l'attention particulière du jeune homme?

15. SUR L'ENSEMBLE DE LA SCÈNE VII. — Comment cette scène est-elle construite? Quel en est le thème? le personnage central? Le récit d'André paraît-il aussi long qu'il l'est en réalité? Pourquoi? (Tension dramatique, variété des effets, du style, des techniques de narration : développez chacun de ces points.) Montrez que nous avons affaire ici à une des grandes scènes de la pièce.

— L'émotion : recherchez les éléments pathétiques; montrez comment l'intensité et le point d'application en varient selon les passages. Établissez la relation qui lie pathétique et réalisme. Peut-on dire que, cette fois, l'on aboutisse au mélodrame? Pourquoi?

— Comment nous apparaît le vieillard? Brossez de lui un rapide portrait; montrez qu'en fait sa psychologie est assez stylisée, dans le sens d'une certaine idéalisation. Pourquoi? Essayez de retrouver certains traits de son caractère et de son comportement chez Rosalie et chez Dorval.

— D'après cette scène, quelle opinion paraît-il avoir sur l'Angleterre? Était-il seul de cet avis parmi les philosophes? Ce jugement paraît-il exempt de nuances?

— L'éloge du négociant chez Diderot et chez Sedaine (*le Philosophe sans le savoir*, II, IV).

Scène VIII. — DORVAL, CLAIRVILLE.

(Après un silence pendant lequel Dorval est resté immobile, la tête baissée, l'air pensif, et les bras croisés [c'est assez son attitude ordinaire], et Clairville s'est promené avec agitation, Clairville dit :)

CLAIRVILLE

Eh bien, mon ami, ce jour n'est-il pas fatal pour la probité? et croyez-vous qu'à l'heure que je vous parle il y ait un seul honnête homme heureux sur la terre?

DORVAL

Vous voulez dire un seul méchant. Mais, Clairville, laissons
5 la morale. On raisonne mal, quand on croit avoir à se plaindre du ciel... Quels sont maintenant vos desseins?

CLAIRVILLE

Vous voyez toute l'étendue de mon malheur. J'ai perdu le cœur de Rosalie. Hélas, c'est le seul bien que je regrette! Je n'ose soupçonner que la médiocrité de ma fortune soit la raison
10 secrète de son inconstance. Mais si cela est, à quelle distance n'est-elle pas de moi à présent qu'elle est réduite elle-même à une fortune assez bornée? S'exposera-t-elle pour un homme qu'elle n'aime plus, à toutes les suites d'un état[1] presque indigent? Moi-même irai-je l'en solliciter? Le puis-je? Le
15 dois-je? Son père va devenir pour elle un surcroît onéreux[2]. Il est incertain qu'il veuille m'accorder sa fille. Il est presque évident qu'en l'acceptant, j'achèverais de la ruiner. Voyez et décidez.

DORVAL

Cet André a jeté le trouble dans mon âme. Si vous saviez
20 les idées qui me sont venues pendant son récit... Ce vieillard... Ses discours... Son caractère... Ce changement de nom... Mais laissez-moi dissiper un soupçon qui m'obsède, et penser à votre affaire.

CLAIRVILLE

Songez, Dorval, que le sort de Clairville est entre vos
25 mains. **(16)**

---

1. A toutes les conséquences d'une situation de fortune; **2.** Une charge supplémentaire difficile à supporter.

─────── **QUESTIONS** ───────

Question **16** : voir page 73.

Scène IX. — DORVAL, *seul.*

Quel jour d'amertume et de trouble! Quelle variété de tourments! Il semble que d'épaisses ténèbres se forment autour de moi, et couvrent ce[1] cœur accablé sous mille sentiments douloureux!... O ciel, ne m'accorderas-tu pas un moment de repos!...
5 Le mensonge, la dissimulation, me font horreur; et dans[2] un instant j'en impose[3] à un ami, à sa sœur, à Rosalie... Que doit-elle penser de moi?... Que déciderai-je de son amant?... Quel parti prendre avec Constance?... Dorval, cesseras-tu, continueras-tu d'être un homme de bien?... Un événement imprévu
10 a ruiné Rosalie. Elle est indigente. Je suis riche. Je l'aime. J'en suis aimé. Clairville ne peut l'obtenir... Sortez de mon esprit, éloignez-vous de mon cœur, illusions honteuses! Je peux être le plus malheureux des hommes; mais je ne me rendrai pas le plus vil... Vertu douce et cruelle idée! Chers et barbares
15 devoirs! Amitié qui m'enchaîne et qui me déchire, vous serez obéie. O vertu, qu'es-tu, si tu n'exiges aucun sacrifice? Amitié, tu n'es qu'un vain nom, si tu n'imposes aucune loi... Clairville épousera donc Rosalie!...

(Il tombe presque sans sentiment[4] dans un fauteuil; il se relève
20 *ensuite, et dit)*... Non, je n'enlèverai point à mon ami sa maîtresse. Je ne me dégraderai point jusque là. Mon cœur m'en répond. Malheur à celui qui n'écoute point la voix de son cœur!... Mais Clairville n'a point de fortune. Rosalie n'en a plus... Il faut écarter ces obstacles. Je le puis. Je le veux. Y a-t-il
25 quelque peine dont un acte généreux ne console? Ah, je commence à respirer!...

Si je n'épouse point Rosalie, qu'ai-je donc besoin de fortune? Quel plus digne usage que d'en disposer en faveur de deux êtres

---

1. *Ce :* mon (usage classique); 2. *Dans :* pendant la durée de; 3. *En imposer* a ici le sens de tromper; 4. Sans connaissance.

━━ QUESTIONS ━━

16. Sur la scène VIII. — Développez le thème de la discussion dans les deux premières répliques : que veut dire Dorval? Dans quelle situation sont les méchants? Comparez avec Voltaire, *Zadig*, chapitre de « l'Ermite ». Rapprochez ce que Dorval exprime ici de ce qu'il disait dans la scène précédente.

— Analysez le raisonnement de Clairville jugeant de sa situation : quelles sont ses sources de malheur? En quoi ce qu'il vient d'apprendre accroît-il sa détresse? A-t-il raison néanmoins?

— Expliquez ce à quoi Dorval réfléchit dans sa dernière réplique. Ne sent-on pas un changement d'attitude chez lui à l'égard de l'*affaire* de Clairville? Précisez.

qui me sont chers ? Hélas, à bien juger, ce sacrifice si peu commun
30 n'est rien... Clairville me devra son bonheur ! Rosalie me devra
son bonheur ! Le père de Rosalie me devra son bonheur !...
Et Constance ?... Elle entendra de moi la vérité. Elle me
connaîtra. Elle tremblera pour la femme qui oserait s'attacher
à ma destinée... En rendant le calme à tout ce qui[1] m'environne,
35 je trouverai sans doute un repos qui me fuit ?... *(Il soupire)...*
Dorval, pourquoi souffres-tu donc ? Pourquoi suis-je déchiré ?
O vertu, n'ai-je point encore assez fait pour toi !

Mais Rosalie ne voudra point accepter de moi sa fortune.
Elle connaît trop le prix de cette grâce pour l'accorder à un
40 homme qu'elle doit haïr, mépriser... Il faudra donc la tromper !...
Et si je m'y résous, comment y réussir ?... Prévenir l'arrivée de
son père ?... Faire répandre par les papiers publics que le vaisseau qui portait sa fortune était assuré ?... Lui envoyer par un
inconnu la valeur de ce qu'elle a perdu ?... Pourquoi non ?...
45 Le moyen est naturel. Il me plaît. Il ne faut qu'un peu de célé-
rité. *(Il appelle Charles.)* Charles. *(Il se met à une table, et
il écrit.)*

SCÈNE X. — DORVAL, CHARLES.

DORVAL

(Il lui donne un billet, et dit :)

A Paris, chez mon banquier. **(17) (18)**

Fin du troisième acte.

---

1. Neutre représentant un ensemble de personnes.

■ **QUESTIONS** ■

17. SUR LES SCÈNES IX ET X. — Caractérisez ce monologue : ton, thème,
style. Marquez les étapes successives des réflexions de Dorval.

— Sa lassitude est-elle justifiée ? Montrez que ses scrupules moraux
sont fondés en comparant ce qu'il a fait avec le portrait qui nous est
donné de lui dans le Prologue (page 25).

— Dans le premier paragraphe, à quelle tentation cède-t-il un instant ?
Est-ce une marque de faiblesse d'âme ? N'a-t-il pas eu, une fois auparavant, un mouvement analogue (voir II, II, lignes 30-55) ? Le style des
lignes qui suivent est-il totalement exempt de grandiloquence ? Montrez
que cette caractéristique trahit l'intensité de l'effort fait par le personnage sur lui-même. Cherchez des manifestations de lyrisme.

— Comment prend corps et s'impose progressivement à son esprit
l'idée de faire don de sa fortune à Rosalie ? Appréciez la générosité de
ce geste, sa spontanéité. Pourquoi Dorval met-il aussitôt à exécution
son projet ?

Question **18** : voir page 75.

ACTE IV

Scène première. — ROSALIE, JUSTINE.

JUSTINE

Eh bien, Mademoiselle. Vous avez voulu voir André. Vous l'avez vu. Monsieur votre père arrive; mais vous voilà sans fortune.

ROSALIE, *un mouchoir à la main.*

Que puis-je contre le sort? Mon père survit. Si la perte de
5 sa fortune n'a pas altéré sa santé, le reste n'est rien.

JUSTINE

Comment le reste n'est rien?

ROSALIE

Non, Justine. Je connaîtrai l'indigence. Il y a de plus grands maux.

JUSTINE

Ne vous y trompez pas, Mademoiselle. Il n'y en a point qui
10 lasse plus vite.

ROSALIE

Avec des richesses, serais-je moins à plaindre?... C'est dans une âme innocente et tranquille que le bonheur habite; et cette âme, Justine, je l'avais!

JUSTINE

Et Clairville y régnait.

───────── QUESTIONS ─────────

18. SUR L'ENSEMBLE DE L'ACTE III. — Analysez la progression dramatique au cours de l'acte. Quelle est la part de la situation des personnages présents et celle du vieillard et d'André? Comment les deux éléments sont-ils reliés?

— Y a-t-il des moments de détente? Comparez avec les actes précédents. Recherchez qui est l'instigateur principal du pathétique. Relevez les éléments qui constituent celui-ci et qui l'entretiennent.

— Comment nous apparaît le vieillard? Quels traits a-t-il en commun avec les personnages que nous connaissions déjà? Lesquels lui appartiennent en propre? N'est-il qu'un type en dépit d'une simplification que vous montrerez et que vous justifierez?

— Marquez les étapes de la progression de Dorval vers l'héroïsme. Analysez la manière dont Diderot nous fait apparaître la difficulté douloureuse de ce cheminement.

— Les autres personnages ne semblent-ils pas graduellement passer au second plan? Y a-t-il pour autant déplacement de l'intérêt?

— L'actualité et les thèmes chers aux philosophes dans cet acte.

ROSALIE, *assise et pleurant.*

15 Amant qui m'était alors si cher! Clairville que j'estime et
que je désespère! O toi à qui un bien moins digne[1] a ravi toute
ma tendresse, te voilà bien vengé! Je pleure, et l'on se rit de
mes larmes.

Justine, que penses-tu de ce Dorval?... Le voilà donc cet
20 ami si tendre, cet homme si vrai, ce mortel si vertueux! Il n'est,
comme les autres, qu'un méchant qui se joue de ce qu'il y a
de plus sacré, l'amour, l'amitié, la vertu, la vérité!... Que je
plains Constance! Il m'a trompée. Il peut bien la tromper aussi...
(En se levant.) Mais j'entends quelqu'un... Justine, si c'était
25 lui?...

JUSTINE

Mademoiselle, ce n'est personne.

ROSALIE

(Elle se rassied, et dit :)

Qu'ils sont méchants ces hommes! Et que nous sommes
simples!... Vois, Justine, comme dans leur cœur la vérité est
à côté du parjure; comme l'élévation y touche à la bassesse!...
30 Ce Dorval qui expose sa vie pour son ami, c'est le même qui
le trompe, qui trompe sa sœur, qui se prend pour moi de
tendresse. Mais pourquoi lui reprocher de la tendresse? C'est
mon crime. Le sien est une fausseté qui n'eut jamais
d'exemple. (1)

SCÈNE II. — ROSALIE, CONSTANCE.

ROSALIE, *allant au-devant de Constance.*

Ah! Madame, en quel état vous me surprenez!

_____

1. *Un* homme *bien moins digne.*

——————— ▪ QUESTIONS ▪ ———————

1. SUR LA SCÈNE PREMIÈRE. — Mettez en relief l'alliance étroite entre
l'intention moralisante qui anime l'auteur et la situation qui y donne
prétexte. Quel est le thème développé? Effet recherché par Diderot sur
le plan psychologique par les paroles de Rosalie. Expliquez sa réaction
lorsqu'elle croit entendre quelqu'un arriver : que trahit son interprétation
(Si c'était lui?)? quels sentiments cela témoigne-t-il en elle?

— En quoi Justine reste-t-elle dans la tradition des suivantes de comédie, telles que celles de Marivaux : raisonnant juste, mais plus attachées
que leurs maîtresses aux problèmes matériels?

CONSTANCE

Je viens partager votre peine.

ROSALIE

Puissiez-vous toujours être heureuse!

CONSTANCE *s'assied, fait asseoir Rosalie à côté d'elle,*
et lui prend les deux mains.

Rosalie, je ne demande que la liberté de m'affliger avec vous.
5 J'ai longtemps éprouvé l'incertitude des choses de la vie, et
vous savez si je vous aime.

ROSALIE

Tout a changé. Tout s'est détruit en un moment.

CONSTANCE

Constance vous reste... et Clairville.

ROSALIE

Je ne peux m'éloigner trop tôt d'un séjour où ma douleur
10 est importune.

CONSTANCE

Mon enfant, prenez garde. Le malheur vous rend injuste et
cruelle. Mais ce n'est point à vous que j'en dois faire le reproche.
Dans le sein du bonheur, j'oubliai de vous préparer aux revers.
Heureuse, j'ai perdu de vue les malheureux. J'en suis bien punie;
15 c'est vous qui m'en rapprochez... Mais votre père?...

ROSALIE

Je lui ai déjà coûté bien des larmes!... Madame, vous serez
mère un jour... Que je vous plains!...

CONSTANCE

Rosalie, rappelez-vous la volonté de votre tante. Ses dernières
paroles me confiaient votre bonheur... Mais ne parlons point
20 de mes droits; c'est une marque d'estime que j'attends : jugez
combien un refus pourrait m'offenser?... Rosalie, ne détachez
point votre sort du mien? Vous connaissez Dorval. Il vous
aime. Je lui demanderai Rosalie. Je l'obtiendrai; et ce gage
sera pour moi le premier et le plus doux de sa tendresse.

ROSALIE *dégage avec vivacité ses mains de celles de Constance,*
se lève avec une sorte d'indignation, et dit :

25 Dorval!

CONSTANCE

Vous avez toute son estime.

ROSALIE

Un étranger!... un inconnu!... un homme qui n'a paru qu'un moment parmi nous!... dont on n'a jamais nommé les parents!... dont la vertu peut être feinte... Madame, pardonnez... J'ou-
30 bliais... Vous le connaissez bien sans doute?...

CONSTANCE

Il faut vous pardonner. Vous êtes dans la nuit. Mais souffrez que je vous fasse luire un rayon d'espérance.

ROSALIE

J'ai espéré. J'ai été trompée. Je n'espérerai plus.
(Constance sourit tristement.)

ROSALIE

Hélas, si Constance eût été seule, retirée comme autrefois;
35 peut-être... encore, n'est-ce qu'une idée vaine qui nous aurait trompées toutes deux. Notre amie devient malheureuse. On craint de se manquer à soi-même. Un premier mouvement de générosité nous emporte. Mais le temps! le temps!... Madame, les malheureux sont fiers[1], importuns, ombrageux. On s'accou-
40 tume peu à peu au spectacle de leur douleur. Bientôt on s'en lasse. Épargnons-nous des torts réciproques. J'ai tout perdu; sauvons du moins notre amitié du naufrage... Il me semble que je dois déjà quelque chose à l'infortune... Toujours soutenue de vos conseils, Rosalie n'a rien fait encore dont elle puisse
45 s'honorer à ses propres yeux. Il est temps qu'elle apprenne ce dont elle sera capable, instruite par Constance et par les malheurs. Lui envierez-vous le seul bien qui lui reste, celui de se connaître elle-même?

CONSTANCE

Rosalie, vous êtes dans l'enthousiasme[2]; méfiez-vous de cet
50 état. Le premier effet du malheur est de raidir une âme, le dernier est de la briser... Vous qui craignez tout du temps pour vous et pour moi, n'en craignez-vous rien pour vous seule?... Songez, Rosalie, que l'infortune vous rend sacrée. S'il m'arrivait jamais de manquer de respect au malheur; rappelez-moi, dites-moi,
55 faites-moi rougir pour la première fois... Mon enfant, j'ai vécu. J'ai souffert. Je crois avoir acquis le droit de présumer quelque chose de moi; cependant je ne vous demande que de compter autant sur mon amitié que sur votre courage... Si vous vous

---

1. *Fier* : farouche (sens classique); 2. Vous êtes mue par une passion.

promettez tout de vous-même, et que vous n'attendiez rien de
60 Constance, ne serez-vous pas injuste?... Mais les idées de bien-
fait et de reconnaissance vous effraieraient-elles? Rendez votre
tendresse à mon frère, et c'est moi qui vous devrai tout.

ROSALIE

Madame, voilà Dorval... Permettez que je m'éloigne... J'ajou-
terais si peu de chose à son triomphe. *(Dorval entre.)*

CONSTANCE

65 Rosalie... Dorval, retenez cet enfant... Mais elle nous
échappe. **(2)**

Scène III. — CONSTANCE, DORVAL.

DORVAL

Madame, laissons-lui le triste plaisir de s'affliger sans témoin.

CONSTANCE

C'est à vous à changer son sort. Dorval, le jour de mon
bonheur peut devenir le commencement de son repos.

DORVAL

Madame, souffrez que je vous parle librement; qu'en vous
5 confiant ses plus secrètes pensées, Dorval s'efforce d'être digne
de ce que vous faisiez pour lui, et que du moins il soit plaint
et regretté.

CONSTANCE

Quoi, Dorval! Mais parlez.

DORVAL

Je vais parler. Je vous le dois. Je le dois à votre frère. Je me
10 le dois à moi-même... Vous voulez le bonheur de Dorval; mais
connaissez-vous bien Dorval?... De faibles services dont un

───────── QUESTIONS ─────────

2. Sur la scène II. — Précisez le thème de cette scène. Quel est le
double but que Constance poursuit ici? Par quels moyens espère-t-elle
parvenir à ses fins? Comment réagit Rosalie? Soulignez sa vivacité de
réaction parfois; à quels sujets, notamment? Constance pouvait-elle
espérer des résultats meilleurs dans l'immédiat?

— Cherchez en quoi cette scène est touchante, attendrissante. Ce
caractère est-il incompatible avec le genre du drame bourgeois? (Voir les
Entretiens, pages 146-151.) Montrez la complémentarité de l'attendrissement et du pathétique. Analysez les moyens utilisés par Diderot ici:
harmonie des situations, thème, choix des personnages, adaptation du
langage, sobriété ou absence même de mimique.

jeune homme bien né s'est exagéré le mérite. Ses transports à
l'apparence de quelques vertus. Sa sensibilité[1] pour quelques-uns
de mes malheurs; tout a préparé et établi en vous des préjugés
15 que la vérité m'ordonne de détruire. L'esprit de Clairville est
jeune; Constance doit porter de moi d'autres jugements. *(Une
pause.)* [3]

J'ai reçu du ciel un cœur droit; c'est le seul avantage qu'il
ait voulu m'accorder... Mais ce cœur est flétri, et je suis, comme
20 vous voyez... sombre et mélancolique. J'ai... de la vertu, mais
elle est austère; des mœurs, mais sauvages... une âme tendre,
mais aigrie par de longues disgrâces. Je peux encore verser
des larmes, mais elles sont rares et cruelles... Non, un homme
de ce caractère n'est point l'époux qui convient à Constance.

CONSTANCE

25 Dorval, rassurez-vous. Lorsque mon cœur céda aux impressions de vos vertus, je vous vis tel que vous vous peignez. Je
reconnus le malheur et ses effets terribles. Je vous plaignis, et
ma tendresse commença peut-être par ce sentiment.

DORVAL

Le malheur a cessé pour vous; il s'est appesanti sur moi...
30 Combien je suis malheureux, et qu'il y a de temps! Abandonné
presque en naissant entre le désert et la société; quand j'ouvris
les yeux, afin de reconnaître les liens qui pouvaient m'attacher
aux hommes, à peine en retrouvai-je des débris. Il y avait
trente ans, Madame, que j'errais parmi eux, isolé, inconnu,
35 négligé, sans avoir éprouvé la tendresse de personne, ni ren-
contré personne qui recherchât la mienne, lorsque votre frère
vint à moi. Mon âme attendait la sienne. Ce fut dans son sein
que je versai un torrent de sentiments qui cherchaient depuis
si longtemps à s'épancher; et je n'imaginai pas qu'il pût y
40 avoir dans ma vie un moment plus doux que celui où je me
délivrai du long ennui[2] d'exister seul... Que j'ai payé cher cet
instant de bonheur!... Si vous saviez...

---

1. *Sensibilité* : compassion; 2. *Ennui* : chagrin, tourment (sens fort).

——— **QUESTIONS** ———————————

3. Quelle est l'intention de Dorval? Cherche-t-il à se justifier ou à
expliquer ce qui s'est passé? Vous paraît-il être objectif à l'égard de lui-
même ici? Étudiez dans ses répliques le jeu des temps verbaux : passé/pré-
sent; accompli/présent. — Attitude de Constance; ses justifications.

CONSTANCE

Vous avez été malheureux; mais tout a son terme; et j'ose
croire que vous touchez au moment d'une révolution durable
45 et fortunée[1].

DORVAL

Nous nous sommes assez éprouvés le sort et moi. Il ne s'agit
plus de bonheur... Je hais le commerce[2] des hommes, et je sens
que c'est loin de ceux-mêmes qui me sont chers que le repos
m'attend... Madame, puisse le ciel vous accorder sa faveur
50 qu'il me refuse, et rendre Constance la plus heureuse des
femmes!... *(Un peu attendri.)* Je l'apprendrai peut-être dans ma
retraite, et j'en ressentirai de la joie. **(4)**

CONSTANCE

Dorval, vous vous trompez. Pour être tranquille, il faut avoir
l'approbation de son cœur, et peut-être celle des hommes. Vous
55 n'obtiendrez point celle-ci, et vous n'emporterez point la première si vous quittez le poste[3] qui vous est marqué. Vous avez
reçu les talents les plus rares, et vous en devez compte à la société.
Que cette foule d'êtres inutiles qui s'y meuvent sans objet,
et qui l'embarrassent sans le servir, s'en éloignent, s'ils veulent.
60 Mais vous, j'ose vous le dire, vous ne le pouvez sans crime.
C'est à une femme qui vous aime à vous arrêter[4] parmi les
hommes. C'est à Constance à conserver à la vertu opprimée un
appui; au vice arrogant un fléau; un frère à tous les gens de
bien; à tant de malheureux un père qu'ils attendent; au genre
65 humain son ami; à mille projets honnêtes, utiles et grands,
cet esprit libre de préjugés, et cette âme forte qu'ils exigent,
et que vous avez... Vous, renoncer à la société! J'en appelle

---

1. *Fortuné* : heureux; 2. *Commerce* : fréquentation; 3. *Poste* : place; 4. *Arrêter* :
retenir.

QUESTIONS

---

4. Étudiez dans ce passage la traduction de la sensibilité; indiquez-en
le degré. Comment celle-ci est-elle compatible avec l'extérieur très froid
de Dorval? La solitude : comment est-elle dépeinte ici? Vous paraît-elle
méritée par le caractère de Dorval? justifiée? A quel fait social peut-on
plutôt l'attribuer? Celui-ci n'a-t-il aucun rapport avec la recherche passionnée d'une haute vertu chez le personnage? L'aboutissement à une
certaine misanthropie est-elle logique ou non? Rapprochez Dorval
d'Alceste (*le Misanthrope* de Molière), du romantique, de Jean-Jacques
Rousseau.

à votre cœur, interrogez-le, et il vous dira que l'homme de bien
est dans la société, et qu'il n'y a que le méchant qui soit seul. (5)

DORVAL

70 Mais le malheur me suit, et se répand sur tout ce qui m'approche. Le ciel qui veut que je vive dans les ennuis[1], veut-il
aussi que j'y plonge les autres? On était heureux ici, quand j'y
vins.

CONSTANCE

Le ciel s'obscurcit quelquefois; et si nous sommes sous le
75 nuage, un instant le dissipera. Mais quoi qu'il en arrive, l'homme
sage reste à sa place, et y attend la fin de ses peines.

DORVAL

Mais ne craindra-t-il pas de l'éloigner, en multipliant les
objets de son attachement?... Constance, je ne suis point étranger à cette pente si générale et si douce qui entraîne tous les
80 êtres, et qui les porte à éterniser leur espèce. J'ai senti dans mon
cœur que l'univers ne serait jamais pour moi qu'une vaste
solitude, sans une compagne qui partageât mon bonheur et
ma peine... Dans mes accès de mélancolie[2], je l'appelais, cette
compagne.

CONSTANCE

85 Et le ciel vous l'envoie.

DORVAL

Trop tard pour mon malheur! Il a effarouché une âme simple
qui aurait été heureuse de ses moindres faveurs. Il l'a remplie
de craintes, de terreurs, d'une horreur secrète... Dorval oserait
se charger du bonheur d'une femme!... Il serait père!... Il
90 aurait des enfants!... Des enfants!... Quand je pense que nous
sommes jetés, tout en naissant[3], dans un chaos de préjugés,
d'extravagances, de vices, et de misère, l'idée m'en fait frémir.

CONSTANCE

Vous êtes obsédé de fantômes, et je n'en suis pas étonnée.
L'histoire de la vie est si peu connue; celle de la mort est si

---

1. *Ennui :* voir page 80, ligne 41 et la note; 2. *Mélancolie :* voir page 59, ligne 15
et la note; 3. Aussitôt nés.

■ QUESTIONS ■

5. Quels arguments Constance emploie-t-elle pour retenir Dorval?
En quoi sont-ils voisins des préoccupations des philosophes? Précisez
le devoir social qu'ont les êtres vertueux. La dernière phrase : expliquez
et discutez l'argument du point de vue moral. Dans quelle mesure
J.-J. Rousseau pouvait-il se sentir blessé par une telle affirmation? (Voir
Confessions, II, ix, page 455, éd. de la Pléiade.)

95 obscure; et l'apparence du mal dans l'univers est si claire...
Dorval, vos enfants ne sont pas destinés à tomber dans le chaos
que vous redoutez. Ils passeront sous vos yeux les premières
années de leur vie, et c'en est assez pour vous répondre de celles
qui suivront. Ils apprendront de vous à penser comme vous.
100 Vos passions, vos goûts, vos idées passeront en eux. Ils tien-
dront de vous ces notions si justes que vous avez de la gran-
deur et de la bassesse réelles; du bonheur véritable et de la
misère apparente. Il ne dépendra que de vous qu'ils aient une
conscience toute semblable à la vôtre. Ils vous verront agir.
105 Ils m'entendront parler quelquefois. (*En souriant avec dignité,
elle ajoute :*) ...Dorval, vos filles seront honnêtes et décentes.
Vos fils seront nobles et fiers. Tous vos enfants seront charmants.

DORVAL *prend la main de Constance,
la presse entre les deux siennes,
lui sourit d'un air touché, et lui dit :*

Si par malheur Constance se trompait... Si j'avais des enfants,
comme j'en vois tant d'autres, malheureux et méchants. Je me
110 connais. J'en mourrais de douleur. (6)

CONSTANCE, *d'un ton pathétique et d'un air pénétré.*

Mais auriez-vous cette crainte, si vous pensiez que l'effet
de la vertu sur notre âme n'est ni moins nécessaire, ni moins
puissant que celui de la beauté sur nos sens. Qu'il est dans
le cœur de l'homme un goût de l'ordre, plus ancien qu'aucun
115 sentiment réfléchi. Que c'est ce goût qui nous rend sensibles à
la honte, la honte qui nous fait redouter le mépris au-delà
même du trépas. Que l'imitation nous est naturelle, et qu'il
n'y a point d'exemple qui captive plus fortement que celui
de la vertu, pas même l'exemple du vice... Ah, Dorval, combien
120 de moyens de rendre les hommes bons !

─────── **QUESTIONS** ───────

6. Quel est le thème développé ici? Comment s'enchaîne-t-il au précédent? Peut-on dire que ces arguments de Dorval sont plus faibles ou plus
artificiels que les précédents? — La réponse de Constance : que veut-elle
dire (lignes 93-95 : *Vous êtes obsédé* [...] *est si claire...*)? Le mélange
de reproches et de sollicitude. Caractérisez la suite : a-t-elle raison?
Imaginez l'effet produit sur Dorval; quel est le ton employé? Les trois
dernières phrases, en particulier, ne sont-elles pas marquées d'un accent
prophétique? Appréciez l'impression produite sur le lecteur ou le spectateur. — Dorval n'est-il pas ébranlé, attendri? Pourquoi?

DORVAL

Oui, si nous savions en faire usage... Mais je veux[1] qu'avec
des soins assidus, secondés d'heureux naturels, vous puissiez
les garantir du vice; en seront-ils beaucoup moins à plaindre?
Comment écarterez-vous d'eux la terreur et les préjugés qui les
125 attendent à l'entrée dans ce monde, et qui les suivront jusqu'au
tombeau? La folie et la misère de l'homme m'épouvantent.
Combien d'opinions monstrueuses dont il est tour à tour
l'auteur et la victime? Ah, Constance, qui ne tremblerait
d'augmenter le nombre de ces malheureux qu'on a comparés
130 à des forçats qu'on voit dans un cachot funeste,

Pouvant se secourir, l'un sur l'autre acharnés,
Combattre avec les fers dont ils sont enchaînés[2]?

CONSTANCE

Je connais les maux que le fanatisme a causés, et ceux qu'il
en faut craindre... Mais s'il[3] paraissait aujourd'hui... parmi
135 nous... un monstre, tel qu'il[4] en a produit dans les temps de
ténèbres, où sa fureur et ses illusions arrosaient de sang cette
terre... qu'on vît ce monstre s'avancer au plus grand des crimes,
en invoquant le secours du ciel, ...et tenant la loi de son Dieu
d'une main, et de l'autre un poignard, préparer aux peuples
140 de longs regrets... croyez, Dorval, qu'on en aurait autant
d'étonnement[5] que d'horreur... Il y a sans doute[6] encore des
barbares; et quand n'y en aura-t-il plus? Mais les temps de
barbarie sont passés. Le siècle s'est éclairé. La raison s'est
épurée. Ses préceptes remplissent les ouvrages de la nation.
145 Ceux où l'on inspire aux hommes la bienveillance générale,
sont presque les seuls qui soient lus. Voilà les leçons dont nos
théâtres retentissent, et dont ils ne peuvent retentir trop souvent.
Et le philosophe dont vous m'avez rappelé les vers, doit princi-
palement ses succès aux sentiments d'humanité qu'il a répandus
150 dans ses poèmes, et au pouvoir qu'ils ont sur nos âmes. Non,
Dorval, un peuple qui vient s'attendrir tous les jours sur la
vertu malheureuse, ne peut être ni méchant ni farouche. C'est
vous-même; ce sont les hommes qui vous ressemblent, que la
nation honore, et que le gouvernement doit protéger plus que
155 jamais, qui affranchiront vos enfants de cette chaîne terrible

---

1. *Je veux* : je vous accorde; 2. Voltaire, *Poème sur la loi naturelle*, III; 3. *Il* : imper-
sonnel (en liaison avec *monstre*); « si un monstre paraissait... »; 4. *Il* représente
« fanatisme »; 5. *Etonnement* : effroi (sens fort); 6. *Sans doute* : certainement.

dont votre propre mélancolie[1] vous montre leurs mains innocentes chargées. Et quel sera mon devoir et le vôtre! sinon de
les accoutumer à n'admirer, même dans l'Auteur de toutes
choses, que les qualités qu'ils chériront en nous! Nous leur
160 représenterons sans cesse que les lois de l'humanité sont
immuables, que rien n'en peut dispenser, et nous verrons germer
dans leurs âmes ce sentiment de bienfaisance universelle qui
embrasse toute la nature... Vous m'avez dit cent fois qu'une
âme tendre n'envisageait point le système général des êtres
165 sensibles, sans en désirer fortement le bonheur, sans y parti-
ciper; et je ne crains pas qu'une âme cruelle soit jamais formée
dans mon sein et de votre sang. (7)

DORVAL

Constance, une famille demande une grande fortune, et je
ne vous cacherai pas que la mienne vient d'être réduite à la
170 moitié.

CONSTANCE

Les besoins réels ont une limite; ceux de la fantaisie sont
sans bornes. Quelque fortune que vous accumuliez, Dorval;
si la vertu manque à vos enfants, ils seront toujours pauvres.

DORVAL

La vertu? on en parle beaucoup.

CONSTANCE

175 C'est la chose dans l'univers la mieux connue et la plus
révérée. Mais, Dorval, on s'y attache plus encore par les sacrifices qu'on lui fait, que par les charmes qu'on lui croit! et
malheur à celui qui ne lui a pas assez sacrifié pour la préférer
à tout, ne vivre, ne respirer que pour elle, s'enivrer de sa douce
180 vapeur[2], et trouver la fin de ses jours dans cette ivresse.

1. *Mélancolie* : voir page 59, ligne 15 et la note; 2. *Vapeur* : émanation, d'où
« parfum » (sens métaphorique).

— QUESTIONS —

7. Précisez le nouveau thème abordé et la manière dont il est amené.
Analysez comment une conscience pure peut à la fois être une source
de satisfaction intime et une cause de souffrances morales face à un
monde *perverti*. Quels effets Dorval craint-il de la société sur des enfants
élevés dans un respect rigoureux de la morale? — Le fanatisme, thème
cher aux philosophes : montrez-le; éclairez les allusions faites à ses ravages
passés. L'optimisme pour l'avenir est-il sincère? fondé? L'appel à l'autorité de Voltaire est-il un hommage pur ou apporte-t-il autre chose? — Le
rôle du spectacle pour améliorer l'homme. Rapprochez de Beaumarchais,
Essai sur le genre dramatique sérieux : « Ainsi je sors du spectacle meilleur
que je n'y suis entré, par cela seul que j'ai été attendri. »

DORVAL

Quelle femme! *(Il est étonné. Il garde le silence un moment. Il dit ensuite :)*

Femme adorable et cruelle, à quoi me réduisez-vous? Vous m'arrachez le mystère de ma naissance. Sachez donc qu'à peine
185 ai-je connu ma mère. Une jeune infortunée, trop tendre, trop sensible, me donna la vie, et mourut peu de temps après. Ses parents irrités et puissants, avaient forcé mon père de passer aux îles. Il y apprit la mort de ma mère, au moment où il pouvait se flatter de devenir son époux. Privé de cet espoir,
190 il s'y fixa; mais il n'oublia point l'enfant qu'il avait eu d'une femme chérie. Constance, je suis cet enfant... Mon père a fait plusieurs voyages en France. Je l'ai vu. J'espérais le revoir encore, mais je ne l'espère plus. Vous voyez; ma naissance est abjecte[1] aux yeux des hommes, et ma fortune a disparu.

CONSTANCE

195 La naissance nous est donnée; mais nos vertus sont à nous. Pour ces richesses toujours embarrassantes et souvent dange- reuses, le ciel, en les répandant indifféremment sur la surface de la terre, et les faisant tomber sans distinction sur le bon et sur le méchant, dicte lui-même le jugement qu'on en[2] doit
200 porter. Naissance, dignités, fortune, grandeurs, le méchant peut tout avoir, excepté la faveur du ciel. Voilà ce qu'un peu de raison m'avait appris, longtemps avant qu'on m'eût confié vos secrets; et il ne me restait à savoir que le jour de mon bonheur et de ma gloire.

DORVAL

205 Rosalie est malheureuse. Clairville est au désespoir. (8)

CONSTANCE

Je rougis du reproche. Dorval, voyez mon frère. Je reverrai Rosalie. Sans doute, c'est à nous à rapprocher ces deux êtres si dignes d'être unis. Si nous y réussissons, j'ose espérer qu'il ne manquera plus rien à nos vœux.

---

1. *Abject* : d'origine humble, non noble; 2. *En* : à leur sujet.

━━━━━━ **QUESTIONS** ━━━━━━

8. Énumérez les dernières objections de Dorval. A quoi voyez-vous que sa position s'effrite? Expliquez comment Constance, par ses réponses antérieures, peut *arracher* [à Dorval] *le mystère de* [sa] *naissance* (lignes 181-192)? Quel est l'intérêt dramatique de cette révélation? Celle-ci n'était-elle pas préparée déjà? Voir III, III. — Sens et portée de la dernière réplique de Dorval.

Scène IV. — DORVAL.

Voilà la femme par qui Rosalie a été élevée! Voilà les principes qu'elle a reçus! **(9) (10)**

Scène V. — DORVAL, CLAIRVILLE.

CLAIRVILLE

Dorval, que deviens-je? Qu'avez-vous résolu de moi?

DORVAL

Que vous vous attachiez plus fortement que jamais à Rosalie.

CLAIRVILLE

Vous me le conseillez?

DORVAL

Je vous le conseille.

CLAIRVILLE, *en lui sautant au cou.*

5 Ah, mon ami, vous me rendez la vie. Je vous la dois deux fois en un jour. Je venais en tremblant apprendre mon sort. Combien j'ai souffert depuis que je vous ai quitté! Jamais je n'ai si bien connu que j'étais destiné à l'aimer, toute injuste qu'elle est. Dans un instant de désespoir, on forme un projet violent; mais 10 l'instant passe, le projet se dissipe, et la passion reste.

DORVAL, *en souriant.*

Je savais tout cela. Mais votre peu de fortune? la médiocrité de la sienne?

─────── **QUESTIONS** ───────

9. Dans les derniers mots de Constance, montrez la conformité des actes avec les arguments développés auparavant. — Analysez la réflexion de Dorval : à travers Constance, à qui pense-t-il surtout? Conséquences.

10. SUR L'ENSEMBLE DE LA SCÈNE III ET SUR LA SCÈNE IV. — Les différents thèmes abordés. Montrez qu'ils sont chers à Diderot et que certains sont même familiers aux philosophes. Soulignez que Dorval, par ses arguments comme par sa situation, accumule toutes les objections possibles aux thèses de Constance, représentant les idées des philosophes.
— Caractère statique ou dynamique de cette longue discussion. Quel effet peut-elle produire au théâtre?
— Examinez la critique faite de cette scène dans les *Entretiens* (voir premier et deuxième *Entretien*).

CLAIRVILLE

L'état le plus misérable[1] à mes yeux est de vivre sans Rosalie.
J'y ai pensé, et mon parti est pris. S'il est permis de supporter
15 impatiemment l'indigence, c'est aux amants, aux pères de
famille, à tous les hommes bienfaisants; et il est toujours des
voies pour en sortir.

DORVAL

Que ferez-vous?

CLAIRVILLE

Je commercerai.

DORVAL

20 Avec le nom que vous portez, auriez-vous ce courage?

CLAIRVILLE

Qu'appelez-vous courage? Je n'en trouve point à cela. Avec
une âme fière, un caractère inflexible, il est trop incertain que
j'obtienne de la faveur, la fortune dont j'ai besoin. Celle qu'on
fait par l'intrigue est prompte, mais vile; par les armes, glo-
25 rieuse, mais lente; par les talents, toujours difficile et médiocre.
Il est d'autres états qui mènent rapidement à la richesse; mais
le commerce est presque le seul où les grandes fortunes soient
proportionnées au travail, à l'industrie[2], et aux dangers qui les
rendent honnêtes. Je commercerai, vous dis-je; il ne me manque
30 que des lumières[3] et des expédients[4], et j'espère les trouver
en vous.

DORVAL

Vous pensez juste. Je vois que l'amour est sans préjugé.
Mais ne songez qu'à fléchir Rosalie, et vous n'aurez point à
changer d'état[5]. Si le vaisseau qui portait sa fortune est tombé
35 entre les mains des ennemis, il était assuré, et la perte n'est
rien. La nouvelle en est dans les papiers publics, et je vous
conseille de l'annoncer à Rosalie.

CLAIRVILLE

J'y cours. **(11)**

---

1. Jeu sur les deux valeurs du mot : extrêmement pauvre/profondément malheureux; 2. *Industrie :* activité ingénieuse, habileté; 3. *Lumières :* compétences; 4. *Expédients :* solution ingénieuse, sans idée péjorative; 5. *État :* situation sociale, rang.

─────────■ QUESTIONS ■─────────

11. SUR LA SCÈNE V. — Expliquez pourquoi Dorval rend espoir à
Clairville : qu'a-t-il décidé? que suppose-t-il? Qu'a-t-il fait? Serait-il
embarrassé si son ami lui demandait des éclaircissements? Pourquoi
ce dernier ne le fait-il pas?

Suite de la question page 89.

SCÈNE VI. — DORVAL, CHARLES *encore botté.*

DORVAL *(Il se promène.)*

Il ne la fléchira point... Non... Mais pourquoi, si je veux?... Un exemple d'honnêteté, de courage... un dernier effort sur moi-même... sur elle...

CHARLES *entre et reste debout sans mot dire, jusqu'à ce que son maître l'aperçoive. Alors il dit :*

Monsieur, j'ai fait remettre[1] à Rosalie.

DORVAL

5 J'entends.

CHARLES

En voilà la preuve. *(Il donne à son maître le reçu de Rosalie.)*

DORVAL

Il suffit. *(Charles sort. Dorval se promène encore ; et après une courte pause, il dit :)* [12]

SCÈNE VII. — DORVAL, *seul.*

J'aurai donc tout sacrifié. La fortune! *(Il répète avec dédain :)* la fortune! ma passion! la liberté... Mais le sacrifice de ma liberté est-il bien résolu!... O raison! qui peut te résister quand tu prends l'accent enchanteur et la voix de la femme?... Homme 5 petit et borné, assez simple pour t'imaginer que tes erreurs et ton infortune sont de quelque importance dans l'univers; qu'un

---

1. L'objet du verbe reste implicite sans que le sens de la phrase en souffre, comme en témoigne la réponse de Dorval (*j'entends* : j'ai compris).

──────── ■ QUESTIONS ────────

— La dignité du commerce : est-ce la première fois qu'il en est question dans cette pièce? Le thème est-il particulier à Diderot? Quelle nation sert de modèle ici, sachant que Clairville est noble?

— Appréciez le jugement porté par ce dernier sur les différents moyens de parvenir, compte tenu de deux critères : l'intégrité morale, les chances de succès rapide. Connaissez-vous des exemples historiques qui prouvent ce qu'affirme Clairville?

— Comment la dernière réplique de Dorval prépare-t-elle le dénouement, tel qu'il est envisagé à ce point de la pièce?

12. SUR LA SCÈNE VI. — Utilité de cette scène sur le plan dramatique, au point de vue psychologique.

concours de hasards infinis préparait de tout temps ton malheur;
que ton attachement à un être, mène la chaîne de sa destinée :
viens entendre Constance; et reconnais la vanité de tes pensées...
10 Ah, si je pouvais trouver en moi la force de sens[1] et la supério-
rité de lumière avec laquelle cette femme s'emparait de mon
âme et la dominait, je verrais Rosalie, elle m'entendrait, et
Clairville serait heureux... Mais pourquoi n'obtiendrais-je pas
sur cette âme tendre et flexible, le même ascendant que Constance
15 a su prendre sur moi? Depuis quand la vertu a-t-elle perdu son
empire?... Voyons-la, parlons-lui, et espérons tout de la vérité
de son caractère, et du sentiment qui m'anime. C'est moi qui
ai égaré ses pas innocents; c'est moi qui l'ai plongée dans la
douleur et l'abattement; c'est à moi à lui tendre la main, et à
20 la ramener dans la voie du bonheur. **(13) (14)**

Fin du quatrième acte.

---

1. *Sens* : jugement.

13. Sur la scène vii. — Mouvement de ce monologue. Les thèmes
abordés. Faites la part des réflexions générales, celle des méditations
sur ce qui vient de se passer, celle des projets.

— Ton de cette scène : passage du lyrisme (que vous justifierez) à la
ferveur et à la fermeté dans les décisions.

— En quoi ce monologue qui clôt le quatrième acte en est-il l'aboutissement et le reflet tout à la fois ?

14. Sur l'ensemble de l'acte IV. — Composition. L'action avance-
t-elle beaucoup? En quel sens?

— Les idées et les thèmes développés : portée générale, adaptation
aux situations. Ne ralentissent-ils pas la marche de l'action? Quelle était
l'intention de Diderot?

— Comment se complète et se nuance le portrait de Dorval? Montrez
qu'il évolue, que nous le voyons s'élever devant nous à un niveau héroïque.
Est-ce sans efforts? Marquez les étapes de ces victoires remportées sur
lui-même.

— Le dénouement peut-il dès lors intervenir, ou bien manque-t-il
encore des éléments pour y aboutir?

ACTE V

SCÈNE PREMIÈRE. — ROSALIE, JUSTINE.

(Rosalie, sombre, se promène ou reste immobile, sans attention pour ce que Justine lui dit.)

JUSTINE

Votre père échappe à mille dangers! Votre fortune est réparée! Vous devenez maîtresse de votre sort! Et rien ne vous touche. En vérité, Mademoiselle, vous ne méritez guère le bien qui vous arrive.

ROSALIE

5   ... Un lien éternel va les unir!... Justine, André est-il instruit? Est-il parti? Revient-il?

JUSTINE

Mademoiselle, qu'allez-vous faire?

ROSALIE

Ma volonté... Non, mon père n'entrera point dans cette maison fatale!... Je ne serai point le témoin de leur joie... J'échap-
10 perai du moins à des amitiés qui me tuent. **(1)**

SCÈNE II. — ROSALIE, JUSTINE, CLAIRVILLE.

CLAIRVILLE

(Il arrive précipitamment, et tout en approchant de Rosalie, il se jette à ses genoux, et lui dit :)

Eh bien, cruelle, ôtez-moi donc la vie! Je sais tout. André m'a tout dit. Vous éloignez d'ici votre père. Et de qui l'éloi-gnez-vous? D'un homme qui vous adore, qui quittait sans regret son pays, sa famille, ses amis, pour traverser les mers, pour
5 aller se jeter aux genoux de vos inflexibles parents, y mourir ou vous obtenir... Alors Rosalie, tendre, sensible, fidèle, partageait mes ennuis; aujourd'hui c'est elle qui les cause.

─────── **QUESTIONS** ───────

1. SUR LA SCÈNE PREMIÈRE. — Quels sentiments manifeste ici Rosalie? Précisez-en le motif.
— D'après cette courte scène, que s'est-il passé pendant les dernières scènes de l'acte précédent et l'entracte?

ROSALIE, *émue et un peu déconcertée.*

Cet André est un imprudent. Je ne voulais pas que vous sussiez mon projet.

CLAIRVILLE

10   Vous vouliez me tromper.

ROSALIE, *vivement.*

Je n'ai jamais trompé personne.

CLAIRVILLE

Dites-moi donc pourquoi vous ne m'aimez plus? M'ôter votre cœur, c'est me condamner à mourir. Vous voulez ma mort. Vous la voulez. Je le vois.

ROSALIE

15   Non, Clairville. Je voudrais bien que vous fussiez heureux.

CLAIRVILLE

Et vous m'abandonnez!

ROSALIE

Mais ne pourriez-vous pas être heureux sans moi?

CLAIRVILLE

Vous me percez le cœur. *(Il est toujours aux genoux de Rosalie. En disant ces mots, il tombe la tête appuyée contre elle, et garde*
20 *un moment le silence)*... Vous ne deviez jamais changer!... Vous le jurâtes!... Insensé que j'étais, je vous crus... Ah, Rosalie, cette foi donnée et reçue chaque jour avec de nouveaux transports, qu'est-elle devenue? Que sont devenus vos serments? Mon cœur fait pour recevoir et garder éternellement l'impres-
25 sion de vos vertus et de vos charmes n'a rien perdu de ses sentiments; il ne vous reste rien des vôtres... Qu'ai-je fait pour qu'ils se soient détruits?

ROSALIE

Rien.

CLAIRVILLE

Et pourquoi donc, ne sont-ils plus, ni ces instants si doux
30 où je lisais mes sentiments dans vos yeux?... Où ces mains *(il en prend une)* daignaient essuyer mes larmes, ces larmes tantôt amères, tantôt délicieuses, que la crainte et la tendresse faisaient couler tour à tour... Rosalie, ne me désespérez pas!... par pitié pour vous-même. Vous ne connaissez pas votre cœur.
35 Non, vous ne le connaissez pas. Vous ne connaissez pas tout le chagrin que vous vous préparez.

« LE RENDEZ-VOUS POUR MARLY »

par Moreau le Jeune (1741-1814).

Gravure par Carl Guttenberg.

ROSALIE

J'en ai déjà beaucoup souffert.

CLAIRVILLE

Je laisserai au fond de votre âme une image terrible qui y
entretiendra le trouble et la douleur. Votre injustice vous suivra.

ROSALIE

40 Clairville, ne m'effrayez pas. *(En le regardant fixement.)*
Que voulez-vous de moi?

CLAIRVILLE

Vous fléchir ou mourir.

ROSALIE, *après une pause.*

Dorval est votre ami?

CLAIRVILLE

Il sait ma peine. Il la partage.

ROSALIE

45 Il vous trompe.

CLAIRVILLE

Je périssais par vos rigueurs. Ses conseils m'ont conservé.
Sans Dorval, je ne serais plus.

ROSALIE

Il vous trompe, vous dis-je. C'est un méchant.

CLAIRVILLE

Dorval, un méchant! Rosalie, y pensez-vous? Il est au monde
50 deux êtres que je porte au fond de mon cœur; c'est Dorval
et Rosalie. Les attaquer dans cet asile, c'est me causer une
peine mortelle. Dorval un méchant! C'est Rosalie qui le dit!
Elle!... Il ne lui restait plus pour m'accabler que d'accuser
mon ami! *(Dorval entre.)* [2]

─────── ■ QUESTIONS ───────────

2. SUR LA SCÈNE II. — Les moments successifs de cette scène. Indiquez
parallèlement quel est le personnage qui dirige l'entretien à chaque phase.
Qu'a fait Rosalie? Pourquoi?
— Étudiez les arguments successifs de Clairville; l'évolution du ton.
Parvient-il à un résultat? A quoi le voyez-vous? Comment se marque
l'hésitation de Rosalie à parler de Dorval? Pourquoi s'y résout-elle,
et en ces termes?
— La réaction de Clairville, face à l'accusation portée par Rosalie
contre Dorval. N'est-elle pas plus noble que réaliste, d'après les appa-
rences? Sur quoi le jeune homme fonde-t-il sa certitude?

Scène III. — ROSALIE, JUSTINE, CLAIRVILLE, DORVAL.

CLAIRVILLE

Venez, mon ami. Venez. Cette Rosalie, autrefois si sensible, maintenant si cruelle, vous accuse sans sujet, et me condamne à un désespoir sans fin; moi qui mourrais plutôt que de lui causer la peine la plus légère.

(Cela dit, il cache ses larmes ; il s'éloigne, et va se mettre sur un canapé au fond du salon, dans l'attitude d'un homme désolé.)

DORVAL, *montrant Clairville à Rosalie, lui dit :*

5   Mademoiselle, considérez votre ouvrage et le mien. Est-ce là le sort qu'il devait attendre de nous? Un désespoir funeste sera donc le fruit amer de mon amitié et de votre tendresse, et nous le laisserons périr ainsi!

(Clairville se lève, et s'en va comme un homme qui erre. Rosalie le suit des yeux ; et Dorval, après avoir un peu rêvé[1], continue d'un ton bas, sans regarder Rosalie :)

S'il s'afflige, c'est du moins sans contrainte. Son âme honnête
10 peut montrer toute sa douleur... Et nous, honteux de nos senti- ments, nous n'osons les confier à personne; nous nous les cachons... Dorval et Rosalie, contents d'échapper aux soupçons, sont peut-être assez vils pour s'en applaudir en secret... *(ici il se tourne subitement vers Rosalie)*... Ah, Mademoiselle, sommes-
15 nous faits pour tant d'humiliation? Voudrons-nous plus long- temps d'une vie aussi abjecte[2]? Pour moi, je ne pourrais me souffrir parmi les hommes, s'il y avait sur tout l'espace qu'ils habitent un seul endroit où j'eusse mérité le mépris.

Échappé au danger, je viens à votre secours. Il faut que je
20 vous replace au rang où je vous ai trouvée, ou que je meure de regrets.

(Il s'arrête un peu, puis il dit :)

Rosalie, répondez-moi. La vertu a-t-elle pour vous quelque prix? L'aimez-vous encore?

ROSALIE

Elle m'est plus chère que la vie.

---

1. *Rêver :* voir page 32, note 1; 2. *Abject* a ici son sens moderne, avec peut-être moins de force.

DORVAL

25 Je vais donc vous parler du seul moyen de vous réconcilier avec vous, d'être digne de la société dans laquelle vous vivez, d'être appelée l'élève et l'amie de Constance, et d'être l'objet du respect et de la tendresse de Clairville.

ROSALIE

Parlez. Je vous écoute. (3)

(Rosalie s'appuie sur le dos d'un fauteuil, la tête penchée sur une main, et Dorval continue.)

DORVAL

30 Songez, Mademoiselle, qu'une seule idée fâcheuse qui nous suit, suffit pour anéantir le bonheur; et que la conscience d'une mauvaise action est la plus fâcheuse de toutes les idées. *(Vivement et rapidement.)*

Quand nous avons commis le mal, il ne nous quitte plus;
35 il s'établit au fond de notre âme avec la honte et le remords; nous le portons avec nous, et il nous tourmente.

Si vous suivez un penchant injuste, il y a des regards qu'il faut éviter pour jamais; et ces regards sont ceux des deux personnes que nous révérons le plus sur la terre. Il faut s'éloi-
40 gner, fuir devant eux, et marcher dans le monde la tête baissée.
(Rosalie soupire.)

Et loin de Clairville et de Constance, où irions-nous? que deviendrions-nous? quelle serait notre société[1]?... Etre méchant, c'est se condamner à vivre, à se plaire avec les méchants; c'est vouloir demeurer confondus dans une foule d'êtres sans prin-
45 cipes, sans mœurs et sans caractère; vivre dans un mensonge continuel d'une vie incertaine et troublée; louer en rougissant la vertu qu'on a abandonnée; entendre dans la bouche des autres le blâme des actions qu'on a faites; chercher le repos dans des

---

1. *Société* : ensemble des personnes que l'on fréquente.

──────── QUESTIONS ────────

3. Indiquez les différentes phases de ce début; par quoi sont-elles marquées? Limitées? La présence de Clairville à cet entretien était-elle souhaitable, possible même? En quoi la scène précédente a-t-elle préparé celle-ci? — Sur quelles notions Dorval met-il l'accent? Est-ce par goût? Est-ce parce que seule cette notion peut aider à rétablir la situation? — Le ton solennel : cherchez-en les manifestations; indiquez-en la cause.

systèmes que le souffle d'un homme de bien renverse; se fermer
50 pour toujours la source des véritables joies, des seules qui soient
honnêtes, austères et sublimes; et se livrer, pour se fuir, à l'ennui
de tous ces amusements frivoles où le jour s'écoule dans l'oubli
de soi-même, et où la vie s'échappe et se perd... Rosalie, je
n'exagère point. Lorsque le fil du labyrinthe se rompt, on n'est
55 plus maître de son sort; on ne sait jusqu'où l'on peut s'égarer. (4)
    Vous êtes effrayée! et vous ne connaissez encore qu'une partie
de votre péril.

    Rosalie, vous avez été sur le point de perdre le plus grand
bien qu'une femme puisse posséder sur la terre; un bien qu'elle
60 doit incessamment[1] demander au ciel, qui en est avare; un époux
vertueux! Vous alliez marquer par une injustice le jour le plus
solennel de votre vie, et vous condamner à rougir au souvenir
d'un instant qu'on ne doit se rappeler qu'avec un sentiment
délicieux... Songez qu'aux pieds de ces autels où vous auriez
65 reçu mes serments, où j'aurais exigé les vôtres, l'idée de Clairville trahi et désespéré vous aurait suivie. Vous eussiez vu le
regard sévère de Constance attaché sur vous. Voilà quels auraient
été les témoins effrayants de notre union... Et ce mot si doux à
prononcer et à entendre, lorsqu'il assure et qu'il comble le
70 bonheur de deux êtres dont l'innocence et la vertu consacraient
les désirs; ce mot fatal eût scellé pour jamais notre injustice et
notre malheur... Oui, Mademoiselle, pour jamais. L'ivresse
passe. On se voit tel qu'on est. On se méprise. On s'accuse,
et la misère commence. *(Il échappe ici à Rosalie quelques larmes*
75 *qu'elle essuie furtivement.)* En effet, quelle confiance avoir en
une femme, lorsqu'elle a pu trahir son amant? en un homme,
lorsqu'il a pu tromper son ami?... Mademoiselle, il faut que
celui qui ose s'engager en des liens indissolubles, voie dans sa
compagne la première des femmes; et malgré elle, Rosalie ne
80 verrait en moi que le dernier des hommes... Cela ne peut être...

---

1. *Incessamment :* continuellement.

─────── QUESTIONS ───────

4. Montrez dans ce passage le va-et-vient constant des réflexions
générales au cas particulier de Dorval et de Rosalie. Est-ce un hasard?
Expliquez. — Démêlez dans ce passage ce qui est juste et dépourvu d'exagération, ce qui est juste mais un peu appuyé, ce qui est idéal plus que
réel. Pourquoi cette remarque : *Rosalie, je n'exagère point* (lignes 53-54)?
Comment la jeune fille paraît-elle réagir à cette évocation, en dépit de
son silence? De quelle manière Diderot a-t-il tenté de nous le suggérer?

Je ne saurais trop respecter la mère de mes enfants, et je ne
saurais trop en être considéré. (5)

Vous rougissez. Vous baissez les yeux... Quoi donc? Seriez-
vous offensée qu'il y eût dans la nature quelque chose pour moi
85 de plus sacré que vous? Voudriez-vous me revoir encore dans
ces instants humiliants et cruels, où vous me méprisiez sans
doute, où je me haïssais, où je craignais de vous rencontrer,
où vous trembliez de m'entendre, et où nos âmes flottantes[1]
entre le vice et la vertu, étaient déchirées... Que nous avons été
90 malheureux, Mademoiselle! Mais mon malheur a cessé au
moment où j'ai commencé d'être juste. J'ai remporté sur moi
la victoire la plus difficile, mais la plus entière. Je suis rentré
dans mon caractère. Rosalie ne m'est plus redoutable; et je
pourrais sans crainte lui avouer tout le désordre qu'elle avait
95 jeté dans mon âme, lorsque dans le plus grand trouble de sentiments et d'idées qu'aucun mortel ait jamais éprouvé, je répon-
dais... Mais un événement imprévu, l'erreur de Constance, la
vôtre, mes efforts m'ont affranchi... Je suis libre... (6)

*(A ces mots, Rosalie paraît accablée. Dorval qui s'en aperçoit,
se tourne vers elle ; et la regardant d'un air plus doux, il continue.)*

Mais qu'ai-je exécuté que Rosalie ne le puisse mille fois plus
100 facilement! Son cœur est fait pour sentir, son esprit pour penser,
sa bouche pour annoncer tout ce qui est honnête. Si j'avais
différé d'un instant, j'aurais entendu de Rosalie tout ce qu'elle

---

1. L'accord du participe présent ici est un archaïsme; déjà Vaugelas désapprou-
vait le féminin.

━━━━ QUESTIONS ━━━━

5. Montrez la puissance d'évocation de Dorval dans ce passage prophétique. Analysez les moyens mis en œuvre par l'auteur : force du
vocabulaire, des images; précision et stylisation qui ne retient de la vision
que l'essentiel. Soulignez les changements de rythme au fil des phrases,
suivant l'idée évoquée. L'indication des réactions de Rosalie vous paraît-
elle forcée ou pensez-vous qu'elle puisse être fortement ébranlée par ce
discours? Quelle est la part de la progression depuis le début de la scène
dans ce résultat?

6. Pourquoi ici le changement de perspective que vous indiquerez?
Le ton reste-t-il le même, en dépit d'une égale sévérité? L'accent de
triomphe final est-il justifié : 1° si vous vous référez aux luttes antérieures de Dorval contre lui-même et à ce qu'il a fait; 2° dans la situation
présente? Mettez en relief la valeur exemplaire que le jeune homme
donne à sa victoire. En quoi est-ce comparable à l'émulation héroïque
chez Corneille? Quelle différence fondamentale demeure entre les deux?

vient d'entendre de moi. Je l'aurais écoutée. Je l'aurais regardée
comme une divinité bienfaisante qui me tendait la main, et qui
105 rassurait mes pas chancelants. A sa voix, la vertu se serait
rallumée dans mon cœur. (7)

ROSALIE, *d'une voix tremblante.*

Dorval...

DORVAL, *avec humanité.*

Rosalie.

ROSALIE

Que faut-il que je fasse?

DORVAL

110 Nous avons placé l'estime de nous-mêmes à un haut prix!

ROSALIE

Est-ce mon désespoir que vous voulez?

DORVAL

Non. Mais il est des occasions où il n'y a qu'une action forte
qui nous relève.

ROSALIE

Je vous entends[1]. Vous êtes mon ami... Oui, j'en aurai le
115 courage... Je brûle de voir Constance... Je sais enfin où le bonheur
m'attend.

DORVAL

Ah, Rosalie, je vous reconnais. C'est vous, mais plus belle,
plus touchante à mes yeux que jamais! Vous voilà digne de
l'amitié de Constance, de la tendresse de Clairville, et de toute
120 mon estime; car j'ose à présent me nommer.

Scène IV. — ROSALIE, JUSTINE,
DORVAL, CONSTANCE.

ROSALIE *court au devant de Constance.*

Venez Constance. Venez recevoir de la main de votre pupille,
le seul mortel qui soit digne de vous.

---

1. *Entendre :* voir page 27, ligne 89 et la note.

─────── QUESTIONS ───────

7. Pourquoi ici Dorval se radoucit-il? Montrez que si la tactique
est différente, le but reste le même. Cette symétrie n'est-elle pas préparée
à la fin du passage précédent? D'après ce que nous savons de la jeune
fille, celle-ci est-elle capable de l'effort demandé?

CONSTANCE

Et vous, Mademoiselle, courez embrasser votre père. Le voilà. (8) (9)

SCÈNE V ET DERNIÈRE. — ROSALIE, JUSTINE, DORVAL, CONSTANCE, *le vieux* LYSIMOND, *tenu sous les bras par* CLAIRVILLE *et par* ANDRÉ, CHARLES, SYLVESTRE, *toute la maison.*

ROSALIE

Mon père!

DORVAL

Ciel! que vois-je! C'est Lysimond! c'est mon père!

LYSIMOND

Oui, mon fils. Oui, c'est moi. *(A Dorval et à Rosalie.)* Approchez mes enfants, que je vous embrasse... Ah, ma fille! Ah,
5 mon fils!... *(Il les regarde.)* Du moins, je les ai vus... *(Dorval et Rosalie sont étonnés. Lysimond s'en aperçoit.)* Mon fils, voilà ta sœur... Ma fille, voilà ton frère...

━━━━━━━ QUESTIONS ━━━━━━━

8. Mettez en relief les étapes de l'acceptation chez Rosalie. Quels sont les éléments qui la retiennent encore d'accepter la difficile épreuve proposée par Dorval? Précisez le ton sur lequel elle annonce sa décision, et rapprochez cette réplique de celle qu'elle prononce à la scène suivante.

9. SUR L'ENSEMBLE DE LA SCÈNE III ET SUR LA SCÈNE IV. — Mouvement général de cette scène. Sur quoi est-elle fondée? Dans quelle mesure peut-on y parler de dialogue? Précisez le ton de chaque moment successif et soulignez la continuité sous-jacente qui unit tout le texte.

— Cette scène n'est-elle qu'un morceau d'éloquence? Relevez tout ce qui est habileté rhétorique, effort de persuasion. Les moyens utilisés : force du vocabulaire, élan de conviction qui emporte l'ensemble, puissance d'évocation, appel au sens moral de l'interlocuteur, à l'exemple de celui qui parle.

— Toutefois, soulignez la sincérité du passage : de la part de l'auteur, de celle du personnage; la nécessité de cette scène à ce point de l'action. Les émotions successives qui se marquent chez les deux jeunes gens.

— Satisfaction intérieure et rôle d'autrui dans la vie morale d'après Diderot.

— Examinez la scène III en fonction des *Entretiens* (premier *Entretien*, page 109; deuxième *Entretien*, page 123).

— Dans quelle mesure la scène IV est-elle le couronnement et la conclusion de la précédente?

ROSALIE

Mon frère!

DORVAL

Ma sœur!

ROSALIE

10 Dorval!

DORVAL

Rosalie!

*Ces mots se disent
avec toute la vitesse
de la surprise, et se
font entendre presque
au même instant.*

LYSIMOND *(Il est assis.)*

Oui, mes enfants; vous saurez tout... Approchez, que je vous
embrasse encore... *(Il lève ses mains au ciel)*... Que le ciel qui
me rend à vous, qui vous rend à moi, vous bénisse... qu'il nous
15 bénisse tous... *(A Clairville :)* Clairville. *(A Constance :)*
Madame, pardonnez à un père qui retrouve ses enfants. Je les
croyais perdus pour moi... Je me suis dit cent fois : Je ne les
reverrai jamais. Ils ne me reverront plus. Peut-être, hélas, ils
s'ignoreront toujours!... Quand je partis, ma chère Rosalie,
20 mon espérance la plus douce était de te montrer un fils digne
de moi, un frère digne de toute ta tendresse; qui te servît
d'appui, quand je ne serai plus... et, mon enfant, ce sera bientôt... Mais, mes enfants, pourquoi ne vois-je point encore sur
vos visages ces transports que je m'étais promis?... Mon âge,
25 mes infirmités, ma mort prochaine vous afflige[1]... Ah, mes
enfants, j'ai tant travaillé, tant souffert!... Dorval, Rosalie.
*(En disant ces mots, le vieillard tient ses bras étendus vers ses
enfants, qu'il regarde alternativement, et qu'il invite à se reconnaître.)*

*(Dorval et Rosalie se regardent, tombent dans les bras l'un
de l'autre, et vont ensemble embrasser les genoux de leur père,
en s'écriant :)*

DORVAL, ROSALIE

Ah! mon père!

LYSIMOND *leur imposant ses mains
et levant les yeux au ciel, dit :*

O ciel! je te rends grâces! mes enfants se sont vus; ils s'aime-
ront, je l'espère, et je mourrai content... Clairville, Rosalie
30 vous était chère... Rosalie, tu aimais Clairville. Tu l'aimes
toujours. Approchez que je vous unisse.

---

1. Accord du verbe avec le sujet le plus proche du verbe, selon l'usage classique.

(Clairville, sans oser approcher, se contente de tendre les bras à Rosalie, avec tout le mouvement du désir et de la passion. Il attend. Rosalie le regarde un instant et s'avance. Clairville se précipite, et Lysimond les unit.)

ROSALIE, *en interrogation.*

Mon père?...

LYSIMOND

Mon enfant?...

ROSALIE

Constance... Dorval... ils sont dignes l'un de l'autre.

LYSIMOND, *à Constance et à Dorval.*

35 Je t'entends. Venez, mes chers enfants. Venez. Vous doublez mon bonheur.

(Constance et Dorval s'approchent gravement de Lysimond. Le bon vieillard prend la main de Constance, la baise, et lui présente celle de son fils, que Constance reçoit.)

LYSIMOND *pleurant et s'essuyant les yeux avec la main, dit :*

Celles-ci sont de joie, et ce seront les dernières... Je vous laisse une grande fortune. Jouissez-en comme je l'ai acquise. Ma richesse ne coûta jamais rien à ma probité. Mes enfants,
40 vous la pourrez posséder sans remords... Rosalie, tu regardes ton frère, et tes yeux baignés de larmes reviennent sur moi... Mon enfant, tu sauras tout; je te l'ai déjà dit... Épargne cet aveu à ton père, à un frère sensible et délicat... Le ciel qui a trempé d'amertumes toute ma vie, ne m'a réservé de purs que
45 ces derniers instants. Cher enfant, laisse m'en jouir... Tout est arrangé entre vous... Ma fille, voilà l'état de mes biens...

ROSALIE

Mon père...

LYSIMOND

Prends, mon enfant. J'ai vécu. Il est temps que vous viviez, et que je cesse; demain, si le ciel le veut, ce sera sans regret...
50 Tiens, mon fils, c'est le précis de mes dernières volontés. Tu les respecteras. Surtout, n'oublie pas André. C'est à lui que je devrai la satisfaction de mourir au milieu de vous. Rosalie, je me resouviendrai d'André, lorsque ta main me fermera les yeux... Vous verrez, mes enfants, que je n'ai consulté que ma
55 tendresse, et que je vous aimais tous deux également. La perte que j'ai faite est peu de chose. Vous la supporterez en commun.

Phot. Larousse.

« LES DÉLICES DE LA MATERNITÉ »
par Moreau le Jeune (1741-1814).
Gravure par Carl Guttenberg.

ROSALIE

Qu'entends-je? Mon père... on m'a remis... *(Elle présente à son père le portefeuille envoyé par Dorval.)*

LYSIMOND

60 On t'a remis... Voyons... *(Il ouvre le portefeuille, il examine ce qu'il contient, et dit :)*... Dorval, tu peux seul éclaircir ce mystère. Ces effets t'appartenaient. Parle. Dis-nous comment ils se trouvent entre les mains de ta sœur.

CLAIRVILLE, *vivement.*

J'ai tout compris. Il exposa sa vie pour moi; il me sacrifiait sa fortune!

ROSALIE, *à Clairville.*

65 Sa passion!

CONSTANCE, *à Clairville.*

Sa liberté!

Ces mots se disent avec beaucoup de vitesse, et sont presque entendus en même temps.

CLAIRVILLE

Ah! mon ami! *(Il l'embrasse.)*

ROSALIE, *en se jetant dans le sein de son frère, et baissant la vue.*

Mon frère...

DORVAL, *en souriant.*

J'étais un insensé. Vous étiez un enfant.

LYSIMOND

70 Mon fils, que te veulent-ils? Il faut que tu leur aies donné quelque grand sujet d'admiration et de joie, que je ne comprends pas, que ton père ne peut partager.

DORVAL

La joie de vous revoir nous a tous transportés.

LYSIMOND

75 Puisse le ciel qui bénit les enfants par les pères, et les pères par les enfants, vous en accorder qui vous ressemblent, et qui vous rendent la tendresse que vous avez pour moi. **(10) (11)**

Questions **10** et **11** : voir page 105.

10. Sur la scène v. — Montrez que cette scène est une succession de tableaux, suivant une technique chère à Diderot. Individualisez chacun d'eux ; mettez en évidence leur construction ; comment s'enchaînent-ils ? Faites la preuve que tous sont centrés sur le même personnage et qu'ils ont un fil conducteur commun.

— La reconnaissance de Dorval et de Rosalie : à quoi tient leur hésitation l'un vis-à-vis de l'autre ? Comparez ce moment avec les indications données par André (III, vii) et avec les fausses interprétations de Clairville au cours de cette même scène.

— Le personnage de Lysimond : comment se complète ici son portrait ? Comparez-le, présent et agissant ici, avec l'image que nous avait donnée de lui André (III, vii).

— Dorval est-il conforme à l'idée que son père se faisait de lui et ce qu'il dit ici de lui ?

— Le passage où Lysimond bénit successivement les deux unions ne vous fait-il pas penser à la manière d'un peintre de l'époque qu'admirait Diderot ? L'émotion, toujours intense, ne change-t-elle pas de forme par rapport au passage précédent ?

— Pourquoi Clairville hésite-t-il à obéir à l'appel de Lysimond ? Comparez l'attitude des deux couples dans les mêmes circonstances : différences, ressemblances. Cherchez-en la cause dans leur psychologie.

— Comment la fortune est-elle justifiée par Lysimond ? Rapprochez ce jugement de celui que formulait Clairville sur le commerce (IV, v).

— Parallélisme entre le geste du vieillard donnant sa fortune aux jeunes gens et celui de Dorval, antérieurement. Ce passage est-il dominé par les préoccupations matérielles ? Qu'apportent pour la continuité du ton et de l'unité d'intérêt les adieux de Lysimond ?

— Dorval : soulignez sa modestie. Mettez en relief le parallélisme final entre la reconnaissance de sa générosité ici et les premiers mots de son monologue en IV, vii.

— Par quels moyens Diderot marque-t-il ces différences de rythme dans le déroulement de la scène ? En quoi cette tentative est-elle relativement originale ?

11. Sur l'ensemble de l'acte v. — Montrez l'unité de cet acte : quels sont les personnages organisateurs du dénouement ? Ce qu'avait accompli Dorval auparavant, en vue d'une conclusion à cette aventure, est-il devenu inutile ? Tous les problèmes sont-ils maintenant résolus ?

— Construction du dénouement : soulignez que tout aboutit à un tableau en apothéose. Comment en est-on venu là ? Quel personnage crée une unité solide à cet ensemble : solution de tous les problèmes ; solidarité des personnages ; édification d'un bonheur commun et qui ne peut exister que par cette communauté.

— L'attendrissement : ses manifestations ; ses causes. Ne s'y adjoint-il pas un élément pathétique, dû à Lysimond (évocation du passé, perspectives d'avenir confirmées par l'Epilogue, voir page 106) ?

— Montrez que le sous-titre de la pièce (les épreuves de la vertu) se justifie et permet logiquement de conclure ici au « triomphe de la vertu ». Quelles relations établir entre les valeurs morales et la marche de l'action dans la pièce d'une part, et le dénouement au point de vue psychologique et moral d'autre part ?

ÉPILOGUE[1]

J'ai promis de dire pourquoi je n'entendis pas la dernière scène; et le[2] voici. Lysimond n'était plus. On avait engagé un de ses amis qui était à peu près de son âge, et qui avait sa taille, sa voix, et ses cheveux blancs, à le remplacer dans la pièce.

5 Ce vieillard entra dans le salon, comme Lysimond y était entré la première fois, tenu sous les bras par Clairville et par André, et couvert des habits que son ami avait apportés des prisons. Mais à peine y parut-il, que, ce moment de l'action remettant sous les yeux de toute la famille, un homme qu'elle 10 venait de perdre, et qui lui avait été si respectable et si cher, personne ne put retenir ses larmes. Dorval pleurait. Constance et Clairville pleuraient. Rosalie étouffait ses sanglots et détournait ses regards. Le vieillard qui représentait Lysimond, se troubla, et se mit à pleurer aussi. La douleur passant des maîtres 15 aux domestiques, devint générale, et la pièce ne finit[3] pas.

Lorsque tout le monde fut retiré, je sortis de mon coin, et m'en retournai comme j'étais venu. Chemin faisant, j'essuyais mes yeux, et je me disais pour me consoler, car j'avais l'âme triste : « Il faut que je sois bien bon de m'affliger ainsi. Tout 20 ceci n'est qu'une comédie[4]. Dorval en a pris le sujet dans sa tête. Il l'a dialoguée à sa fantaisie; et l'on s'amusait aujourd'hui à la représenter. »

Cependant quelques circonstances m'embarrassaient. L'histoire de Dorval était connue dans le pays. La représentation en 25 avait été si vraie qu'oubliant en plusieurs endroits que j'étais spectateur, et spectateur ignoré, j'avais été sur le point de sortir de ma place, et d'ajouter un personnage réel à la scène. Et puis comment arranger avec mes idées ce qui venait de se passer? Si cette pièce était une comédie comme une autre, pourquoi 30 n'avaient-ils pu jouer la dernière scène? Quelle était la cause de la douleur profonde dont ils avaient été pénétrés à la vue du vieillard qui faisait Lysimond?

---

1. Sur cette appellation et cette disposition du texte, voir Prologue, page 27, note 2; 2. *Le* (valeur neutre) reprend l'idée de cause incluse dans *pourquoi*; 3. Resta inachevée dans sa représentation; 4. *Comédie* : pièce de théâtre. Au XVIIIᵉ siècle, ce mot cumule encore le sens générique qu'il a ici avec le sens moderne de « pièce gaie ».

Quelques jours après j'allai remercier Dorval de la soirée délicieuse et cruelle que je devais à sa complaisance...

35 « Vous avez donc été content de cela? »...

J'aime à dire la vérité. Cet homme aimait à l'entendre, et je lui répondis que le jeu des acteurs m'en avait tellement imposé, qu'il m'était impossible de prononcer[1] sur le reste; d'ailleurs, que n'ayant point entendu la dernière scène, j'ignorais le dénoue-
40 ment; mais que s'il voulait me communiquer l'ouvrage, je lui en dirais mon sentiment[2]... « Votre sentiment! et n'en sais-je pas à présent ce que j'en veux savoir? Une pièce est moins faite pour être lue que pour être représentée; la représentation de celle-ci vous a plu. Il ne m'en faut pas davantage. Cependant
45 la voilà. Lisez-la; et nous en reparlerons. » Je pris l'ouvrage de Dorval. Je le lus à tête reposée; et nous en parlâmes le lendemain, et les deux jours suivants.

Voici nos entretiens. Mais quelle différence entre ce que Dorval me disait, et ce que j'écris!... Ce sont peut-être les
50 mêmes idées; mais le génie de l'homme n'y est plus... C'est en vain que je cherche en moi l'impression que le spectacle de la nature et la présence de Dorval y faisaient. Je ne la retrouve point; je ne vois plus Dorval; je ne l'entends plus. Je suis seul, parmi[3] la poussière des livres et dans l'ombre
55 d'un cabinet... et j'écris des lignes faibles, tristes et froides.

---

1. *Prononcer :* donner un avis; 2. *Sentiment :* voir page 47, ligne 46 et la note; 3. *Parmi :* au milieu de.

─────── **QUESTIONS** ───────

SUR L'ÉPILOGUE. — Quelle est l'intention de Diderot ici? Pourquoi cette fiction d'une représentation théâtrale d'un fait authentique? Faites le lien avec le Prologue à ce point de vue? Comment trouve-t-on ici la fin du dénouement au sujet de Lysimond? Quel est l'intérêt de ce fait nouveau?

— Réactions de Diderot comme spectateur : caractérisez-les. Pourquoi cherche-t-il à se raisonner? Ne se trouve-t-on pas ici dans une situation fausse? Est-ce involontaire de la part de l'auteur? Sinon, précisez son but.

— Indiquez, d'après la fin de cette page, l'attitude de Diderot critique dramatique. A-t-il raison?

— Nécessité de cette transition entre la pièce et les *Entretiens.*

« LA RIVIÈRE »
par Hubert Robert (1733-1808). Collection particulière.
**Dans ses ouvrages, où les ruines abondent, peuplées de personnages
pittoresques, on retrouve la sentimentalité et le goût de l'époque Louis XVI.**

ENTRETIENS
SUR LE FILS NATUREL

DORVAL ET MOI

PREMIER ENTRETIEN

Ce jour, Dorval avait tenté sans succès de terminer une affaire qui divisait depuis longtemps deux familles du voisinage, et qui pouvait ruiner l'une et l'autre. Il en était chagrin, et je vis que la disposition de son âme allait répandre une teinte
5 obscure sur notre entretien. Cependant je lui dis :

« Je vous ai lu; mais je suis bien trompé, ou vous ne vous êtes pas attaché à répondre scrupuleusement aux intentions de monsieur votre père. Il vous avait recommandé, ce me semble, de rendre les choses comme elles s'étaient passées;
10 et j'en ai remarqué plusieurs qui ont un caractère de fiction qui n'en impose qu'au théâtre, où l'on dirait qu'il y a une illusion et des applaudissements de convention.

« D'abord, vous vous êtes asservi à la loi des unités. Cependant il est incroyable que tant d'événements se soient passés
15 dans un même lieu; qu'ils n'aient occupé qu'un intervalle de vingt-quatre heures, et qu'ils se soient succédé dans votre histoire, comme ils sont enchaînés dans votre ouvrage.

DORVAL

Vous avez raison. Mais si le fait a duré quinze jours, croyez-vous qu'il fallût accorder la même durée à la représentation?
20 Si les événements en ont été séparés par d'autres, qu'il était à propos de rendre cette confusion? Et s'ils se sont passés en différents endroits de la maison, que je devais aussi les répandre sur le même espace?

Les lois des trois unités sont difficiles à observer; mais elles
25 sont sensées.

Dans la société, les affaires ne durent que par de petits incidents, qui donneraient de la vérité à un roman, mais qui ôteraient tout l'intérêt à un ouvrage dramatique : notre attention s'y partage sur une infinité d'objets différents; mais au
30 théâtre, où l'on ne représente que des instants particuliers de

la vie réelle, il faut que nous soyons tout entiers à la même chose.

J'aime mieux qu'une pièce soit simple que chargée d'incidents[1]. Cependant je regarde[2] plus à leur liaison qu'à leur
35 multiplicité. Je suis moins disposé à croire deux événements
que le hasard a rendus successifs ou simultanés, qu'un grand
nombre qui, rapprochés de l'expérience journalière, la règle
invariable des vraisemblances dramatiques, me paraîtraient
s'attirer les uns les autres par des liaisons nécessaires.

40   L'art d'intriguer[3] consiste à lier les événements, de manière
que le spectateur sensé y aperçoive toujours une raison qui
le satisfasse. La raison doit être d'autant plus forte, que les
événements sont plus singuliers. Mais il n'en faut pas juger
par rapport à soi. Celui qui agit et celui qui regarde, sont
45 deux êtres très différents.

    Je serais fâché d'avoir pris quelque licence contraire à ces
principes généraux de l'unité de temps et de l'unité d'action;
et je pense qu'on ne peut être trop sévère sur l'unité de lieu.
Sans cette unité, la conduite d'une pièce est presque toujours
50 embarrassée, louche. Ah! si nous avions des théâtres où la
décoration changeât toutes les fois que le lieu de la scène
doit changer[4]!...

MOI

Et quel si grand avantage y trouveriez-vous?

DORVAL

    Le spectateur suivrait sans peine tout le mouvement d'une
55 pièce; la représentation en deviendrait plus variée, plus inté-
ressante et plus claire. La décoration ne peut changer, que
la scène ne reste vide; la scène ne peut rester vide qu'à la fin
d'un acte. Ainsi, toutes les fois que deux incidents feraient
changer la décoration, ils se passeraient dans deux actes diffé-
60 rents. On ne verrait point une assemblée de sénateurs succéder
à une assemblée de conjurés, à moins que la scène ne fût assez
étendue pour qu'on y distinguât des espaces fort différents.
Mais, sur de petits théâtres, tels que les nôtres, que doit penser
un homme raisonnable, lorsqu'il entend des courtisans, qui
65 savent si bien que les murs ont des oreilles, conspirer contre
leur souverain dans l'endroit même où il vient de les consulter

---

1. Allusion à la Préface de *Bérénice* de Racine; 2. *Regarder* : avoir égard; 3. *Intriguer* : construire une intrigue dramatique; 4. Marmontel avait proposé que l'on
change de décor à chaque acte.

sur l'affaire la plus importante, sur l'abdication de l'Empire[1]?
Puisque les personnages demeurent, il suppose apparemment
que c'est le lieu qui s'en va.

70   Au reste, sur ces conventions théâtrales, voici ce que je
pense. C'est que celui qui ignorera la raison poétique, igno-
rant aussi le fondement de la règle, ne saura ni l'abandonner,
ni la suivre à propos. Il aura pour elle trop de respect ou trop
de mépris, deux écueils opposés, mais également dangereux.
75 L'un réduit à rien les observations et l'expérience des siècles
passés, et ramène l'art à son enfance; l'autre l'arrête tout
court où il est, et l'empêche d'aller en avant.

Ce fut dans l'appartement de Rosalie, que je m'entretins
avec elle[2], lorsque je détruisis dans son cœur le penchant
80 injuste que je lui avais inspiré, et que je fis renaître sa tendresse pour Clairville. Je me promenais avec Constance dans
cette grande allée, sous les vieux marronniers que vous voyez[3],
lorsque je demeurai convaincu qu'elle était la seule femme
qu'il y eût au monde pour moi; pour moi! qui m'étais pro-
85 posé dans ce moment de lui faire entendre que je n'étais point
l'époux qui lui convenait. Au premier bruit de l'arrivée de
mon père, nous descendîmes, nous accourûmes tous; et la
dernière scène[4] se passa en autant d'endroits différents que
cet honnête vieillard fit de pauses, depuis la porte d'entrée
90 jusque dans ce salon. Je les vois encore, ces endroits... Si j'ai
renfermé toute l'action dans un lieu, c'est que je le pouvais
sans gêner la conduite de la pièce, et sans ôter de la vraisemblance aux événements.

MOI

Voilà qui est à merveille. Mais en disposant des lieux, du
95 temps et de l'ordre des événements, vous n'auriez pas dû
en imaginer qui ne sont ni dans nos mœurs, ni dans votre
caractère.

DORVAL

Je ne crois pas l'avoir fait.

MOI

Vous me persuaderez donc que vous avez eu avec votre
100 valet la seconde scène du premier acte? Quoi! lorsque vous
lui dîtes : *Ma chaise, des chevaux*, il ne partit pas? Il ne vous

---

1. Allusion à *Cinna*, de Corneille (II, ii); 2. *Le Fils naturel*, V, iii; 3. *Le Fils naturel*,
IV, iii; 4. *Le Fils naturel*, V, v.

obéit pas? Il vous fit des remontrances que vous écoutâtes
tranquillement? Le sévère Dorval, cet homme renfermé même
avec son ami Clairville, s'est entretenu familièrement avec son
105 valet Charles? Cela n'est ni vraisemblable, ni vrai.

DORVAL

Il faut en convenir. Je me dis à moi-même à peu près ce
que j'ai mis dans la bouche de Charles; mais ce Charles est
un bon domestique, qui m'est attaché. Dans l'occasion, il
ferait pour moi tout ce qu'André a fait pour mon père. Il a
110 été témoin de la chose. J'ai vu si peu d'inconvénient à l'introduire un moment dans la pièce; et cela lui a fait tant de plaisir!...
Parce qu'ils sont nos valets, ont-ils cessé d'être des hommes?...
S'ils nous servent, il en est un autre que nous servons.

MOI

Mais si vous composiez pour le théâtre?

DORVAL

115 Je laisserais là ma morale, et je me garderais bien de rendre
importants sur la scène des êtres qui sont nuls dans la société.
Les Daves ont été les pivots de la comédie ancienne, parce
qu'ils étaient en effet les moteurs de tous les troubles domestiques. Sont-ce les mœurs qu'on avait il y a deux mille ans,
120 ou les nôtres, qu'il faut imiter? Nos valets de comédie sont
toujours plaisants, preuve certaine qu'ils sont froids. Si le
poète les laisse dans l'antichambre, où ils doivent être, l'action
se passant entre les principaux personnages en sera plus inté-
ressante et plus forte. Molière, qui savait si bien en tirer parti,
125 les a exclus du *Tartuffe* et du *Misanthrope*. Ces intrigues de
valets et de soubrettes, dont on coupe l'action principale, sont
un moyen sûr d'anéantir l'intérêt. L'action théâtrale ne se
repose point; et mêler deux intrigues, c'est les arrêter alternativement l'une et l'autre[1].

MOI

130 Si j'osais, je vous demanderais grâce pour les soubrettes.
Il me semble que les jeunes personnes, toujours contraintes
dans leur conduite et dans leurs discours, n'ont que ces femmes
à qui elles puissent ouvrir leur âme, confier des sentiments

---

1. Attaque probable contre Marivaux, dont les comédies proposent souvent,
parallèlement à l'intrigue principale entre les maîtres, une intrigue symétrique,
mais burlesque, entre les valets. Voir, par exemple, *le Jeu de l'amour et du hasard*.

qui la pressent, et que l'usage, la bienséance, la crainte et les
135 préjugés y tiennent renfermés.

DORVAL

Qu'elles restent donc sur la scène jusqu'à ce que notre éducation devienne meilleure, et que les pères et mères soient les
confidents de leurs enfants... Qu'avez-vous encore observé?

MOI

La déclaration de Constance[1]...

DORVAL

140 Eh bien?

MOI

Les femmes n'en font guère...

DORVAL

D'accord. Mais supposez qu'une femme ait l'âme, l'élévation et le caractère de Constance; qu'elle ait su choisir un
honnête homme : et vous verrez qu'elle avouera ses senti-
145 ments sans conséquence[2]. Constance m'embarrassa... beaucoup... Je la plaignis, et l'en respectai davantage.

MOI

Cela est bien étonnant! Vous étiez occupé d'un autre côté...

DORVAL

Et ajoutez que je n'étais pas un fat.

MOI

On trouvera dans cette déclaration quelques endroits peu
150 ménagés... Les femmes s'attacheront à donner du ridicule
à ce caractère...

DORVAL

Quelles femmes, s'il vous plaît? Des femmes perdues, qui
avouaient un sentiment honteux toutes les fois qu'elles ont
dit : *Je vous aime*. Ce n'est pas là Constance; et l'on serait
155 bien à plaindre dans la société, s'il n'y avait aucune femme
qui lui ressemblât.

MOI

Mais ce ton est bien extraordinaire au théâtre...

---

1. *Le Fils naturel*, I, IV. Collé, dans son *Journal*, avait trouvé cette déclaration
scandaleuse et contraire à la vraisemblance psychologique; 2. Naturellement et
sans crainte d'être mal interprétée.

DORVAL

Et laissez là les tréteaux; rentrez dans le salon; et convenez que le discours de Constance ne vous offensa pas, quand vous 160 l'entendîtes là.

MOI

Non.

DORVAL

C'est assez. Cependant il faut tout vous dire. Lorsque l'ouvrage fut achevé, je le communiquai à tous les personnages afin que chacun ajoutât à son rôle, en retranchât, et se pei-165 gnît encore plus au vrai. Mais il arriva une chose à laquelle je ne m'attendais guère, et qui est cependant bien naturelle. C'est que, plus à[1] leur état présent qu'à leur situation passée, ici ils adoucirent l'expression, là ils pallièrent un sentiment; ailleurs ils préparèrent un incident. Rosalie voulut paraître 170 moins coupable aux yeux de Clairville; Clairville, se montrer encore plus passionné pour Rosalie; Constance, marquer un peu plus de tendresse à un homme qui est maintenant son époux; et la vérité des caractères en a souffert en quelques endroits. La déclaration de Constance est un de ces endroits. 175 Je vois que les autres n'échapperont pas à la finesse de votre goût. »

Ce discours de Dorval m'obligea d'autant plus, qu'il est peu dans son caractère de louer. Pour y répondre, je relevai une minutie[2] que j'aurais négligée sans cela.

MOI

180 « Et le thé de la même scène? lui dis-je.

DORVAL

Je vous entends[3]; cela n'est pas de ce pays. J'en conviens; mais j'ai voyagé longtemps en Hollande; j'ai beaucoup vécu avec des étrangers; j'ai pris d'eux cet usage; et c'est moi que j'ai peint.

MOI

185 Mais au théâtre!

DORVAL

Ce n'est pas là. C'est dans le salon qu'il faut juger mon ouvrage... Cependant ne passez aucun des endroits où vous

---

1. Ayant égard *plus à* ; 2. *Minutie* : détail de très peu d'importance; 3. Je comprends ce que vous voulez dire.

croirez qu'il pèche contre l'usage du théâtre... Je serai bien
aise d'examiner si c'est moi qui ai tort, ou l'usage. »

190   Tandis que Dorval parlait, je cherchais les coups de crayon
que j'avais donnés à la marge de son manuscrit, partout où
j'avais trouvé quelque chose à reprendre. J'aperçus une de ces
marques vers le commencement de la seconde scène du second
acte, et je lui dis :

195   « Lorsque vous vîtes Rosalie, selon la parole que vous en
aviez donnée à votre ami, ou elle était instruite de votre départ,
ou elle l'ignorait. Si c'est le premier, pourquoi n'en dit-elle
rien à Justine ? Est-il naturel qu'il ne lui échappe pas un mot
sur un événement qui doit l'occuper tout entière ? Elle pleure,
200 mais ses larmes coulent sur elle. Sa douleur est celle d'une
âme délicate qui s'avoue des sentiments qu'elle ne pouvait
empêcher de naître, et qu'elle ne peut approuver. *Elle l'ignorait*,
me direz-vous. *Elle en parut étonnée ; je l'ai écrit, et vous l'avez
vu.* Cela est vrai. Mais comment a-t-elle pu ignorer ce qu'on
205 savait dans toute la maison ?...

DORVAL

Il était matin ; j'étais pressé de quitter un séjour[1] que je
remplissais de trouble, et de me délivrer de la commission
la plus inattendue et la plus cruelle ; et je vis Rosalie aussitôt
qu'il fut jour chez elle. La scène a changé de lieu, mais sans
210 rien perdre de sa vérité. Rosalie vivait retirée ; elle n'espé-
rait dérober ses pensées secrètes à la pénétration de Constance
et à la passion de Clairville, qu'en les évitant l'un et l'autre ;
elle ne faisait que de[2] descendre de son appartement ; et elle
n'avait encore vu personne quand elle entra dans le salon.

MOI

215   Mais pourquoi annonce-t-on Clairville, tandis que vous
vous entretenez avec Rosalie ? Jamais on ne s'est fait annoncer chez soi ; et ceci a tout l'air d'un coup de théâtre ménagé
à plaisir.

DORVAL

Non ; c'est le fait comme il a été et comme il devait être.
220 Si vous y voyez un coup de théâtre, à la bonne heure[3] ; il s'est
placé là de lui-même.

Clairville sait que je suis avec sa maîtresse ; il n'est pas

---

1. *Séjour :* endroit où l'on reste quelque temps ; 2. *Ne faire que de :* marque le
passé le plus récent. « Elle descendait juste » ; 3. Tant mieux.

naturel qu'il entre tout au travers d'un entretien qu'il a désiré.
Cependant il ne peut résister à l'impatience d'en apprendre le
225 résultat. Il me fait appeler. Eussiez-vous fait autrement? »

Dorval s'arrêta ici un moment; ensuite il dit : « J'aimerais bien mieux des tableaux sur la scène où il y en a si peu,
et où ils produiraient un effet si agréable et si sûr, que ces
coups de théâtre qu'on amène d'une manière si forcée, et
230 qui sont fondés sur tant de suppositions singulières, que, pour
une de ces combinaisons d'événements qui soit heureuse et
naturelle, il y en a mille qui doivent déplaire à un homme
de goût.

MOI

Mais quelle différence mettez-vous entre un coup de théâtre
235 et un tableau?

DORVAL

J'aurais bien plus tôt fait de vous en donner des exemples
que des définitions. Le second acte de la pièce s'ouvre par un
tableau, et finit par un coup de théâtre.

MOI

J'entends. Un incident imprévu qui se passe en action, et
240 qui change subitement l'état des personnages, est un coup
de théâtre. Une disposition de ces personnages sur la scène,
si naturelle et si vraie, que, rendue fidèlement par un peintre,
elle me plairait sur la toile, est un tableau.

DORVAL

A peu près.

MOI

245 Je gagerais presque que, dans la quatrième scène du second
acte, il n'y a pas un mot qui ne soit vrai. Elle m'a désolé dans
le salon, et j'ai pris un plaisir infini à la lire. Le beau tableau,
car c'en est un, ce me semble, que le malheureux Clairville,
renversé sur le sein de son ami, comme dans le seul asile qui
250 lui reste...

DORVAL

Vous pensez bien à sa peine, mais vous oubliez la mienne.
Que ce moment fut cruel pour moi!

MOI

Je le sais, je le sais. Je me souviens que, tandis qu'il exhalait
sa plainte et sa douleur, vous versiez des larmes sur lui. Ce ne
255 sont pas là de ces circonstances qui s'oublient.

DORVAL

Convenez que ce tableau n'aurait point eu lieu sur la scène; que les deux amis n'auraient osé se regarder en face, tourner le dos au spectateur, se grouper, se séparer, se rejoindre; et que toute leur action aurait été bien compassée, bien empesée, 260 bien maniérée, et bien froide.

MOI

Je le crois.

DORVAL

Est-il possible qu'on ne sentira point que l'effet du malheur est de rapprocher les hommes; et qu'il est ridicule, surtout dans les moments de tumulte, lorsque les passions sont portées 265 à l'excès, et que l'action est la plus agitée, de se tenir en rond, séparés, à une certaine distance les uns des autres, et dans un ordre symétrique.

Il faut que l'action théâtrale soit bien imparfaite encore, puisqu'on ne voit sur la scène presque aucune situation dont 270 on pût faire une composition supportable en peinture. Quoi donc! la vérité y est-elle moins essentielle que sur la toile? Serait-ce une règle, qu'il faut s'éloigner de la chose à mesure que l'art en est plus voisin, et mettre moins de vraisemblance dans une scène vivante, où les hommes mêmes agissent, que 275 dans une scène colorée, où l'on ne voit, pour ainsi dire, que leurs ombres?

Je pense, pour moi, que si un ouvrage dramatique était bien fait et bien représenté, la scène offrirait au spectateur autant de tableaux réels qu'il y aurait dans l'action de moments 280 favorables au peintre.

MOI

Mais la décence! la décence!

DORVAL

Je n'entends répéter que ce mot. La maîtresse de Barnvelt[1] entre échevelée dans la prison de son amant[2]. Les deux amis s'embrassent et tombent à terre[3]. Philoctète se roulait autrefois 285 à l'entrée de sa caverne. Il y faisait entendre les cris inarticulés de la douleur. Ces cris formaient un vers peu nombreux[4];

---

1. *Le Marchand de Londres, ou l'Histoire de George Barnwell*, tragédie en prose de George Lillo, auteur anglais, fut représenté pour la première fois en 1731 et traduit en français par Clément de Genève (1748). Cette pièce est considérée comme la première tragédie bourgeoise; 2. Scène qui se déroule en fait sur le lieu du supplice et non en prison (V, II); 3. *Le Marchand de Londres*, V, V; 4. Sophocle, *Philoctète*, vers 745-746.

mais les entrailles du spectateur en étaient déchirées. Avons-
nous plus de délicatesse et plus de génie que les Athéniens?...
Quoi donc, pourrait-il y avoir rien de trop véhément dans
290 l'action d'une mère dont on immole la fille? Qu'elle coure
sur la scène comme une femme furieuse ou troublée; qu'elle
remplisse de cris son palais; que le désordre ait passé jusque
dans ses vêtements, ces choses conviennent à son désespoir.
Si la mère d'Iphigénie se montrait un moment reine d'Argos
295 et femme du général des Grecs, elle ne me paraîtrait que la
dernière des créatures. La véritable dignité, celle qui me frappe,
qui me renverse, c'est le tableau de l'amour maternel dans
toute sa vérité. »

En feuilletant le manuscrit, j'aperçus un petit coup de crayon
300 que j'avais passé. Il était à l'endroit de la scène seconde du
second acte, où Rosalie dit de l'objet qui l'a séduite, qu'*elle
croyait y reconnaître la vérité de toutes les chimères de perfection
qu'elle s'était faites*. Cette réflexion m'avait semblé un peu forte
pour un enfant : et *les chimères de perfection*, s'écarter de son
305 ton ingénu[1]. J'en fis l'observation à Dorval. Il me renvoya,
pour toute réponse, au manuscrit. Je le considérai avec attention; je vis que ces mots avaient été ajoutés après coup, de la
main même de Rosalie; et je passai à d'autres choses.

MOI

Vous n'aimez pas les coups de théâtre? lui dis-je.

DORVAL

310 Non.

MOI

En voici pourtant un[2], et des mieux arrangés.

DORVAL

Je le sais; et je vous l'ai cité.

MOI

C'est la base de toute votre intrigue.

DORVAL

J'en conviens.

MOI

315 Et c'est une mauvaise chose?

DORVAL

Sans doute.

---

1. *Ingénu* : simple et naturel; 2. Acte II, scènes VII, VIII et IX.

MOI

Pourquoi donc l'avoir employée?

DORVAL

C'est que ce n'est pas une fiction, mais un fait. Il serait à souhaiter, pour le bien de l'ouvrage, que la chose fût arrivée
320 tout autrement.

MOI

Rosalie vous déclare sa passion. Elle apprend qu'elle est aimée. Elle n'espère plus, elle n'ose plus vous revoir. Elle vous écrit.

DORVAL

Cela est naturel.

MOI

325 Vous lui répondez.

DORVAL

Il le fallait.

MOI

Clairville a promis à sa sœur que vous ne partiriez pas sans l'avoir vue. Elle vous aime. Elle vous l'a dit. Vous connaissez ses sentiments.

DORVAL

330 Elle doit chercher à connaître les miens.

MOI

Son frère va la trouver chez une amie, où des bruits fâcheux qui se sont répandus sur la fortune de Rosalie et sur le retour de son père, l'ont appelée. On y savait votre départ. On en est surpris. On vous accuse d'avoir inspiré de la tendresse à
335 sa sœur, et d'en avoir pris pour sa maîtresse.

DORVAL

La chose est vraie.

MOI

Mais Clairville n'en croit rien. Il vous défend avec vivacité. Il se fait une affaire[1]. On vous appelle à son secours, tandis que vous répondez à la lettre de Rosalie. Vous laissez votre
340 réponse sur la table.

---

1. *Affaire* : duel.

DORVAL

Vous en eussiez fait autant, je pense.

MOI

Vous volez au secours de votre ami. Constance arrive. Elle se croit attendue. Elle se voit laissée. Elle ne comprend rien à ce procédé. Elle aperçoit la lettre que vous écriviez à Rosalie.
345 Elle la lit et la prend pour elle.

DORVAL

Toute autre s'y serait trompée.

MOI

Sans doute; elle n'a aucun soupçon de votre passion pour Rosalie, ni de la passion de Rosalie pour vous; la lettre répond à une déclaration, et elle en a fait une.

DORVAL

350 Ajoutez que Constance a appris de son frère le secret de ma naissance, et que la lettre est d'un homme qui croirait manquer à Clairville, s'il prétendait à la personne dont il est épris. Ainsi Constance croit et doit se croire aimée; et de là, tous les embarras où vous m'avez vu.

MOI

355 Que trouvez-vous donc à redire à cela? Il n'y a rien qui soit faux.

DORVAL

Ni rien qui soit assez vraisemblable. Ne voyez-vous pas qu'il faut des siècles, pour combiner un si grand nombre de circonstances? Que les artistes se félicitent tant qu'ils vou-
360 dront du talent d'arranger de pareilles rencontres; j'y trouverai de l'invention, mais sans goût véritable. Plus la marche d'une pièce est simple, plus elle est belle. Un poète qui aurait imaginé ce coup de théâtre et la situation du cinquième acte[1], où, m'approchant de Rosalie, je lui montre Clairville au fond
365 du salon, sur un canapé, dans l'attitude d'un homme au déses-poir, aurait bien peu de sens[2], s'il préférait le coup de théâtre au tableau. L'un est presque un enfantillage; l'autre est un trait de génie. J'en parle sans partialité. Je n'ai inventé ni l'un ni l'autre. Le coup de théâtre est un fait; le tableau, une circons-
370 tance heureuse que le hasard fit naître, et dont je sus profiter.

---

1. *Le Fils naturel*, V, III; 2. *Sens :* jugement, bon sens.

MOI

Mais, lorsque vous sûtes la méprise de Constance, que n'en avertissiez-vous Rosalie? L'expédient[1] était simple, et il remédiait à tout.

DORVAL

Oh! pour le coup, vous voilà bien loin du théâtre; et vous
375 examinez mon ouvrage avec une sévérité à laquelle je ne connais pas de pièce qui résistât. Vous m'obligeriez de m'en citer une qui allât jusqu'au troisième acte, si chacun y faisait à la rigueur[2] ce qu'il doit faire. Mais cette réponse, qui serait bonne pour un artiste, ne l'est pas pour moi. Il s'agit ici d'un fait, et non
380 d'une fiction. Ce n'est point à un auteur, que vous demandez raison d'un incident; c'est à Dorval que vous demandez compte de sa conduite.

Je n'instruisis point Rosalie de l'erreur de Constance et de la sienne, parce qu'elle répondait à mes vues. Résolu de
385 tout sacrifier à l'honnêteté, je regardai ce contretemps qui me séparait de Rosalie, comme un événement qui m'éloignait du danger. Je ne voulais point que Rosalie prît une fausse opinion de mon caractère; mais il m'importait bien davantage de ne manquer ni à moi-même, ni à mon ami. Je
390 souffrais à le tromper, à tromper Constance, mais il le fallait.

MOI

Je le sens. A qui écriviez-vous, si ce n'était pas à Constance?

DORVAL

D'ailleurs, il se passa si peu de temps entre ce moment et l'arrivée de mon père; et Rosalie vivait si renfermée! Il n'était pas question de lui écrire. Il est fort incertain qu'elle eût voulu
395 recevoir ma lettre; et il est sûr qu'une lettre qui l'aurait convaincue de mon innocence, sans lui ouvrir les yeux sur l'injustice de nos sentiments, n'aurait fait qu'augmenter le mal.

MOI

Cependant vous entendez de la bouche de Clairville mille mots qui vous déchirent. Constance lui remet votre lettre. Ce
400 n'est pas assez de cacher le penchant réel que vous avez; il faut en simuler un que vous n'avez pas. On arrange votre mariage avec Constance, sans que vous puissiez vous y opposer. On annonce cette agréable nouvelle à Rosalie, sans que

---

1. *Expédient* : moyen, souvent habile, mais sans valeur péjorative; 2. *A la rigueur* : d'une manière absolument rigoureuse.

vous puissiez la nier. Elle se meurt à vos yeux; et son amant,
405 traité avec une dureté incroyable, tombe dans un état tout
voisin du désespoir.

DORVAL

C'est la vérité; mais que pouvais-je à tout cela?

MOI

A propos de cette scène de désespoir[1], elle est singulière.
J'en avais été vivement affecté dans le salon. Jugez combien
410 je fus surpris, à la lecture, d'y trouver des gestes et point de
discours.

DORVAL

Voici une anecdote que je me garderais bien de vous dire,
si j'attachais quelque mérite à cet ouvrage, et si je m'estimais
beaucoup de l'avoir fait. C'est qu'arrivé à cet endroit de notre
415 histoire et de la pièce, et ne trouvant en moi qu'une impression
profonde sans la moindre idée de discours, je me rappelai
quelques scènes de comédie, d'après lesquelles je fis de Clairville un désespéré très disert. Mais lui, parcourant son rôle
légèrement, me dit : *Mon frère, voilà qui ne vaut rien. Il n'y a*
420 *pas un seul mot de vérité dans toute cette rhétorique.* — Je le
sais. Mais voyez et tâchez de faire mieux. — *Je n'aurai pas*
de peine. Il ne s'agit que de se remettre dans la situation, et que
de s'écouter. Ce fut apparemment ce qu'il fit. Le lendemain
il m'apporta la scène que vous connaissez, telle qu'elle est,
425 mot pour mot. Je la lus et relus plusieurs fois. J'y reconnus
le ton de la nature; et demain, si vous voulez, je vous dirai
quelques réflexions qu'elle m'a suggérées sur les passions, leur
accent, la déclamation et la pantomime. Je vous reconduirai,
ce soir, jusqu'au pied de la colline qui coupe en deux la dis-
430 tance de nos demeures; et nous y marquerons le lieu de notre
rendez-vous. »

Chemin faisant, Dorval observait les phénomènes de la
nature qui suivent le coucher du soleil; et il disait : « Voyez
comme les ombres particulières s'affaiblissent à mesure que
435 l'ombre universelle se fortifie... Ces larges bandes de pourpre
nous promettent une belle journée... Voilà toute la région
du ciel opposée au soleil couchant, qui commence à se teindre
de violet... On n'entend plus dans la forêt que quelques oiseaux,

---

1. *Le Fils naturel*, III, v.

dont le ramage tardif égaye encore le crépuscule... Le bruit
440 des eaux courantes, qui commence à se séparer du bruit général,
nous annonce que les travaux ont cessé en plusieurs endroits,
et qu'il se fait tard. »

Cependant[1] nous arrivâmes au pied de la colline. Nous y
marquâmes le lieu de notre rendez-vous; et nous nous séparâmes.

SECOND ENTRETIEN

Le lendemain, je me rendis au pied de la colline. L'endroit
était solitaire et sauvage. On avait en perspective quelques
hameaux répandus dans la plaine; au-delà, une chaîne de
montagnes inégales et déchirées qui terminaient en partie
5 l'horizon. On était à l'ombre des chênes, et l'on entendait
le bruit sourd d'une eau souterraine qui coulait aux environs.
C'était la saison où la terre est couverte des biens qu'elle
accorde au travail et à la sueur des hommes. Dorval était
arrivé le premier. J'approchai de lui sans qu'il m'aperçût.
10 Il s'était abandonné au spectacle de la nature. Il avait la poitrine élevée. Il respirait avec force. Ses yeux attentifs se portaient sur tous les objets. Je suivais sur son visage les impressions diverses qu'il en éprouvait; et je commençais à partager
son transport[2], lorsque je m'écriai, presque sans le vouloir :
15 « Il est sous le charme. »

---

1. *Cependant :* en même temps; 2. *Transport :* violent mouvement de l'âme, sous
l'impulsion d'une passion ou d'un fait qui affecte vivement la sensibilité.

--- **QUESTIONS** ---

SUR LE PREMIER « ENTRETIEN ». — Les différents thèmes abordés;
comment sont-ils reliés entre eux?

— Les critiques et leurs réponses concernant la pièce : relevez-les,
classez-les selon l'idée qui les inspire; êtes-vous d'accord avec Dorval
ou avec son interlocuteur? Le fait que Dorval se retranche derrière la
distinction entre fiction et réalité est-il une force ou une faiblesse?

— Les thèmes généraux : pourquoi les unités sont-elles nécessaires?
Qu'en pensez-vous? Préférez-vous, comme Dorval, des tableaux aux
coups de théâtre? Ces derniers ne sont-ils pas toujours plus ou moins
artificiels et peu vraisemblables?

— Croyez-vous que les règles de *décence* entraînent un affaiblissement
préjudiciable à la vérité psychologique dans certains cas? Que valent à
cet égard les rapprochements faits par Diderot avec d'autres conceptions
dramatiques?

— Quel est le rôle des valets, des soubrettes et des confidentes en général? Cette convention doit-elle être maintenue ou supprimée, compte tenu
des mœurs de l'époque?

Il m'entendit, et me répondit d'une voix altérée : « Il est vrai. C'est ici qu'on voit la nature. Voici le séjour sacré de l'enthousiasme[1]. Un homme a-t-il reçu du génie? il quitte la ville et ses habitants. Il aime, selon l'attrait de son cœur, à
20 mêler ses pleurs au cristal d'une fontaine; à porter des fleurs sur un tombeau; à fouler d'un pied léger l'herbe tendre de la prairie; à traverser, à pas lents, des campagnes fertiles; à contempler les travaux des hommes; à fuir au fond des forêts. Il aime leur horreur[2] secrète. Il erre. Il cherche un antre qui
25 l'inspire. Qui est-ce qui mêle sa voix au torrent qui tombe de la montagne? Qui est-ce qui sent le sublime d'un lieu désert? Qui est-ce qui s'écoute dans le silence de la solitude? C'est lui. Notre poète habite sur les bords d'un lac. Il promène sa vue sur les eaux, et son génie s'étend. C'est là qu'il est saisi de cet
30 esprit, tantôt tranquille et tantôt violent, qui soulève son âme ou qui l'apaise à son gré... O Nature, tout ce qui est bien est renfermé dans ton sein! Tu es la source féconde de toutes vérités!... Il n'y a dans ce monde que la vertu et la vérité qui soient dignes de m'occuper... L'enthousiasme naît d'un objet
35 de la nature. Si l'esprit l'a vu sous des aspects frappants et divers, il en est occupé, agité, tourmenté. L'imagination s'échauffe; la passion s'émeut. On est successivement étonné, attendri, indigné, courroucé. Sans l'enthousiasme, ou l'idée véritable ne se présente point, ou si, par hasard, on la ren-
40 contre, on ne peut la poursuivre... Le poète sent le moment de l'enthousiasme; c'est après qu'il a médité. Il s'annonce en lui par un frémissement qui part de sa poitrine, et qui passe, d'une manière délicieuse et rapide, jusqu'aux extrémités de son corps. Bientôt ce n'est plus un frémissement; c'est une
45 chaleur forte et permanente qui l'embrase, qui le fait haleter, qui le consume, qui le tue; mais qui donne l'âme, la vie à tout ce qu'il touche. Si cette chaleur s'accroissait encore, les spectres se multiplieraient devant lui. Sa passion s'élèverait presque au degré de la fureur[3]. Il ne connaîtrait de soulagement
50 qu'à verser au dehors un torrent d'idées qui se pressent, se heurtent et se chassent. »

Dorval éprouvait à l'instant l'état qu'il peignait. Je ne lui répondis point. Il se fit entre nous un silence pendant lequel

---

1. *Enthousiasme* : exaltation inspirée; **2.** *Horreur* : profondeur sombre, inspirant un sentiment de respect et de crainte quasi religieuse; **3.** *Fureur* : égarement semblable à celui qui s'emparait, dit-on, de la Pythie lorsque le dieu l'inspirait.

je vis qu'il se tranquillisait. Bientôt il me demanda, comme
55 un homme qui sortirait d'un sommeil profond : « Qu'ai-je
dit? Qu'avais-je à vous dire? Je ne m'en souviens plus.

MOI

Quelques idées, que la scène de Clairville désespéré vous
avait suggérées sur les passions, leur accent, la déclamation,
la pantomime.

DORVAL

60 La première, c'est qu'il ne faut point donner d'esprit à
ses personnages; mais savoir les placer dans des circonstances
qui leur en donnent...[1] »

Dorval sentit, à la rapidité avec laquelle il venait de prononcer ces mots, qu'il restait encore de l'agitation dans son
65 âme; il s'arrêta : et pour laisser le temps au calme de renaître
ou plutôt pour opposer à son trouble une émotion plus violente, mais passagère, il me raconta ce qui suit :

« Une paysanne du village que vous voyez entre ces deux
montagnes, et dont les maisons élèvent leur faîte au-dessus
70 des arbres, envoya son mari chez ses parents, qui demeurent
dans un hameau voisin. Ce malheureux y fut tué par un de ses
beaux-frères. Le lendemain, j'allai dans la maison où l'acci-
dent était arrivé. J'y vis un tableau, et j'y entendis un discours
que je n'ai point oubliés. Le mort était étendu sur un lit. Ses
75 jambes nues pendaient hors du lit. Sa femme échevelée était
à terre. Elle tenait les pieds de son mari; et elle disait en fondant en larmes, et avec une action[2] qui en arrachait à tout le
monde : « Hélas! quand je t'envoyai ici, je ne pensais pas que
ces pieds te menaient à la mort. » Croyez-vous qu'une femme
80 d'un autre rang aurait été plus pathétique? Non. La même
situation lui eût inspiré le même discours. Son âme eût été
celle du moment; et ce qu'il faut que l'artiste trouve, c'est ce
que tout le monde dirait en pareil cas; ce que personne n'entendra, sans le reconnaître aussitôt en soi.

85 « Les grands intérêts, les grandes passions. Voilà la source
des grands discours, des discours vrais. Presque tous les hommes
parlent bien en mourant.

---

1. Il est possible que ce trait vise Marivaux, à qui le XVIIIᵉ siècle, et particulièrement les philosophes, faisaient ce même reproche; 2. *Action :* animation, accent.

« Ce que j'aime dans la scène de Clairville, c'est qu'il n'y a précisément que ce que la passion inspire, quand elle est
90 extrême. La passion s'attache à une idée principale. Elle se tait, et elle revient à cette idée, presque toujours par exclamation.

« La pantomime si négligée parmi nous, est employée dans cette scène; et vous avez éprouvé vous-même avec quel succès!
95 « Nous parlons trop dans nos drames; et, conséquemment, nos acteurs n'y jouent pas assez. Nous avons perdu un art, dont les anciens connaissaient bien les ressources. Le pantomime jouait autrefois toutes les conditions, les rois, les héros, les tyrans, les riches, les pauvres, les habitants des villes, ceux
100 de la campagne, choisissant dans chaque état ce qui lui est propre; dans chaque action, ce qu'elle a de frappant. Le philosophe Timocrate[1] qui assistait un jour à ce spectacle, d'où la sévérité de son caractère l'avait toujours éloigné, disait : *Quali spectaculo me philosophiæ verecundia privavit*[2] *!* Timo-
105 crate avait une mauvaise honte; et elle a privé le philosophe d'un grand plaisir. Le cynique Démétrius[3] en attribuait tout l'effet aux instruments, aux voix et à la décoration, en présence d'un pantomime qui lui répondit : « Regarde-moi jouer seul; « et dis, après cela, de mon art tout ce que tu voudras. » Les
110 flûtes se taisent. Le pantomime joue, et le philosophe, transporté, s'écrie : *Je ne te vois pas seulement; je t'entends. Tu me parles des mains*[4].

« Quel effet cet art, joint au discours, ne produirait-il pas? Pourquoi avons-nous séparé ce que la nature a joint? A tout
115 moment, le geste ne répond-il pas au discours? Je ne l'ai jamais si bien senti, qu'en écrivant cet ouvrage. Je cherchais ce que j'avais dit, ce qu'on m'avait répondu; et ne trouvant que des mouvements, j'écrivais le nom du personnage, et au-dessous son action. Je dis à Rosalie, acte II, scène II : *S'il était arrivé...*
120 *que votre cœur surpris... fût entraîné par un penchant... dont votre raison vous fît un crime... J'ai connu cet état cruel!... Que je vous plaindrais!*

« Elle me répond : *Plaignez-moi donc...* Je la plains, mais c'est par le geste de commisération; et je ne pense pas qu'un
125 homme qui sent eût fait autre chose. Mais combien d'autres

---

1. *Timocrate* : philosophe grec du 1er siècle av. J.-C.; 2. « De quel spectacle le respect de la philosophie m'a privé! » Extrait de Lucien, *De la danse*, dont Diderot cite la traduction latine; 3. *Démétrios* était contemporain de Néron; 4. Lucien, *De la danse*.

circonstances, où le silence est forcé? Votre conseil exposerait-il celui qui le demande à perdre la vie, s'il le suit; l'honneur, s'il ne le suit pas? vous ne serez ni cruel ni vil. Vous marquerez votre perplexité par le geste; et vous laisserez l'homme se
130 déterminer.

« Ce que je vis encore dans cette scène, c'est qu'il y a des endroits qu'il faudrait presque abandonner à l'acteur. C'est à lui à disposer de la scène écrite, à répéter certains mots, à revenir sur certaines idées, à en retrancher quelques-unes,
135 et à en ajouter d'autres. Dans les *cantabile*, le musicien laisse à un grand chanteur un libre exercice de son goût et de son talent : il se contente de lui marquer les intervalles princi-paux d'un beau chant. Le poète en devrait faire autant, quand il connaît bien son acteur. Qu'est-ce qui nous affecte dans
140 le spectacle de l'homme animé de quelque grande passion? Sont-ce ses discours? Quelquefois. Mais ce qui émeut toujours, ce sont des cris, des mots inarticulés, des voix rompues, quelques monosyllabes qui s'échappent par intervalles, je ne sais quel murmure dans la gorge, entre les dents. La violence du senti-
145 ment coupant la respiration et portant le trouble dans l'esprit, les syllabes des mots se séparent, l'homme passe d'une idée à une autre; il commence une multitude de discours; il n'en finit aucun; et, à l'exception de quelques sentiments qu'il rend dans le premier accès et auxquels il revient sans cesse, le reste
150 n'est qu'une suite de bruits faibles et confus, de sons expi-rants, d'accents étouffés que l'acteur connaît mieux que le poète. La voix, le ton, le geste, l'action, voilà ce qui appartient à l'acteur; et c'est ce qui nous frappe, surtout dans le spectacle des grandes passions. C'est l'acteur qui donne au discours
155 tout ce qu'il a d'énergie. C'est lui qui porte aux oreilles la force et la vérité de l'accent[1]. »

MOI

J'ai pensé quelquefois que les discours des amants bien épris, n'étaient pas des choses à lire, mais des choses à entendre. Car, me disais-je, ce n'est pas l'expression, *je vous aime*, qui
160 a triomphé des rigueurs d'une prude, des projets d'une coquette, de la vertu d'une femme sensible : c'est le tremblement de voix avec lequel il fut prononcé; les larmes, les regards qui l'accom-pagnèrent. Cette idée revient à la vôtre.

---

1. Tout ce passage reprend Cicéron (*De oratore*, III, 5) et Quintilien (*De insti-tutione oratoria*, XI, 3-4).

DORVAL

C'est la même. Un ramage opposé à ces vraies voix de la
165 passion, c'est ce que nous appelons des *tirades*. Rien n'est
plus applaudi, et de plus mauvais goût. Dans une représentation dramatique, il ne s'agit non plus du spectateur que
s'il n'existait pas. Y a-t-il quelque chose qui s'adresse à lui?
L'auteur est sorti de son sujet, l'acteur entraîné hors de son
170 rôle. Ils descendent tous les deux du théâtre. Je les vois dans
le parterre; et tant que dure la tirade, l'action est suspendue
pour moi, et la scène reste vide.

Il y a, dans la composition d'une pièce dramatique, une
unité de discours qui correspond à une unité d'accent dans
175 la déclamation. Ce sont deux systèmes qui varient, je ne dis
pas de la comédie à la tragédie, mais d'une comédie ou d'une
tragédie à une autre. S'il en était autrement, il y aurait un vice,
ou dans le poème, ou dans la représentation. Les personnages n'auraient pas entre eux la liaison, la convenance à
180 laquelle ils doivent être assujettis, même dans les contrastes.
On sentirait, dans la déclamation, des dissonances qui bles-
seraient. On reconnaîtrait, dans le poème, un être qui ne serait
pas fait pour la société dans laquelle on l'aurait introduit.

C'est à l'acteur à sentir cette unité d'accent. Voilà le travail
185 de toute sa vie. Si ce tact lui manque, son jeu sera tantôt faible,
tantôt outré, rarement juste, bon par endroits, mauvais dans
l'ensemble.

Si la fureur d'être applaudi s'empare d'un acteur, il exagère.
Le vice de son action se répand sur l'action d'un autre. Il n'y
190 a plus d'unité dans la déclamation de son rôle. Il n'y en a plus
dans la déclamation de la pièce. Je ne vois bientôt sur la scène
qu'une assemblée tumultueuse où chacun prend le ton qui lui
plaît; l'ennui s'empare de moi; mes mains se portent à mes
oreilles, et je m'enfuis.

195 Je voudrais bien vous parler de l'accent propre à chaque
passion. Mais cet accent se modifie en tant de manières; c'est
un sujet si fugitif et si délicat, que je n'en connais aucun qui
fasse mieux sentir l'indigence de toutes les langues qui existent
et qui ont existé. On a une idée juste de la chose; elle est pré-
200 sente à la mémoire. Cherche-t-on l'expression? on ne la trouve
point. On combine les mots de grave et d'aigu, de prompt et
de lent, de doux et de fort; mais le réseau, toujours trop lâche,
ne retient rien. Qui est-ce qui pourrait décrire la déclamation
de ces deux vers :

> Les a-t-on vus souvent se parler, se chercher?
> Dans le fond des forêts allaient-ils se cacher[1]?

205 C'est un mélange de curiosité, d'inquiétude, de douleur,
d'amour et de honte, que le plus mauvais tableau me pein-
drait mieux que le meilleur discours.

MOI

C'est une raison de plus pour écrire la pantomime.

DORVAL

Sans doute, l'intonation et le geste se déterminent récipro-
210 quement.

MOI

Mais l'intonation ne peut se noter, et il est facile d'écrire
le geste. »

Dorval fit une pause en cet endroit. Ensuite il dit :

« Heureusement une actrice, d'un jugement borné, d'une
215 pénétration commune, mais d'une grande sensibilité, saisit
sans peine une situation d'âme, et trouve, sans y penser, l'accent
qui convient à plusieurs sentiments différents qui se fondent
ensemble, et qui constituent cette situation que toute la sagacité
du philosophe n'analyserait pas.

220 « Les poètes, les acteurs, les musiciens, les peintres, les
chanteurs de premier ordre, les grands danseurs, les amants
tendres, les vrais dévots, toute cette troupe enthousiaste et
passionnée sent vivement, et réfléchit peu[2].

« Ce n'est pas le précepte; c'est autre chose de plus immé-
225 diat, de plus intime, de plus obscur et de plus certain qui les
guide et qui les éclaire. Je ne peux vous dire quel cas je fais
d'un grand acteur, d'une grande actrice. Combien je serais
vain[3] de ce talent, si je l'avais! Isolé sur la surface de la terre,
maître de mon sort, libre de préjugés, j'ai voulu une fois être
230 comédien; et qu'on me réponde du succès de Quinault-
Dufresne[4], et je le suis demain. Il n'y a que la médiocrité
qui donne du dégoût au théâtre; et, dans quelque état que ce
soit, que les mauvaises mœurs qui déshonorent. Au-dessous
de Racine et de Corneille, c'est Baron[5], la Desmares[6], la de

---

1. Racine, *Phèdre*, IV, VI, vers 1235-1236; 2. Dans le *Paradoxe sur le comédien* (1773), Diderot affirmera l'inverse au sujet des acteurs; 3. *Vain :* orgueilleux; 4. *Quinault-Dufresne* (1695-1767) débuta en 1712 et joua le rôle d'Œdipe dans la tragédie de Voltaire en particulier; 5. *Baron* (1652-1729) : élève de Molière; 6. Christine *Desmares* (1682-1753) était la nièce de la Champmeslé.

235 Seine[1], que je vois; au-dessous de Molière et de Regnard, Quinault l'aîné et sa sœur[2].

« J'étais chagrin, quand j'allais au spectacle, et que je comparais l'utilité des théâtres avec le peu de soin qu'on prend à former les troupes. Alors je m'écriais : « Ah! mes
240 « amis, si nous allons jamais à la Lampedouse[3] fonder, loin « de la terre, au milieu des flots de la mer, un petit peuple « d'heureux! ce seront là nos prédicateurs; et nous les choisi- « rons, sans doute, selon l'importance de leur ministère. Tous « les peuples ont leurs sabbats, et nous aurons aussi les nôtres.
245 « Dans ces jours solennels, on représentera une belle tragédie, « qui apprenne aux hommes à redouter les passions; une « bonne comédie, qui les instruise de leurs devoirs, et qui « leur en inspire le goût. »

MOI

Dorval, j'espère qu'on n'y verra pas la laideur jouer le rôle
250 de la beauté.

DORVAL

Je le pense. Quoi donc! n'y a-t-il pas dans un ouvrage dramatique assez de suppositions singulières auxquelles il faut que je me prête, sans éloigner encore l'illusion par celles qui contredisent et choquent mes sens?

MOI

255 A vous dire vrai, j'ai quelquefois regretté les masques des anciens; et j'aurais, je crois, supporté plus patiemment les éloges donnés à un beau masque qu'à un visage déplaisant.

DORVAL

Et le contraste des mœurs de la pièce avec celles de la personne, vous a-t-il moins choqué?

---

1. Catherine Dupré, dite Mlle *de Seine* (1706-1759), épouse de Quinault-Dufresne; 2. Jeanne Françoise Quinault-Dufresne (1701-1783); 3. « La Lampedouse (ou *Lampedusa*) est une petite île déserte de la mer d'Afrique, située à une distance presque égale de la côte de Tunis et de l'île de Malte. La pêche y est excellente. Elle est couverte d'oliviers sauvages. Le terrain en serait fertile. Le froment et la vigne y réussiraient. Cependant, elle n'a jamais été habitée que par un marabout et par un mauvais prêtre. Le marabout, qui avait enlevé la fille du bey d'Alger, s'y était réfugié avec sa maîtresse, et ils y accomplissaient l'œuvre de leur salut. Le prêtre, appelé frère Clément, a passé dix ans à la Lampedouse, et y vivait encore il n'y a pas longtemps. Il avait des bestiaux. Il cultivait la terre. Il renfermait sa provision dans un souterrain, et il allait vendre le reste sur les côtes voisines, où il se livrait au plaisir tant que son argent durait. Il y a dans l'île une petite église, divisée en deux chapelles, que les mahométans révèrent comme les lieux de la sépulture du saint marabout et de sa maîtresse. Frère Clément avait consacré l'une à Mahomet et l'autre à la sainte Vierge. Si le vaisseau était mahométan, vite il soufflait la lampe de la Vierge et il allumait pour Mahomet.» (Note de Diderot.)

MOI

260 Quelquefois le spectateur n'a pu s'empêcher d'en rire, et l'actrice d'en rougir.

DORVAL

Non, je ne connais point d'état qui demandât des formes plus exquises, ni des mœurs plus honnêtes que le théâtre.

MOI

Mais nos sots préjugés ne nous permettent pas d'être bien 265 difficiles.

DORVAL

Mais nous voilà bien loin de ma pièce. Où en étions-nous?

MOI

A la scène d'André[1].

DORVAL

Je vous demande grâce pour cette scène. J'aime cette scène, parce qu'elle est d'une impartialité tout à fait honnête et cruelle.

MOI

270 Mais elle coupe la marche de la pièce et ralentit l'intérêt.

DORVAL

Je ne la lirai jamais sans plaisir. Puissent nos ennemis la connaître, en faire cas, et ne la relire jamais sans peine! Que je serais heureux, si l'occasion de peindre un malheur domes- tique avait encore été pour moi celle de repousser l'injure 275 d'un peuple jaloux, d'une manière à laquelle ma nation pût se reconnaître, et qui ne laissât pas même à la nation ennemie la liberté de s'en offenser[2].

MOI

La scène est pathétique, mais longue.

DORVAL

Elle eût été et plus pathétique et plus longue, si j'en avais 280 voulu croire André. « Monsieur, me dit-il après en avoir pris lecture, voilà qui est fort bien, mais il y a un petit défaut : c'est que cela n'est pas tout à fait dans la vérité. Vous dites, par exemple, qu'arrivé dans le port ennemi, lorsqu'on me sépara de mon maître, je l'appelai plusieurs fois, *mon maître*,

---

1. *Le Fils naturel*, III, VII; 2. Allusion à la manière dont Lysimond et André sont traités en Angleterre au cours de leur captivité.

285 *mon cher maître* : qu'il me regarda fixement, laissa tomber
ses bras, se retourna, et suivit, sans parler, ceux qui l'environnaient.

« Ce n'est pas cela. Il fallait dire que, quand je l'eus appelé
mon maître, *mon cher maître*, il m'entendit, se retourna, me
290 regarda fixement; que ses mains se portèrent d'elles-mêmes
à ses poches; et que, n'y trouvant rien, car l'Anglais avide
n'y avait rien laissé, il laissa tomber ses bras tristement; que
sa tête s'inclina vers moi d'un mouvement de compassion
froide; qu'il se retourna, et suivit, sans parler, ceux qui l'envi-
295 ronnaient. Voilà le fait.

« Ailleurs, vous passez de votre autorité une des choses
qui marquent le plus la bonté de feu monsieur votre père;
cela est fort mal. Dans la prison, lorsqu'il sentit ses bras nus
mouillés de mes larmes, il me dit : « Tu pleures, André! Par-
300 « donne, mon ami; c'est moi qui t'ai entraîné ici : je le sais.
« Tu es tombé dans le malheur à ma suite... » Voilà-t-il pas
que vous pleurez vous-même! Cela était donc bon à mettre?

« Dans un autre endroit, vous faites encore pis. Lorsqu'il
m'eut dit : « Mon enfant, prends courage, tu sortiras d'ici :
305 « pour moi, je sens à ma faiblesse, qu'il faut que j'y meure »,
je m'abandonnai à toute ma douleur, et je fis retentir le cachot
de mes cris. Alors votre père me dit : « André, cesse ta plainte,
« respecte la volonté du ciel et le malheur de ceux qui sont
« à tes côtés, et qui souffrent en silence. » Et où est-ce que
310 cela est?

« Et l'endroit du correspondant[1]? Vous l'avez si bien
brouillé, que je n'y entends plus rien. Votre père me dit,
comme vous l'avez rapporté, que cet homme avait agi, et
que ma présence auprès de lui était sans doute le premier
315 de ses bons offices. Mais il ajouta : « Oh! mon enfant, quand
« Dieu ne m'aurait accordé que la consolation de t'avoir
« dans ces moments cruels, combien n'aurais-je pas de grâces
« à lui rendre? » Je ne trouve rien de cela dans votre papier.
Monsieur, est-ce qu'il est défendu de prononcer sur la scène
320 le nom de Dieu, ce nom saint que votre père avait si souvent
à la bouche? — Je ne crois pas, André. — Est-ce que vous
avez appréhendé qu'on sût que votre père était chrétien? —
Nullement, André. La morale du chrétien est si belle! Mais
pourquoi cette question? — Entre nous on dit... — Quoi?

---

1. *Correspondant* : voir page 68, ligne 73 et la note.

325 — Que vous êtes... un peu... esprit fort; et sur les endroits
que vous avez retranchés, j'en croirais quelque chose. — André,
je serais obligé d'en être d'autant meilleur citoyen et plus
honnête homme. — Monsieur, vous êtes bon; mais n'allez
pas vous imaginer que vous valiez monsieur votre père[1]. Cela
330 viendra peut-être un jour. — André, est-ce là tout? — J'aurais
bien encore un mot à vous dire; mais je n'ose. — Vous pouvez parler. — Puisque vous me le permettez, vous êtes un peu
bref sur les bons procédés de l'Anglais qui vint à notre secours.
Monsieur, il y a d'honnêtes gens partout... Mais vous êtes
335 bien changé de ce que vous étiez, si ce qu'on dit encore de
vous est vrai. — Et qu'est-ce qu'on dit encore? — Que vous
avez été fou de ces gens-là[2]. — André! — Que vous regardiez
leur pays comme l'asile de la liberté, la patrie de la vertu,
de l'invention, de l'originalité. — André! — A présent cela
340 vous ennuie. Eh bien! n'en parlons plus. Vous avez dit que
le correspondant, voyant monsieur votre père tout nu, se
dépouilla et le couvrit de ses vêtements. Cela est fort bien.
Mais il ne fallait pas oublier qu'un de ses gens en fit autant
pour moi. Ce silence, monsieur, retomberait sur mon compte,
345 et me donnerait un air d'ingratitude que je ne veux point avoir
absolument. »

Vous voyez qu'André n'était pas tout à fait de votre avis.
Il voulait la scène comme elle s'est passée : vous la voulez
comme il convient à l'ouvrage; et c'est moi seul qui ai tort
350 de vous avoir mécontentés tous les deux.

MOI

*Qui le faisait mourir dans le fond d'un cachot, sur les haillons
de son valet*, est un mot dur.

DORVAL

C'est un mot d'humeur; il échappe à un mélancolique[3] qui
a pratiqué la vertu toute sa vie, qui n'a pas encore eu un moment
355 de bonheur, et à qui l'on raconte les infortunes d'un homme
de bien.

MOI

Ajoutez que cet homme de bien est peut-être son père; et

---

1. Même mot prêté à un Langrois s'adressant à Diderot, peu après la mort de
son père, dans *le Voyage de Bourbonne*; 2. Diderot, comme beaucoup des philosophes en général, était anglophile; mais, comme eux également, il s'efforçait de
rester objectif dans son jugement; 3. *Mélancolique* : sens fort. Voir *Mélancolie*,
page 59, ligne 15 et la note.

que ces infortunes détruisent les espérances de son ami, jettent
sa maîtresse dans la misère, et ajoutent une amertume nouvelle
360 à sa situation. Tout cela sera vrai. Mais vos ennemis?

DORVAL

S'ils ont jamais connaissance de mon ouvrage, le public
sera leur juge et le mien. On leur citera cent endroits de Corneille, de Racine, de Voltaire et de Crébillon[1], où le caractère
et la situation amènent des choses plus fortes, qui n'ont jamais
365 scandalisé personne. Ils resteront sans réponse; et l'on verra
ce qu'ils n'ont garde de déceler, que ce n'est point l'amour
du bien qui les anime, mais la haine de l'homme qui les dévore.

MOI

Mais, qu'est-ce que cet André? Je trouve qu'il parle trop
bien pour un domestique; et je vous avoue qu'il y a dans son
370 récit des endroits qui ne seraient point indignes de vous.

DORVAL

Je vous l'ai déjà dit; rien ne rend éloquent comme le malheur. André est un garçon qui a eu de l'éducation, mais qui
a été, je crois, un peu libertin dans sa jeunesse. On le fit passer
aux îles, où mon père, qui se connaissait en hommes, se l'atta-
375 cha, le mit à la tête de ses affaires, et s'en trouva bien. Mais
suivons vos observations. Je crois apercevoir un petit trait à
côté du monologue qui termine l'acte[2].

MOI

Cela est vrai.

DORVAL

Qu'est-ce qu'il signifie?

MOI

380 Qu'il est beau, mais d'une longueur insupportable.

DORVAL

Eh bien, raccourcissons-le. Voyons : que voulez-vous en
retrancher?

MOI

Je n'en sais rien.

DORVAL

Cependant il est long.

---

1. Prosper *Crébillon* (1674-1762), poète dramatique très prisé en son temps, auteur
notamment d'*Atrée et Thyeste* et de *Rhadamiste et Zénobie*. Il ne doit pas être
confondu avec son fils, Claude (1707-1777), auteur de romans de mœurs; 2. *Le
Fils naturel*, III, ix.

MOI

385 Vous m'embarrasserez tant qu'il vous plaira, mais vous ne détruirez pas la sensation.

DORVAL

Peut-être.

MOI

Vous me ferez grand plaisir.

DORVAL

Je vous demanderai seulement, comment vous l'avez trouvé
390 dans le salon.

MOI

Bien; mais je vous demanderai à mon tour, comment il arrive que ce qui m'a paru court à la représentation, me paraisse long à la lecture.

DORVAL

C'est que je n'ai point écrit la pantomime; et que vous ne
395 vous l'êtes point rappelée. Nous ne savons point encore jusqu'où la pantomime peut influer sur la composition d'un ouvrage dramatique, et sur la représentation.

MOI

Cela peut être.

DORVAL

Et puis, je gage que vous me voyez encore sur la scène fran-
400 çaise, au théâtre.

MOI

Vous croyez donc que votre ouvrage ne réussirait point au théâtre?

DORVAL

Difficilement. Il faudrait ou élaguer en quelques endroits le dialogue, ou changer l'action théâtrale et la scène.

MOI

405 Qu'appelez-vous changer la scène?

DORVAL

En ôter tout ce qui resserre un lieu déjà trop étroit[1]; avoir des décorations; pouvoir exécuter d'autres tableaux que ceux qu'on voit depuis cent ans; en un mot, transporter au théâtre le salon de Clairville, comme il est.

---

1. Ce n'est qu'en 1759, deux ans plus tard par conséquent, que, grâce au comte de Lauraguais, la scène n'accueillit plus de spectateurs. Voltaire avait demandé cette réforme dès 1749.

MOI

410   Il est donc bien important d'avoir une scène?

DORVAL

Sans doute. Songez que le spectacle français comporte autant de décorations que le théâtre lyrique, et qu'il en offrirait de plus agréables, parce que le monde enchanté peut amuser des enfants, et qu'il n'y a que le monde réel qui plaise
415 à la raison... Faute de scène, on n'imaginera rien. Les hommes qui auront du génie se dégoûteront; les auteurs médiocres réussiront par une imitation servile; on s'attachera de plus en plus à de petites bienséances; et le goût national s'appauvrira... Avez-vous vu la salle de Lyon[1]? Je ne demanderais
420 qu'un pareil monument dans la capitale, pour faire éclore une multitude de poèmes, et produire peut-être quelques genres nouveaux.

MOI

Je n'entends pas : vous m'obligerez de vous expliquer davantage.

DORVAL

425   Je le veux[2]. »

Que ne puis-je rendre tout ce que Dorval me dit, et de la manière dont il le dit! Il débuta gravement; il s'échauffa peu à peu; ses idées se pressèrent; et il marchait sur la fin avec tant de rapidité, que j'avais peine à le suivre. Voici ce que
430 j'ai retenu.

« Je voudrais bien, dit-il d'abord, persuader à ces esprits timides, qui ne connaissent rien au delà de ce qui est, que si les choses étaient autrement, ils les trouveraient également bien; et que l'autorité de la raison n'étant rien devant eux,
435 en comparaison de l'autorité du temps, ils approuveraient ce qu'ils reprennent, comme il leur est souvent arrivé de reprendre ce qu'ils avaient approuvé... Pour bien juger dans les beaux-arts, il faut réunir plusieurs qualités rares... Un grand goût suppose un grand sens[3], une longue expérience,
440 une âme honnête et sensible, un esprit élevé, un tempérament un peu mélancolique, et des organes délicats... »

Après un moment de silence, il ajouta :

---

1. Un nouveau théâtre fut conçu pour Lyon par Soufflot, qui commença les travaux (1754), et achevé par Munet en 1756; 2. Volontiers; 3. *Sens* : voir page 90, ligne 10 et la note.

« Je ne demanderais, pour changer la face du genre dramatique, qu'un théâtre très étendu, où l'on montrât, quand
445 le sujet d'une pièce l'exigerait, une grande place avec les édifices adjacents, tels que le péristyle d'un palais, l'entrée d'un
temple, différents endroits distribués de manière que le spectateur vît toute l'action, et qu'il y en eût une partie de cachée
pour les acteurs.

450 « Telle fut, ou put être autrefois, la scène des *Euménides*
d'Eschyle. D'un côté, c'était un espace sur lequel les Furies
déchaînées cherchaient Oreste qui s'était dérobé à leur pour-
suite, tandis qu'elles étaient assoupies; de l'autre, on voyait
le coupable, le front ceint d'un bandeau, embrassant les pieds
455 de la statue de Minerve, et implorant son assistance. Ici, Oreste
adresse sa plainte à la déesse; là, les Furies s'agitent; elles
vont, elles viennent, elles courent. Enfin une d'entre elles
s'écrie : « Voici la trace du sang que le parricide a laissé sur
« ses pas... Je le sens, je le sens... » Elle marche. Ses sœurs
460 impitoyables la suivent : elles passent, de l'endroit où elles
étaient, dans l'asile d'Oreste. Elles l'environnent, en poussant
des cris, en frémissant de rage, en secouant leurs flambeaux[1].
Quel moment de terreur et de pitié que celui où l'on entend
la prière et les gémissements du malheureux percer à travers
465 les cris et les mouvements effroyables des êtres cruels qui le
cherchent! Exécuterons-nous rien de pareil sur nos théâtres?
On n'y peut jamais montrer qu'une action, tandis que dans
la nature il y en a presque toujours de simultanées, dont les
représentations concomitantes, se fortifiant réciproquement,
470 produiraient sur nous des effets terribles. C'est alors qu'on
tremblerait d'aller au spectacle, et qu'on ne pourrait s'en
empêcher; c'est alors qu'au lieu de ces petites émotions passa-
gères, de ces froids applaudissements, de ces larmes rares
dont le poète se contente, il renverserait les esprits, il porterait
475 dans les âmes le trouble et l'épouvante; et que l'on verrait
ces phénomènes de la tragédie ancienne, si possibles et si peu
crus, se renouveler parmi nous. Ils attendent, pour se montrer,
un homme de génie qui sache combiner la pantomime avec le
discours, entremêler une scène parlée avec une scène muette,
480 et tirer parti de la réunion des deux scènes, et surtout de l'approche ou terrible ou comique de cette réunion qui se ferait

---

1. Libre adaptation par Diderot des *Euménides* d'Eschyle, vers 244 et suivants.

toujours. Après que les Euménides se sont agitées sur la scène, elles arrivent dans le sanctuaire où le coupable s'est réfugié; et les deux scènes n'en font qu'une.

MOI

485   Deux scènes alternativement muettes et parlées. Je vous entends. Mais la confusion?

DORVAL

Une scène muette est un tableau; c'est une décoration animée. Au théâtre lyrique, le plaisir de voir nuit-il au plaisir d'entendre?

MOI

490   Non... Mais serait-ce ainsi qu'il faudrait entendre ce qu'on nous raconte de ces spectacles anciens, où la musique, la déclamation et la pantomime étaient tantôt réunies et tantôt séparées?

DORVAL

Quelquefois; mais cette discussion nous éloignerait : atta-495 chons-nous à notre sujet. Voyons ce qui serait possible aujour-d'hui; et prenons un exemple domestique et commun.

Un père a perdu son fils dans un combat singulier : c'est la nuit. Un domestique, témoin du combat, vient annoncer cette nouvelle. Il entre dans l'appartement du père malheu-500 reux, qui dormait. Il se promène. Le bruit d'un homme qui marche l'éveille. Il demande qui c'est. — C'est moi, monsieur, lui répond le domestique d'une voix altérée. — Eh bien! qu'est-ce qu'il y a? — Rien. — Comment, rien? — Non, monsieur. — Cela n'est pas. Tu trembles; tu détournes la 505 tête; tu évites ma vue. Encore un coup, qu'est-ce qu'il y a? je veux le savoir. Parle! je te l'ordonne. — Je vous dis, monsieur, qu'il n'y a rien, lui répond encore le domestique en versant des larmes. — Ah! malheureux, s'écrie le père, en s'élançant du lit sur lequel il reposait; tu me trompes. Il est 510 arrivé quelque grand malheur... Ma femme est-elle morte? — Non, monsieur. — Ma fille? — Non, monsieur. — C'est donc mon fils?... Le domestique se tait; le père entend[1] son silence; il se jette à terre; il remplit son appartement de sa douleur et de ses cris. Il fait, il dit tout ce que le désespoir 515 suggère à un père qui perd son fils, l'espérance unique de sa famille.

---

1. *Entendre* : interpréter.

Pièce d'eau
et pavillon chinois
du parc du Raincy.
« Une scène muette
est un tableau ;
c'est une décoration
animée. »

Musée Marmottan,
Paris.

Phot. Giraudon.

Le même homme court chez la mère : elle dormait aussi.
Elle se réveille au bruit de ses rideaux tirés avec violence.
Qu'y a-t-il? demande-t-elle. — Madame, le malheur le plus
520 grand. Voici le moment d'être chrétienne. Vous n'avez plus
de fils. — Ah Dieu! s'écrie cette mère affligée. Et prenant
un Christ qui était à son chevet, elle le serre entre ses bras;
elle y colle sa bouche; ses yeux fondent en larmes; et ces larmes
arrosent son Dieu cloué sur une croix.

525 Voilà le tableau de la femme pieuse : bientôt nous verrons
celui de l'épouse tendre et de la mère désolée. Il faut, à une
âme où la religion domine les mouvements de la nature, une
secousse plus forte pour en arracher de véritables voix.

Cependant[1] on avait porté dans l'appartement du père le
530 cadavre de son fils; et il s'y passait une scène de désespoir,
tandis qu'il se faisait une pantomime de piété chez la mère.

Vous voyez combien la pantomime et la déclamation
changent alternativement de lieu. Voilà ce qu'il faut substituer à nos *aparté*. Mais le moment de la réunion des scènes
535 approche. La mère, conduite par le domestique, s'avance
vers l'appartement de son époux... Je demande ce que devient
le spectateur pendant ce mouvement?... C'est un époux, c'est
un père étendu sur le cadavre d'un fils, qui va frapper les
regards d'une mère! Mais elle a traversé l'espace qui sépare
540 les deux scènes. Des cris lamentables ont atteint son oreille.
Elle a vu. Elle se rejette en arrière. La force l'abandonne,
et elle tombe sans sentiment entre les bras de celui qui l'accom-
pagne. Bientôt sa bouche se remplira de sanglots. *Tum veræ
voces*[2].

545 Il y a peu de discours dans cette action; mais un homme
de génie, qui aura à remplir les intervalles vides, n'y répandra
que quelques monosyllabes; il jettera ici une exclamation; là,
un commencement de phrase : il se permettra rarement un
discours suivi, quelque court qu'il soit.

550 Voilà de la tragédie; mais il faut, pour ce genre, des auteurs,
des acteurs, un théâtre, et peut-être un peuple.

MOI

Quoi! vous voudriez, dans une tragédie, un lit de repos,
une mère, un père endormis, un crucifix, un cadavre, deux
scènes alternativement muettes et parlées! Et les bienséances?

---

1. *Cependant* : pendant ce temps; 2. Horace, *Art poétique*, vers 318.

DORVAL

555 Ah! bienséances cruelles, que vous rendez les ouvrages décents et petits!... Mais, ajouta Dorval d'un sang-froid qui me surprit, ce que je propose ne se peut donc plus?

MOI

Je ne crois pas que nous en venions jamais là.

DORVAL

Eh bien, tout est perdu! Corneille, Racine, Voltaire, Cré-
560 billon[1], ont reçu les plus grands applaudissements auxquels des hommes de génie pouvaient prétendre; et la tragédie est arrivée parmi nous au plus haut degré de perfection. »
Pendant que Dorval parlait ainsi, je faisais une réflexion singulière. C'est comment, à l'occasion d'une aventure domes-
565 tique qu'il avait mise en comédie, il établissait des préceptes communs à tous les genres dramatiques, et était toujours entraîné par sa mélancolie à ne les appliquer qu'à la tragédie.
Après un moment de silence, il dit :
« Il y a cependant une ressource : il faut espérer que quelque
570 jour un homme de génie sentira l'impossibilité d'atteindre ceux qui l'ont précédé dans une route battue, et se jettera de dépit dans une autre; c'est le seul événement qui puisse nous affranchir de plusieurs préjugés que la philosophie a vainement attaqués. Ce ne sont plus des raisons, c'est une
575 production qu'il nous faut.

MOI

Nous en avons une.

DORVAL

Quelle?

MOI

Sylvie, tragédie en un acte et en prose[2].

DORVAL

Je la connais : c'est *le Jaloux*, tragédie. L'ouvrage est d'un
580 homme qui pense et qui sent.

MOI

La scène s'ouvre par un tableau charmant : c'est l'intérieur d'une chambre dont on ne voit que les murs. Au fond

---

1. *Crébillon :* voir page 134, ligne 363 et la note; 2. *Sylvie*, tragédie bourgeoise de Paul Landois, fut jouée fort peu de temps à la Comédie-Française en 1741. Elle était inspirée de deux nouvelles de R. Challes, *les Illustres Françaises* (1713).

de la chambre, il y a, sur une table, une lumière, un pot à
l'eau et un pain : voilà le séjour et la nourriture qu'un mari
585 jaloux destine, pour le reste de ses jours, à une femme innocente, dont il a soupçonné la vertu.

Imaginez, à présent, cette femme en pleurs, devant cette
table : Mlle Gaussin[1].

DORVAL

Et vous, jugez de l'effet des tableaux par celui que vous
590 me citez. Il y a dans la pièce d'autres détails qui m'ont plu.
Elle suffit pour éveiller un homme de génie; mais il faut un
autre ouvrage pour convertir un peuple. »

En cet endroit, Dorval s'écria : « O toi qui possèdes toute
la chaleur du génie à un âge où il reste à peine aux autres
595 une froide raison, que ne puis-je être à tes côtés, ton Eumé-
nide? je t'agiterais sans relâche. Tu le ferais, cet ouvrage;
je te rappellerais les larmes que nous a fait répandre la scène
de l'Enfant prodigue et de son valet[2]; et, en disparaissant
d'entre nous, tu ne nous laisserais pas le regret d'un genre
600 dont tu pouvais être le fondateur.

MOI

Et ce genre, comment l'appellerez-vous?

DORVAL

La tragédie domestique et bourgeoise. Les Anglais ont *le
Marchand de Londres*[3] et *le Joueur*[4] tragédies en prose. Les
tragédies de Shakespeare sont moitié vers et moitié prose.
605 Le premier poète qui nous fit rire avec de la prose, introduisit
la prose dans la comédie. Le premier poète qui nous fera pleurer
avec de la prose, introduira la prose dans la tragédie.

Mais dans l'art, ainsi que dans la nature, tout est enchaîné;
si l'on se rapproche d'un côté de ce qui est vrai, on s'en rap-
610 prochera de beaucoup d'autres. C'est alors que nous verrons
sur la scène des situations naturelles qu'une décence ennemie
du génie et des grands effets a proscrites. Je ne me lasserai
point de crier à nos Français : La Vérité! la Nature! les Anciens!
Sophocle! Philoctète! Le poète l'a montré sur la scène, couché

---

1. Jeanne Catherine Gaussin, de la Comédie-Française, créa le rôle de Sylvie;
2. Allusion à *l'Enfant prodigue* (1736) de Voltaire, III, 1; 3. *Le Marchand de Londres* :
voir page 117, ligne 282 et la note; 4. *Le Joueur* (1753) d'Edward Moore, que Diderot, le premier, traduisit en 1760 et qui inspira à Saurin son drame bourgeois de
Beverley (1768).

615 à l'entrée de sa caverne, et couvert de lambeaux déchirés.
Il s'y roule; il y éprouve une attaque de douleur; il y crie;
il y fait entendre des voix inarticulées[1]. La décoration était
sauvage; la pièce marchait sans appareil. Des habits vrais,
des discours vrais, une intrigue simple et naturelle. Notre
620 goût serait bien dégradé, si ce spectacle ne nous affectait pas
davantage que celui d'un homme richement vêtu, apprêté
dans sa parure...

MOI

Comme s'il sortait de sa toilette.

DORVAL

Se promenant à pas comptés sur la scène, et battant nos
625 oreilles de ce qu'Horace appelle

... Ampullas, et sesquipedalia verba[2],

« des sentences, des bouteilles soufflées, des mots longs d'un
pied et demi ».

Nous n'avons rien épargné pour corrompre le genre dramatique. Nous avons conservé des Anciens l'emphase de la
630 versification qui convenait tant à des langues à quantité forte
et à accent marqué, à des théâtres spacieux, à une déclamation
notée et accompagnée d'instruments; et nous avons abandonné la simplicité de l'intrigue et du dialogue, et la vérité
des tableaux.

635 Je ne voudrais pas remettre sur la scène les grands socs[3]
et les hauts cothurnes, les habits colossaux, les masques, les
porte-voix, quoique toutes ces choses ne fussent que les parties nécessaires d'un système théâtral. Mais, n'y avait-il pas
dans ce système des côtés précieux? et croyez-vous qu'il fût
640 à propos d'ajouter encore des entraves au génie, au moment
où il se trouvait privé d'une grande ressource?

MOI

Quelle ressource?

DORVAL

Le concours d'un grand nombre de spectateurs.
Il n'y a plus, à proprement parler, de spectacles publics.
645 Quel rapport entre nos assemblées au théâtre dans les jours
les plus nombreux, et celles du peuple d'Athènes ou de Rome?

---

1. Sur Sophocle, *Philoctète* et cette scène, voir page 117, lignes 284-286 et la note;
2. Horace, *Art poétique*, vers 97; 3. *Soc :* socque, chaussure basse que portaient les
acteurs dans les comédies de l'Antiquité.

Les théâtres anciens recevaient jusqu'à quatre-vingt mille citoyens. La scène de Scaurus[1] était décorée de trois cent soixante colonnes et de trois mille statues. On employait,
650 à la construction de ces édifices, tous les moyens de faire valoir les instruments et les voix. On en avait l'idée d'un grand instrument. *Uti enim organa in æneis laminis, aut corneis echeis ad chordarum sonituum claritatem perficiuntur : sic theatrorum, per harmonicen, ad augendam vocem, ratiocinationes ab antiquis*
655 *sunt constitutæ*[2]. »

En cet endroit, j'interrompis Dorval, et je lui dis : « J'aurais une petite aventure à vous raconter sur nos salles de spectacles.

— Je vous la demanderai », me répondit-il; et il continua :

660 « Jugez de la force d'un grand concours de spectateurs, par ce que vous savez vous-même de l'action des hommes les uns sur les autres, et de la communication des passions dans les émeutes populaires. Quarante à cinquante mille hommes ne se contiennent pas par décence. Et s'il arrivait
665 à un grand personnage de la république de verser une larme, quel effet croyez-vous que sa douleur dût produire sur le reste des spectateurs? Y a-t-il rien de plus pathétique que la douleur d'un homme vénérable?

« Celui qui ne sent pas augmenter sa sensation par le grand
670 nombre de ceux qui la partagent, a quelque vice secret; il y a dans son caractère je ne sais quoi de solitaire qui me déplaît.

« Mais, si le concours d'un grand nombre d'hommes devait ajouter à l'émotion du spectateur, quelle influence ne devait-il point avoir sur les auteurs, sur les acteurs? Quelle différence,
675 entre amuser tel jour, depuis telle jusqu'à telle heure, dans un petit endroit obscur, quelques centaines de personnes; ou fixer l'attention d'une nation entière dans ses jours solennels, occuper ses édifices les plus somptueux, et voir ces édifices environnés et remplis d'une multitude innombrable, dont l'amu-
680 sement ou l'ennui va dépendre de notre talent? »

---

1. *Æmilius Scaurus* (162-89), consul de Rome et prince du sénat en 115, réalisa de nombreux travaux publics : voie Émilienne, pont Milvius, assèchement des marais de la Trébie, etc.; 2. « De même que les instruments à vent, grâce à des lamelles de bronze ou des résonateurs de corne obtiennent la netteté de son des cordes, de même les Anciens ont trouvé le moyen d'amplifier la voix dans les théâtres avec le secours de la science de l'harmonie » (traduction de M. Paul Verrière). Texte de Vitruve, architecte romain du Ier siècle av. J.-C., *De l'architecture*, v, 3.

MOI

Vous attachez bien de l'effet à des circonstances purement locales.

DORVAL

Celui qu'elles auraient sur moi; et je crois sentir juste.

MOI

Mais on dirait, à vous entendre, que ce sont ces circons-
685 tances qui ont soutenu et peut-être introduit la poésie et l'emphase au théâtre.

DORVAL

Je n'exige pas qu'on admette cette conjecture. Je demande
qu'on l'examine. N'est-il pas assez vraisemblable que le grand
nombre des spectateurs auxquels il fallait se faire entendre,
690 malgré le murmure confus qu'ils excitent, même dans les
moments attentifs, a fait élever la voix, détacher les syllabes,
soutenir la prononciation, et sentir l'utilité de la versification?
Horace dit du vers dramatique :

Vincentem strepitus, et natum rebus agendis[1]

« Il est commode pour l'intrigue, et il se fait entendre à tra-
695 vers le bruit. » Mais ne fallait-il pas que l'exagération se répan-
dît en même temps et par la même cause, sur la démarche,
le geste et toutes les autres parties de l'action? De là vint un
art qu'on appela la déclamation.

Quoi qu'il en soit; que la poésie ait fait naître la déclama-
700 tion théâtrale; que la nécessité de cette déclamation ait introduit, ait soutenu sur la scène la poésie et son emphase; ou,
que ce système, formé peu à peu, ait duré par la convenance
de ses parties, il est certain que tout ce que l'action dramatique a d'énorme, se produit et disparaît en même temps.
705 L'acteur laisse et reprend l'exagération sur la scène.

Il y a une sorte d'unité qu'on cherche sans s'en apercevoir,
et à laquelle on se fixe, quand on l'a trouvée. Cette unité
ordonne des vêtements, du ton, du geste, de la contenance,
depuis la chaire placée dans les temples, jusqu'aux tréteaux
710 élevés dans les carrefours. Voyez un charlatan au coin de la
place Dauphine; il est bigarré de toutes sortes de couleurs;
ses doigts sont chargés de bagues; de longues plumes rouges
flottent autour de son chapeau. Il mène avec lui un singe ou

---

1. Horace, *Art poétique*, vers 82.

un ours; il s'élève sur ses étriers; il crie à pleine tête; il gesti-
715 cule de la manière la plus outrée : et toutes ces choses
conviennent au lieu, à l'orateur et à son auditoire. J'ai un peu
étudié le système dramatique des Anciens. J'espère vous en
entretenir un jour, vous exposer, sans partialité, sa nature,
ses défauts et ses avantages, et vous montrer que ceux qui l'ont
720 attaqué ne l'avaient pas considéré d'assez près... Et l'aventure
que vous aviez à me raconter sur nos salles de spectacles?

MOI

La voici. J'avais un ami un peu libertin. Il se fit une affaire
sérieuse en province. Il fallut se dérober aux suites qu'elle
pouvait avoir, en se réfugiant dans la capitale; et il vint s'éta-
725 blir chez moi. Un jour de spectacle, comme je cherchais à
désennuyer mon prisonnier, je lui proposai d'aller au spectacle. Je ne sais auquel des trois[1]. Cela est indifférent à mon
histoire. Mon ami accepte. Je le conduis. Nous arrivons;
mais à l'aspect de ces gardes répandus, de ces petits guichets
730 obscurs qui servent d'entrée, et de ce trou fermé d'une grille
de fer, par lequel on distribue les billets, le jeune homme
s'imagine qu'il est à la porte d'une maison de force, et que l'on
a obtenu un ordre pour l'y enfermer. Comme il est brave, il
s'arrête de pied ferme; il met la main sur la garde de son épée;
735 et, tournant sur moi des yeux indignés, il s'écrie, d'un ton
mêlé de fureur et de mépris : *Ah! mon ami!* Je le compris.
Je le rassurai; et vous conviendrez que son erreur n'était pas
déplacée...

DORVAL

Mais où en sommes-nous de notre examen? Puisque c'est
740 vous qui m'égarez, vous vous chargez sans doute de me remettre
dans la voie.

MOI

Nous en sommes au quatrième acte, à votre scène avec
Constance[2]... Je n'y vois qu'un coup de crayon; mais il s'étend
depuis la première ligne jusqu'à la dernière.

DORVAL

745 Qu'est-ce qui vous en a déplu?

MOI

Le ton d'abord; il me paraît au-dessus d'une femme.

---

1. Ces trois sont : l'Opéra, la Comédie-Française, la Comédie-Italienne; 2. *Le
Fils naturel*, IV, III.

DORVAL

D'une femme ordinaire, je le crois. Mais vous connaîtrez Constance; et peut-être alors la scène vous paraîtra-t-elle au-dessous d'elle.

MOI

750 Il y a des expressions, des pensées qui sont moins d'elle que de vous.

DORVAL

Cela doit être. Nous empruntons nos expressions, nos idées des personnes avec lesquelles nous conversons, nous vivons. Selon l'estime que nous en faisons (et Constance m'estime 755 beaucoup), notre âme prend des nuances plus ou moins fortes de la leur. Mon caractère a dû refléter[1] sur le sien; et le sien sur celui de Rosalie.

MOI

Et la longueur?

DORVAL

Ah! vous voilà remonté sur la scène. Il y a longtemps que 760 cela ne vous était arrivé. Vous nous voyez, Constance et moi, sur le bord d'une planche, bien droits, nous regardant de profil, et récitant alternativement la demande et la réponse. Mais est-ce ainsi que cela se passait dans le salon? Nous étions tantôt assis, tantôt droits; nous marchions quelquefois. Sou- 765 vent nous étions arrêtés, et nullement pressés de voir la fin d'un entretien qui nous intéressait tous deux également. Que ne me dit-elle point? que ne lui répondis-je pas? Si vous saviez comment elle s'y prenait, lorsque cette âme féroce se fermait à la raison, pour y faire descendre les douces illusions et le 770 calme! *Dorval, vos filles seront honnêtes et décentes, vos fils seront nobles et fiers. Tous vos enfants seront charmants...* Je ne peux vous exprimer quel fut le prestige de ces mots accompagnés d'un souris plein de tendresse et de dignité.

MOI

Je vous comprends. J'entends ces mots de la bouche de 775 Mlle Clairon[2], et je la vois.

DORVAL

Non, il n'y a que les femmes qui possèdent cet art secret. Nous sommes des raisonneurs durs et secs.

---

1. Laisser une empreinte; 2. Claire Legris de Latude, dite *Mlle Clairon* (1723-1803), actrice à la Comédie-Française et amie des philosophes.

« Ne vaut-il pas mieux encore, me disait-elle, faire des ingrats, que de manquer à faire le bien?

780 « Les parents ont pour leurs enfants un amour inquiet et pusillanime qui les gâte. Il en est un autre attentif et tranquille, qui les rend honnêtes; et c'est celui-ci, qui est le véritable amour de père.

« L'ennui de tout ce qui amuse la multitude, est la suite
785 du goût réel pour la vertu.

« Il y a un tact moral qui s'étend à tout, et que le méchant n'a point.

« L'homme le plus heureux est celui qui fait le bonheur d'un plus grand nombre d'autres.

790 « Je voudrais être mort, est un souhait fréquent qui prouve, du moins quelquefois, qu'il y a des choses plus précieuses que la vie.

« Un honnête homme est respecté de ceux même qui ne le sont pas, fût-il dans une autre planète.

795 « Les passions détruisent plus de préjugés que la philosophie. Et comment le mensonge leur résisterait-il? Elles ébranlent quelquefois la vérité. »

Elle me dit un autre mot, simple à la vérité, mais si voisin de ma situation, que j'en fus effrayé.

800 C'est qu'« il n'y avait point d'homme, quelque honnête qu'il fût, qui, dans un violent accès de passion, ne désirât, au fond de son cœur, les honneurs de la vertu et les avantages du vice ».

Je me rappelai bien ces idées; mais l'enchaînement ne me
805 revint pas; et elles n'entrèrent point dans la scène. Ce qu'il y en a, et ce que je viens de vous en dire suffit, je crois, pour vous montrer que Constance a l'habitude de penser. Aussi m'enchaîna-t-elle, sa raison dissipant, comme de la poussière, tout ce que je lui opposais dans mon humeur.

MOI

810 Je vois, dans cette scène, un endroit que j'ai souligné; mais je ne sais plus à quel propos.

DORVAL

Lisez l'endroit. »

MOI

Je lus : « Rien ne captive plus fortement que l'exemple de la vertu, pas même l'exemple du vice[1]. »

---

1. *Le Fils naturel*, IV, III toujours.

DORVAL

815 J'entends. La maxime vous a paru fausse.

MOI

C'est cela.

« Je pratique trop peu la vertu, me dit Dorval; mais personne n'en a une plus haute idée que moi. Je vois la vérité et la vertu comme deux grandes statues élevées sur la sur-
820 face de la terre, et immobiles au milieu du ravage et des ruines de tout ce qui les environne. Ces grandes figures sont quelquefois couvertes de nuages. Alors les hommes se meuvent dans les ténèbres. Ce sont les temps de l'ignorance et du crime, du fanatisme et des conquêtes. Mais il vient un moment où le
825 nuage s'entr'ouvre; alors les hommes prosternés reconnaissent la vérité et rendent hommage à la vertu. Tout passe; mais la vertu et la vérité restent.

« Je définis la vertu, le goût de l'ordre dans les choses morales. Le goût de l'ordre en général nous domine dès la
830 plus tendre enfance; il est plus ancien dans notre âme, me disait Constance, qu'aucun sentiment réfléchi; et c'est ainsi qu'elle m'opposait à moi-même; il agit en nous, sans que nous nous en apercevions; c'est le germe de l'honnêteté et du bon goût; il nous porte au bien, tant qu'il n'est point gêné
835 par la passion; il nous suit jusque dans nos écarts; alors il dispose les moyens de la manière la plus avantageuse pour le mal. S'il pouvait jamais être étouffé, il y aurait des hommes qui sentiraient le remords de la vertu, comme d'autres sentent le remords du vice. Lorsque je vois un scélérat capable d'une
840 action héroïque, je demeure convaincu que les hommes de bien sont plus réellement hommes de bien, que les méchants ne sont vraiment méchants; que la bonté nous est plus indivisiblement attachée que la méchanceté et, qu'en général, il reste plus de bonté dans l'âme d'un méchant, que de méchan-
845 ceté dans l'âme des bons.

MOI

Je sens d'ailleurs qu'il ne faut pas examiner la morale d'une femme comme les maximes d'un philosophe.

DORVAL

Ah! si Constance vous entendait!...

MOI

Mais cette morale n'est-elle pas un peu forte pour le genre
850 dramatique?

DORVAL

Horace voulait qu'un poète allât puiser sa science dans les ouvrages de Socrate :

Rem tibi Socraticæ poterunt ostendere chartæ[1].

Or, je crois qu'en un ouvrage, quel qu'il soit, l'esprit du siècle doit se remarquer. Si la morale s'épure, si le préjugé s'affai-
855 blit, si les esprits ont une pente à la bienfaisance générale, si le goût des choses utiles s'est répandu, si le peuple s'intéresse aux opérations du ministre, il faut qu'on s'en aperçoive, même dans une comédie.

MOI

Malgré tout ce que vous me dites, je persiste. Je trouve
860 la scène fort belle et fort longue; je n'en respecte pas moins Constance; je suis enchanté qu'il y ait au monde une femme comme elle, et que ce soit la vôtre...

Les coups de crayon commencent à s'éclaircir. En voici pourtant encore un.
865 Clairville a remis son sort entre vos mains; il vient apprendre ce que vous avez décidé. Le sacrifice de votre passion est fait, celui de votre fortune est résolu. Clairville et Rosalie rede-viennent opulents par votre générosité. Celez à votre ami cette circonstance, je le veux; mais pourquoi vous amuser à le
870 tourmenter, en lui montrant des obstacles qui ne subsistent plus[2]? Cela amène l'éloge du commerce, je le sais. Cet éloge est sensé, il étend l'instruction et l'utilité de l'ouvrage; mais il allonge, et je le supprimerais.

... Ambitiosa recidet
Ornamenta...[3]

« Je vois, me répondit Dorval, que vous êtes heureusement
875 né. Après un violent effort, il est une sorte de délassement auquel il est impossible de se refuser, et que vous connaîtriez si l'exercice de la vertu vous avait été pénible. Vous n'avez jamais eu besoin de respirer... Je jouissais de ma victoire. Je faisais sortir du cœur de mon ami les sentiments les plus hon-
880 nêtes; je le voyais toujours plus digne de ce que je venais de faire pour lui. Et cette action ne vous paraît pas naturelle! Reconnaissez au contraire, à ces caractères, la différence d'un événement imaginaire et d'un événement réel.

---

1. Horace, *Art poétique*, vers 310; 2. *Le Fils naturel*, IV, v; 3. « Il retranchera les ornements prétentieux » (Horace, *Art poétique*, vers 447).

MOI

Vous pouvez avoir raison. Mais, dites-moi, Rosalie n'aurait-
885 elle point ajouté après coup cet endroit de la première scène
du quatrième acte? « Amant qui m'étais autrefois si cher!
Clairville que j'estime toujours, etc. »

DORVAL

Vous l'avez deviné.

MOI

Il ne me reste presque plus que des éloges à vous faire.
890 Je ne peux vous dire combien je suis content de la scène troisième du cinquième acte. Je me disais, avant que de la lire :
Il se propose de détacher Rosalie. C'est un projet fou qui lui
a mal réussi avec Constance, et qui ne lui réussira pas mieux
avec l'autre. Que lui dira-t-il, qui ne doive encore augmenter
895 son estime et sa tendresse? Voyons cependant. Je lus; et je
demeurai convaincu qu'à la place de Rosalie, il n'y avait
point de femme en qui il restât quelques vestiges d'honnêteté, qui n'eût été détachée et rendue à son amant; et je conçus
qu'il n'y avait rien qu'on ne pût sur le cœur humain, avec
900 de la vérité, de l'honnêteté et de l'éloquence.

Mais comment est-il arrivé que votre pièce ne soit pas d'invention, et que les moindres événements y soient préparés?

DORVAL

L'art dramatique ne prépare les événements que pour les
enchaîner; et il ne les enchaîne dans ses productions, que
905 parce qu'ils le sont dans la nature. L'art imite jusqu'à la
manière subtile avec laquelle la nature nous dérobe la liaison
de ses effets.

MOI

La pantomime préparerait, ce me semble, quelquefois d'une
manière bien naturelle et bien déliée.

DORVAL

910 Sans doute : et il y en a un exemple dans la pièce. Tandis
qu'André nous annonçait les malheurs arrivés à son maître[1],
il me vint cent fois dans la pensée qu'il parlait de mon père;
et je témoignai cette inquiétude par des mouvements sur lesquels il eût été facile à un spectateur attentif de prendre le
915 même soupçon.

---

1. *Le Fils naturel*, III, vii.

MOI

Dorval, je vous dis tout. J'ai remarqué de temps en temps des expressions qui ne sont pas d'usage au théâtre.

DORVAL

Mais que personne n'oserait relever, si un auteur de nom les eût employées.

MOI

920 D'autres qui sont dans la bouche de tout le monde, dans les ouvrages des meilleurs écrivains, et qu'il serait impossible de changer sans gâter la pensée; mais vous savez que la langue du spectacle s'épure, à mesure que les mœurs d'un peuple se corrompent, et que le vice se fait un idiome qui 925 s'étend peu à peu, et qu'il faut connaître, parce qu'il est dangereux d'employer les expressions dont il s'est une fois emparé.

DORVAL

Ce que vous dites est bien vu. Il ne reste plus qu'à savoir où s'arrêtera cette sorte de condescendance qu'il faut avoir pour le vice. Si la langue de la vertu s'appauvrit à mesure 930 que celle du vice s'étend, bientôt on en sera réduit à ne pouvoir parler sans dire une sottise. Pour moi, je pense qu'il y a mille occasions où un homme ferait honneur à son goût et à ses mœurs, en méprisant cette espèce d'invasion du libertinage.

935 Je vois déjà, dans la société, que si quelqu'un s'avise de montrer une oreille trop délicate, on en rougit pour lui. Le théâtre français attendra-t-il, pour suivre cet exemple, que son dictionnaire soit aussi borné que le dictionnaire du théâtre lyrique, et que le nombre des expressions honnêtes soit égal 940 à celui des expressions musicales?

MOI

Voilà tout ce que j'avais à vous observer sur le détail de votre ouvrage. Quant à la conduite, j'y trouve un défaut; peut-être est-il inhérent au sujet; vous en jugerez. L'intérêt change de nature. Il est, du premier acte jusqu'à la fin du 945 troisième, de la vertu malheureuse; et dans le reste de la pièce, de la vertu victorieuse. Il fallait, et il eût été facile d'entretenir le tumulte, et de prolonger les épreuves et le malaise de la vertu.

Par exemple, que tout reste comme il est depuis le commencement de la pièce jusqu'à la quatrième scène du troisième 950 acte : c'est le moment où Rosalie apprend que vous épousez Constance, s'évanouit de douleur, et dit à Clairville, dans

son dépit : « Laissez-moi... Je vous hais... »; qu'alors Clairville conçoive des soupçons; que vous preniez de l'humeur
contre un ami importun qui vous perce le cœur, sans s'en
955 douter; et que le troisième acte finisse.

Voici maintenant comment j'arrangerais le quatrième. Je
laisse la première scène à peu près comme elle est; seulement
Justine apprend à Rosalie qu'il est venu un émissaire de son
père; qu'il a vu Constance en secret; et qu'elle a tout lieu de
960 croire qu'il apporte de mauvaises nouvelles. Après cette scène,
je transporte la scène seconde du troisième acte, celle où Clairville se précipite aux genoux de Rosalie, et cherche à la fléchir.
Constance vient ensuite, elle amène André; on l'interroge.
Rosalie apprend les malheurs arrivés à son père : vous voyez
965 à peu près la marche du reste. En irritant la passion de Clairville et celle de Rosalie, on vous eût préparé des embarras
plus grands peut-être encore que les précédents. De temps en
temps vous eussiez été tenté de tout avouer. A la fin, peut-être
l'eussiez-vous fait.

DORVAL

970 Je vous entends; mais ce n'est plus là notre histoire. Et
mon père, qu'aurait-il dit? D'ailleurs, êtes-vous bien convaincu
que la pièce y aurait gagné? En me réduisant à des extrémités
terribles, vous eussiez fait, d'une aventure assez simple, une
pièce fort compliquée. Je serais devenu plus théâtral...

MOI

975 Et plus ordinaire, il est vrai; mais l'ouvrage eût été d'un
succès assuré.

DORVAL

Je le crois, et d'un goût fort petit. Il y avait certainement
moins de difficulté; mais je pense qu'il y avait encore moins
de vérité et de beauté réelles à entretenir l'agitation, qu'à se
980 soutenir dans le calme. Songez que c'est alors que les sacrifices de la vertu commencent et s'enchaînent. Voyez comme
l'élévation du discours et la force des scènes succèdent au
pathétique de situation. Cependant, au milieu de ce calme,
le sort de Constance, de Clairville, de Rosalie et le mien,
985 demeurent incertains. On sait ce que je me propose; mais
il n'y a nulle apparence que je réussisse. En effet, je ne réussis
point avec Constance; et il est bien moins vraisemblable que
je sois plus heureux avec Rosalie. Quel événement assez important aurait remplacé ces deux scènes, dans le plan que vous
990 venez de m'exposer? Aucun.

MOI

Il ne me reste plus qu'une question à vous faire : c'est sur le genre de votre ouvrage. Ce n'est pas une tragédie; ce n'est pas une comédie. Qu'est-ce donc, et quel nom lui donner?

DORVAL

Celui qu'il vous plaira. Mais demain, si vous voulez, nous 995 chercherons ensemble celui qui lui convient.

MOI

Et pourquoi pas aujourd'hui?

DORVAL

Il faut que je vous quitte. J'ai fait avertir deux fermiers du voisinage; et il y a peut-être une heure qu'ils m'attendent à la maison.

MOI

1000 Autre procès à accommoder?

DORVAL

Non : c'est une affaire un peu différente. L'un de ces fermiers a une fille; l'autre a un garçon : ces enfants s'aiment; mais la fille est riche; le garçon n'a rien...

MOI

Et vous voulez accommoder les parents, et rendre les enfants 1005 contents. Adieu, Dorval. A demain, au même endroit.

───────── **QUESTIONS** ─────────

Sur le deuxième « Entretien ». — Importance de cet *Entretien* par rapport au précédent : 1º au point de vue de la critique théâtrale en général; 2º pour la critique de la pièce elle-même.
— La mimique : êtes-vous d'accord avec Dorval pour lui accorder une place de choix? A quel défaut risque-t-on d'aboutir par son emploi excessif? Son absence est-elle aussi fâcheuse qu'on le dit ici?
— Le lien entre *pantomime* et *intonation :* développez la pensée de l'auteur; que valent ses arguments? Le parallèle ébauché entre l'art lyrique et l'art dramatique vous paraît-il fécond?
— Les réformes proposées par Dorval dans les théâtres au point de vue matériel : leurs éléments, leur valeur. La proposition complémentaire d'un nouveau genre : appréciez-la. Dans quelle mesure Diderot a-t-il répondu à cette remarque de Dorval : *Ce ne sont plus des raisons, c'est une production qu'il nous faut?*
— Appréciez et discutez les critiques portées au *Fils naturel* dans cet *Entretien*, ainsi que les réponses qui y sont faites.
— Rapprochez le début de cet *Entretien* avec la fin du précédent et le premier paragraphe du suivant : intérêt, beauté littéraire, effet produit. Est-ce sans analogie avec certains traits romantiques, avec J.-J. Rousseau?

TROISIÈME ENTRETIEN

Le lendemain, le ciel se troubla; une nue qui amenait l'orage, et qui portait le tonnerre, s'arrêta sur la colline, et la couvrit de ténèbres. A la distance où j'étais, les éclairs semblaient s'allumer et s'éteindre dans ces ténèbres. La cime des chênes
5 était agitée; le bruit des vents se mêlait au murmure des eaux; le tonnerre, en grondant, se promenait entre les arbres; mon imagination, dominée par des rapports secrets, me montrait, au milieu de cette scène obscure, Dorval tel que je l'avais vu la veille dans les transports de son enthousiasme; et je croyais
10 entendre sa voix harmonieuse s'élever au-dessus des vents et du tonnerre.

Cependant l'orage se dissipa; l'air en devint plus pur; le ciel plus serein : et je serais allé chercher Dorval sous les chênes, mais je pensai que la terre y serait trop fraîche, et
15 l'herbe trop molle. Si la pluie n'avait pas duré, elle avait été forte. Je me rendis chez lui. Il m'attendait; car il avait pensé, de son côté, que je n'irais point au rendez-vous de la veille; et ce fut dans son jardin, sur les bords sablés d'un large canal, où il avait coutume de se promener, qu'il acheva de me déve-
20 lopper ses idées. Après quelques discours généraux sur les actions de la vie, et sur l'imitation qu'on en fait au théâtre, il me dit :

« On distingue, dans tout objet moral, un milieu et deux extrêmes. Il semble donc que, toute action dramatique étant
25 un objet moral, il devrait y avoir un genre moyen et deux genres extrêmes. Nous avons ceux-ci; c'est la comédie et la tragédie : mais l'homme n'est pas toujours dans la douleur ou dans la joie. Il y a donc un point qui sépare la distance du genre comique au genre tragique.

30 « Térence a composé une pièce[1] dont voici le sujet. Un jeune homme se marie. A peine est-il marié, que des affaires l'appellent au loin. Il est absent. Il revient. Il croit apercevoir dans sa femme des preuves certaines d'infidélité. Il en est au désespoir. Il veut la renvoyer à ses parents. Qu'on juge
35 de l'état du père, de la mère et de la fille. Il y a cependant un Dave, personnage plaisant par lui-même. Qu'en fait le poète? Il l'éloigne de la scène pendant les quatre premiers actes, et il ne le rappelle que pour égayer un peu son dénoûment[2].

---

1. *L'Hécyre*; 2. En fait, pendant deux actes (de III, IV à V, III).

« Je demande dans quel genre est cette pièce? Dans le
40 genre comique? Il n'y a pas le mot pour rire. Dans le genre
tragique? La terreur, la commisération et les autres grandes
passions n'y sont point excitées. Cependant il y a de l'intérêt;
et il y en aura, sans ridicule qui fasse rire, sans danger qui
fasse frémir, dans toute composition dramatique où le sujet
45 sera important, où le poète prendra le ton que nous avons
dans les affaires sérieuses, et où l'action s'avancera par la
perplexité et par les embarras. Or, il me semble que ces actions
étant les plus communes de la vie, le genre qui les aura pour
objet doit être le plus utile et le plus étendu. J'appellerai ce
50 genre *le genre sérieux.*

« Ce genre établi, il n'y aura point de condition dans la
société, point d'actions importantes dans la vie, qu'on ne
puisse rapporter à quelque partie du système dramatique.

« Voulez-vous donner à ce système toute l'étendue pos-
55 sible; y comprendre la vérité et les chimères; le monde imaginaire et le monde réel? ajoutez le burlesque au-dessous du
genre comique, et le merveilleux au-dessus du genre tragique.

MOI

Je vous entends : Le burlesque... Le genre comique... Le
genre sérieux... Le genre tragique... Le merveilleux.

DORVAL

60 Une pièce ne se renferme jamais à la rigueur[1] dans un genre.
Il n'y a point d'ouvrage dans les genres tragique ou comique,
où l'on ne trouvât des morceaux qui ne seraient point dépla-
cés dans le genre sérieux; et il y en aura réciproquement dans
celui-ci, qui porteront l'empreinte de l'un et l'autre genre.

65 C'est l'avantage du genre sérieux, que, placé entre les deux
autres, il a des ressources, soit qu'il s'élève, soit qu'il descende.
Il n'en est pas ainsi du genre comique et du genre tragique.
Toutes les nuances du comique sont comprises entre ce genre
même et le genre sérieux; et toutes celles du tragique entre
70 le genre sérieux et la tragédie. Le burlesque et le merveilleux
sont également hors de la nature; on n'en peut rien emprunter
qui ne gâte. Les peintres et les poètes ont le droit de tout oser;
mais ce droit ne s'étend pas jusqu'à la licence de fondre des
espèces différentes dans un même individu. Pour un homme

---

1. *A la rigueur :* voir page 121, ligne 377 et la note.

75 de goût, il y a la même absurdité dans Castor[1] élevé au rang
des dieux, et dans le bourgeois gentilhomme fait mamamouchi[2].

Le genre comique et le genre tragique sont les bornes réelles
de la composition dramatique. Mais, s'il est impossible au
genre comique d'appeler à son aide le burlesque, sans se dégra-
80 der; au genre tragique, d'empiéter sur le genre merveilleux,
sans perdre de sa vérité, il s'ensuit que, placés dans les extrémités, ces genres sont les plus frappants et les plus difficiles.

C'est dans le genre sérieux que doit s'exercer d'abord tout
homme de lettres qui se sent du talent pour la scène. On apprend
85 à un jeune élève qu'on destine à la peinture, à dessiner le nu.
Quand cette partie fondamentale de l'art lui est familière,
il peut choisir un sujet. Qu'il le prenne ou dans les conditions
communes, ou dans un rang élevé, qu'il drape ses figures à
son gré, mais qu'on ressente toujours le nu sous la draperie;
90 que celui qui aura fait une longue étude de l'homme dans
l'exercice du genre sérieux, chausse, selon son génie, le cothurne
ou le soc[3]; qu'il jette sur les épaules de son personnage, un
manteau royal ou une robe de palais[4], mais que l'homme ne
disparaisse jamais sous le vêtement.

95 Si le genre sérieux est le plus facile de tous, c'est, en revanche,
le moins sujet aux vicissitudes des temps et des lieux. Portez
le nu en quelque lieu de la terre qu'il vous plaira; il fixera
l'attention, s'il est bien dessiné. Si vous excellez dans le genre
sérieux, vous plairez dans tous les temps et chez tous les peuples.
100 Les petites nuances qu'il empruntera d'un genre collatéral
seront trop faibles pour le déguiser; ce sont des bouts de
draperies qui ne couvrent que quelques endroits, et qui laissent
les grandes parties nues.

Vous voyez que la tragi-comédie ne peut être qu'un mau-
105 vais genre, parce qu'on y confond deux genres éloignés et
séparés par une barrière naturelle. On n'y passe point par
des nuances imperceptibles; on tombe à chaque pas dans les
contrastes, et l'unité disparaît.

Vous voyez que cette espèce de drame, où les traits les
110 plus plaisants du genre comique sont placés à côté des traits

---

1. Allusion probable à *Castor et Pollux*, tragédie lyrique en cinq actes et un Prologue (livret de Pierre Joseph Bernard, musique de Jean-Philippe Rameau), représentée en 1737. Au cinquième acte, en effet, Jupiter apparaît au milieu des constel-
lations, où Castor et Pollux vont prendre place; 2. Molière, *le Bourgeois gentilhomme*,
la cérémonie turque dans IV, VIII; 3. *Cothurne* et *socque* sont les symboles tradi-
tionnels des genres tragique et comique; 4. *Palais* de justice.

les plus touchants du genre sérieux, et où l'on saute alternativement d'un genre à un autre, ne sera pas sans défaut aux yeux d'un critique sévère.

Mais voulez-vous être convaincu du danger qu'il y a à
115 franchir la barrière que la nature a mise entre les genres? Portez les choses à l'excès; rapprochez deux genres fort éloignés, tels que la tragédie et le burlesque; et vous verrez alternativement un grave sénateur jouer aux pieds d'une courtisane le rôle du débauché le plus vil, et des factieux méditer la ruine
120 d'une république[1].

La farce, la parade et la parodie ne sont pas des genres, mais des espèces de comique ou de burlesque, qui ont un objet particulier.

On a donné cent fois la poétique du genre comique et du
125 genre tragique. Le genre sérieux a la sienne; et cette poétique serait aussi fort étendue; mais je ne vous en dirai que ce qui s'est offert à mon esprit, tandis que je travaillais à ma pièce.

Puisque ce genre est privé de la vigueur de coloris des genres extrêmes entre lesquels il est placé, il ne faut rien négliger de
130 ce qui peut lui donner de la force.

Que le sujet en soit important; et l'intrigue, simple, domestique, et voisine de la vie réelle.

Je n'y veux point de valets : les honnêtes gens ne les admettent point à la connaissance de leurs affaires; et si les
135 scènes se passent toutes entre les maîtres, elles n'en seront que plus intéressantes. Si un valet parle sur la scène comme dans la société, il est maussade : s'il parle autrement, il est faux.

Les nuances empruntées du genre comique sont-elles trop
140 fortes? L'ouvrage fera rire et pleurer; et il n'y aura plus ni unité d'intérêt, ni unité de coloris.

Le genre sérieux comporte les monologues; d'où je conclus qu'il penche plutôt vers la tragédie que vers la comédie; genre dans lequel ils sont rares et courts.

145 Il serait dangereux d'emprunter, dans une même composition, des nuances du genre comique et du genre tragique. Connaissez bien la pente de votre sujet et de vos caractères, et suivez-la.

---

1. « Voyez la *Venise préservée* d'Otway; le *Hamlet* de Shakespeare, et la plupart des pièces du théâtre anglais » (note de Diderot). L'allusion concerne les scènes première et II de l'acte III dans la pièce d'Otway (1682).

Que votre morale soit générale et forte.

150   Point de personnages épisodiques; ou, si l'intrigue en exige un, qu'il ait un caractère singulier qui le relève.

Il faut s'occuper fortement de la pantomime; laisser là ces coups de théâtre dont l'effet est momentané, et trouver des tableaux. Plus on voit un beau tableau, plus il plaît.

155   Le mouvement nuit presque toujours à la dignité; ainsi, que votre principal personnage soit rarement le machiniste de votre pièce.

Et surtout ressouvenez-vous qu'il n'y a point de principe général : je n'en connais aucun de ceux que je viens d'indi-160 quer, qu'un homme de génie ne puisse enfreindre avec succès.

MOI

Vous avez prévenu mon objection.

DORVAL

Le genre comique est des espèces, et le genre tragique est des individus. Je m'explique. Le héros d'une tragédie est tel ou tel homme : c'est ou Régulus, ou Brutus, ou Caton; et ce 165 n'est point un autre. Le principal personnage d'une comédie doit au contraire représenter un grand nombre d'hommes. Si, par hasard, on lui donnait une physionomie si particulière, qu'il n'y eût dans la société qu'un seul individu qui lui ressemblât, la comédie retournerait à son enfance, et dégénérerait 170 en satire.

Térence me paraît être tombé une fois dans ce défaut. Son *Heautontimorumenos* est un père affligé du parti violent auquel il a porté son fils par un excès de sévérité dont il se punit lui-même, en se couvrant de lambeaux, se nourrissant durement, 175 fuyant la société, chassant ses domestiques, et se condamnant à cultiver la terre de ses propres mains. On peut dire que ce père-là n'est pas dans la nature. Une grande ville fournirait à peine, dans un siècle, l'exemple d'une affliction aussi bizarre.

MOI

Horace, qui avait le goût d'une délicatesse singulière, me 180 paraît avoir aperçu ce défaut, et l'avoir critiqué d'une façon bien légère.

DORVAL

Je ne me rappelle pas l'endroit.

MOI

C'est dans la satire première ou seconde du premier livre,

où il se propose de montrer que, pour éviter un excès, les
185 fous se précipitent dans l'excès opposé. Fufidius[1], dit-il, craint
de passer pour dissipateur. Savez-vous ce qu'il fait? Il prête
à cinq pour cent par mois, et se paye d'avance. Plus un homme
est obéré, plus il exige : il sait par cœur le nom de tous les
enfants de famille qui commencent à aller dans le monde,
190 et qui ont des pères durs. Mais vous croiriez peut-être que
cet homme dépense à proportion de son revenu; erreur. Il est
son plus cruel ennemi; et ce père de la comédie, qui se punit
de l'évasion de son fils, ne se tourmente pas plus méchamment :

... Non se pejus cruciaverit...

DORVAL

Oui, rien n'est plus dans le caractère de cet auteur, que
195 d'avoir attaché deux sens à ce *méchamment*, dont l'un tombe
sur Térence, et l'autre sur Fufidius.

Dans le genre sérieux, les caractères seront souvent aussi
généraux que dans le genre comique; mais ils seront toujours
moins individuels que dans le genre tragique.

200 On dit quelquefois, il est arrivé une aventure fort plaisante
à la cour, un événement fort tragique à la ville : d'où il s'ensuit que la comédie et la tragédie sont de tous les états; avec
cette différence que la douleur et les larmes sont encore plus
souvent sous les toits des sujets, que l'enjouement et la gaieté
205 dans les palais des rois. C'est moins le sujet qui rend une
pièce comique, sérieuse ou tragique, que le ton, les passions,
les caractères et l'intérêt. Les effets de l'amour, de la jalousie,
du jeu, du dérèglement, de l'ambition, de la haine, de l'envie,
peuvent faire rire, réfléchir, ou trembler. Un jaloux qui prend
210 des mesures pour s'assurer de son déshonneur, est ridicule;
un homme d'honneur qui le soupçonne et qui aime, en est
affligé; un furieux qui le sait, peut commettre un crime. Un
joueur portera chez un usurier le portrait d'une maîtresse;
un autre joueur embarrassera sa fortune, la renversera, plon-
215 gera une femme et des enfants dans la misère et tombera dans
le désespoir. Que vous dirai-je de plus? La pièce dont nous
nous sommes entretenus a presque été faite dans les trois genres.

MOI

Comment?

---

1. *Fufidius*, célèbre usurier romain, est en effet comparé à l'*Heautontimoroumenos*
de Térence dans une *Satire* (I, 2) d'Horace.

DORVAL

Oui.

MOI

220 La chose est singulière.

DORVAL

Clairville est d'un caractère honnête, mais impétueux et
léger. Au comble de ses vœux, possesseur tranquille de Rosalie,
il oublia ses peines passées; il ne vit plus dans notre histoire
qu'une aventure commune. Il en fit des plaisanteries. Il alla
225 même jusqu'à parodier le troisième acte de la pièce. Son ouvrage
était excellent. Il avait exposé mes embarras sous un jour
tout à fait comique. J'en ris; mais je fus secrètement offensé
du ridicule que Clairville jetait sur une des actions les plus
importantes de notre vie; car, enfin, il y eut un moment qui
230 pouvait lui coûter, à lui, sa fortune et sa maîtresse; à Rosalie,
l'innocence et la droiture de son cœur; à Constance, le repos;
à moi, la probité et peut-être la vie. Je me vengeai de Clairville, en mettant en tragédie les trois derniers actes de la pièce;
et je puis vous assurer que je le fis pleurer plus longtemps
235 qu'il ne m'avait fait rire.

MOI

Et pourrait-on voir ces morceaux?

DORVAL

Non. Ce n'est point un refus. Mais Clairville a brûlé son
acte, et il ne me reste que le canevas des miens.

MOI

Et ce canevas?

DORVAL

240 Vous l'allez avoir, si vous me le demandez. Mais faites-y
réflexion. Vous avez l'âme sensible. Vous m'aimez; et cette
lecture pourra vous laisser des impressions, dont vous aurez
de la peine à vous distraire.

MOI

Donnez le canevas tragique, Dorval, donnez. »

245 Dorval tira de sa poche quelques feuilles volantes, qu'il
me tendit en détournant la tête, comme s'il eût craint d'y
jeter les yeux; et voici ce qu'elles contenaient :

Rosalie, instruite, au troisième acte, du mariage de Dorval
et de Constance, et persuadée que ce Dorval est un ami per-
250 fide, un homme sans foi, prend un parti violent. C'est de tout
révéler. Elle voit Dorval; elle le traite avec le dernier mépris.

DORVAL

Je ne suis point un ami perfide, un homme sans foi; je suis Dorval; je suis un malheureux.

ROSALIE

Dis un misérable... Ne m'a-t-il pas laissé croire qu'il m'aimait?

DORVAL

255 Je vous aimais, et je vous aime encore.

ROSALIE

Il m'aimait! il m'aime! Il épouse Constance. Il en a donné sa parole à son frère, et cette union se consomme aujourd'hui!... Allez, esprit pervers, éloignez-vous! permettez à l'innocence d'habiter un séjour d'où vous l'avez bannie. La
260 paix et la vertu rentreront ici quand vous en sortirez. Fuyez. La honte et les remords, qui ne manquent jamais d'atteindre le méchant, vous attendent à cette porte.

DORVAL

On m'accable! on me chasse! je suis un scélérat! O vertu! voilà donc ta dernière récompense!

ROSALIE

265 Il s'était promis sans doute que je me tairais... Non, non... tout se saura... Constance aura pitié de mon inexpérience, de ma jeunesse... elle trouvera mon excuse et mon pardon dans son cœur... O Clairville! combien il faudra que je t'aime, pour expier mon injustice et réparer les maux que je t'ai faits!...
270 Mais le moment approche où le méchant sera connu.

DORVAL

Jeune imprudente, arrêtez, ou vous allez devenir coupable du seul crime que j'aurai jamais commis, si c'en est un que de jeter loin de soi un fardeau qu'on ne peut plus porter. Encore un mot, et je croirai que la vertu n'est qu'un fantôme
275 vain; que la vie n'est qu'un présent fatal du sort; que le bonheur n'est nulle part; que le repos est sous la tombe; et j'aurai vécu.

Rosalie s'est éloignée : elle ne l'entend plus. Dorval se voit méprisé de la seule femme qu'il aime et qu'il ait jamais aimée; exposé à la haine de Constance, à l'indignation de Clairville;
280 sur le point de perdre les seuls êtres qui l'attachaient au monde, et de retomber dans la solitude de l'univers... où ira-t-il?... à qui s'adressera-t-il?... qui aimera-t-il?... de qui sera-t-il aimé?... Le désespoir s'empare de son âme : il sent le dégoût

de la vie; il incline vers la mort. C'est le sujet d'un monologue
qui finit le troisième acte. Dès la fin de cet acte, il ne parle plus
à ses domestiques; il leur commande de la main; et ils obéissent.

Rosalie exécute son projet au commencement du quatrième.
Quelle est la surprise de Constance et de son frère! Ils n'osent
voir Dorval; ni Dorval aucun d'eux. Ils s'évitent tous. Ils
se fuient; et Dorval se trouve tout à coup, et naturellement,
dans cet abandon général qu'il redoutait. Son destin s'accom-
plit. Il s'en aperçoit; et le voilà résolu d'aller à la mort qui
l'entraîne. Charles, son valet, est le seul être dans l'univers
qui lui demeure. Charles démêle la funeste pensée de son
maître. Il répand sa terreur dans toute la maison. Il court à
Clairville, à Constance, à Rosalie. Il parle. Ils sont consternés.
A l'instant, les intérêts particuliers disparaissent. On cherche
à se rapprocher de Dorval. Mais il est trop tard. Dorval n'aime
plus, ne hait plus personne, ne parle plus, ne voit plus, n'entend plus. Son âme, comme abrutie, n'est capable d'aucun sentiment. Il lutte un peu contre cet état ténébreux; mais c'est fai-
blement, par élans courts, sans force et sans effet. Le voilà
tel qu'il est au commencement du cinquième acte.

Cet acte s'ouvre par Dorval seul, qui se promène sur la
scène, sans rien dire. On voit dans son vêtement, son geste,
son silence, le projet de quitter la vie. Clairville entre; il le
conjure de vivre; il se jette à ses genoux; il les embrasse, il
le presse par les raisons les plus honnêtes et les plus tendres
d'accepter Rosalie. Il n'en est que plus cruel. Cette scène
avance le sort de Dorval. Clairville n'en arrache que quelques
monosyllabes. Le reste de l'action de Dorval est muette.

Constance arrive. Elle joint ses efforts à ceux de son frère.
Elle dit à Dorval ce qu'elle pense de plus pathétique sur la
résignation aux événements; sur la puissance de l'Etre suprême,
puissance à laquelle c'est un crime de se soustraire; sur les
offres de Clairville, etc... Pendant que Constance parle, elle
a un des bras de Dorval entre les siens; et son ami le tient
embrassé par le milieu du corps, comme s'il craignait qu'il
ne lui échappât. Mais Dorval, tout en lui-même, ne sent point
son ami qui le tient embrassé, n'entend point Constance qui
lui parle. Seulement il se renverse quelquefois sur eux pour
pleurer. Mais les larmes se refusent. Alors il se retire; il pousse
des soupirs profonds; il fait quelques gestes lents et terribles;
on voit sur ses lèvres des mouvements d'un ris passager, plus
effrayants que ses soupirs et ses gestes.

Rosalie vient. Constance et Clairville se retirent. Cette scène est celle de la timidité, de la naïveté, des larmes, de la douleur et du repentir. Rosalie voit tout le mal qu'elle a fait. Elle en est désolée. Pressée entre l'amour qu'elle ressent,
330 l'intérêt qu'elle prend à Dorval, le respect qu'elle doit à Constance, et les sentiments qu'elle ne peut refuser à Clairville; combien elle dit de choses touchantes! Dorval ne paraît d'abord ni ne la voir, ni ne l'écouter. Rosalie pousse des cris, lui prend les mains, l'arrête : et il vient un moment où Dorval
335 fixe sur elle des yeux égarés. Ses regards sont ceux d'un homme qui sortirait d'un sommeil léthargique. Cet effort le brise. Il tombe dans un fauteuil, comme un homme frappé. Rosalie se retire en poussant des sanglots, se désolant, s'arrachant les cheveux.

340 Dorval reste un moment dans cet état de mort; Charles est debout devant lui, sans rien dire... Ses yeux sont à demi fermés; ses longs cheveux pendent sur le derrière du fauteuil; il a la bouche entr'ouverte, la respiration haute et la poitrine haletante. Cette agonie passe peu à peu. Il en revient par un
345 soupir long et douloureux, par une voix plaintive; il s'appuie la tête sur ses mains, et les coudes sur ses genoux; il se lève avec peine; il erre à pas lents; il rencontre Charles; il le prend par le bras, le regarde un moment, tire sa bourse et sa montre, les lui donne avec un papier cacheté sans adresse, et lui fait
350 signe de sortir. Charles se jette à ses pieds, et se colle le visage contre terre. Dorval l'y laisse, et continue d'errer. En errant, ses pieds rencontrent Charles étendu par terre. Il se détourne... Alors Charles se lève subitement, laisse la bourse et la montre à terre, et court appeler du secours.

355 Dorval le suit lentement... Il s'appuie sans dessein contre la porte... il y voit un verrou... il le regarde... le ferme... tire son épée... en appuie le pommeau contre la terre... en dirige la pointe vers sa poitrine... se penche le corps sur le côté... lève les yeux au ciel... les ramène sur lui... demeure ainsi
360 quelque temps... pousse un profond soupir, et se laisse tomber.

Charles arrive; il trouve la porte fermée. Il l'appelle; on vient; on force la porte; on trouve Dorval baigné dans son sang, et mort. Charles rentre en poussant des cris. Les autres domestiques restent autour du cadavre. Constance arrive.
365 Frappée de ce spectacle, elle crie, elle court égarée sur la scène, sans trop savoir ce qu'elle dit, ce qu'elle fait, où elle va. On enlève le cadavre de Dorval. Cependant Constance,

tournée vers le lieu de la scène sanglante, est immobile dans un fauteuil, le visage couvert de ses mains.

370   Arrivent Clairville et Rosalie. Ils trouvent Constance dans cette situation. Ils l'interrogent. Elle se tait. Ils l'interrogent encore. Pour toute réponse, elle découvre son visage, détourne la tête, et leur montre de la main l'endroit teint du sang de Dorval.

375   Alors ce ne sont plus que des cris, des pleurs, du silence et des cris.

    Charles donne à Constance le paquet cacheté : c'est la vie et les dernières volontés de Dorval. Mais à peine en a-t-elle lu les premières lignes, que Clairville sort comme un furieux;
380 Constance le suit. Justine et les domestiques emportent Rosalie, qui se trouve mal; et la pièce finit.

    « Ah! m'écriai-je, ou je n'y entends rien, ou voilà de la tragédie. A la vérité, ce n'est plus l'épreuve de la vertu[1], c'est son désespoir. Peut-être y aurait-il du danger à montrer l'homme
385 de bien réduit à cette extrémité funeste; mais on n'en sent pas moins la force de la pantomime seule, et de la pantomime réunie au discours. Voilà les beautés que nous perdons, faute de scène et faute de hardiesse, en imitant servilement nos prédécesseurs, et laissant la nature et la vérité... Mais
390 Dorval ne parle point... Mais peut-il y avoir de discours qui frappent autant que son action et son silence?... Qu'on lui fasse dire quelques mots par intervalles, cela se peut; mais il ne faut pas oublier qu'il est rare que celui qui parle beaucoup se tue. »

395   Je me levai; j'allai trouver Dorval; il errait parmi les arbres, et il me paraissait absorbé dans ses pensées. Je crus qu'il était à propos de garder son papier, et il ne me le redemanda pas.

    « Si vous êtes convaincu, me dit-il, que ce soit là de la tragédie, et qu'il y ait, entre la tragédie et la comédie, un genre
400 intermédiaire, voilà donc deux branches du genre dramatique qui sont encore incultes, et qui n'attendent que des hommes. Faites des comédies dans le genre sérieux, faites des tragédies domestiques, et soyez sûr qu'il y a des applaudissements et une immortalité qui vous sont réservés. Surtout,
405 négligez les coups de théâtre; cherchez des tableaux; rapprochez-vous de la vie réelle, et ayez d'abord un espace qui permette l'exercice de la pantomime dans toute son étendue...

---

1. Allusion au sous-titre de la pièce.

On dit qu'il n'y a plus de grandes passions tragiques à émouvoir; qu'il est impossible de présenter les sentiments élevés
410 d'une manière neuve et frappante. Cela peut être dans la tragédie, telle que les Grecs, les Romains, les Français, les Italiens, les Anglais et tous les peuples de la terre l'ont composée. Mais la tragédie domestique aura une autre action, un autre ton, et un sublime qui lui sera propre. Je le sens, ce sublime;
415 il est dans ces mots d'un père, qui disait à son fils qui le nourrissait dans sa vieillesse : « Mon fils, nous sommes quittes. Je t'ai donné la vie; et tu me l'as rendue. » Et dans ceux-ci d'un autre père qui disait au sien : « Dites toujours la vérité. Ne promettez rien à personne que vous ne vouliez tenir. Je
420 vous en conjure par ces pieds que je réchauffais dans mes mains, quand vous étiez au berceau. »

MOI

Mais cette tragédie nous intéressera-t-elle?

DORVAL

Je vous le demande. Elle est plus voisine de nous. C'est le tableau des malheurs qui nous environnent. Quoi! vous
425 ne concevez pas l'effet que produiraient sur vous une scène réelle, des habits vrais, des discours proportionnés aux actions, des actions simples, des dangers dont il est impossible que vous n'ayez tremblé pour vos parents, vos amis, pour vous-même? Un renversement de fortune, la crainte de l'ignominie,
430 les suites de la misère, une passion qui conduit l'homme à sa ruine, de sa ruine au désespoir, du désespoir à une mort violente, ne sont pas des événements rares; et vous croyez qu'ils ne vous affecteraient pas autant que la mort fabuleuse d'un tyran, ou le sacrifice d'un enfant aux autels des dieux d'Athènes
435 ou de Rome?... Mais vous êtes distrait... vous rêvez... vous ne m'écoutez pas.

MOI

Votre ébauche tragique m'obsède... Je vous vois errer sur la scène... détourner vos pieds de votre valet prosterné... fermer le verrou... tirer votre épée... L'idée de cette pantomime
440 me fait frémir. Je ne crois pas qu'on en soutînt le spectacle; et toute cette action est peut-être de celles qu'il faut mettre en récit. Voyez.

DORVAL

Je crois qu'il ne faut ni réciter ni montrer au spectateur

un fait sans vraisemblance; et qu'entre les actions vraisem-
445 blables, il est facile de distinguer celles qu'il faut exposer aux
yeux, et renvoyer derrière la scène. Il faut que j'applique mes
idées à la tragédie connue; je ne peux tirer mes exemples d'un
genre qui n'existe pas encore parmi nous.

Lorsqu'une action est simple, je crois qu'il faut plutôt la
450 représenter que la réciter. La vue de Mahomet tenant un
poignard levé sur le sein d'Irène[1], incertain entre l'ambition
qui le presse d'enfoncer, et la passion qui retient son bras,
est un tableau frappant. La commisération qui nous substitue
toujours à la place du malheureux, et jamais du méchant,
455 agitera mon âme. Ce ne sera pas sur le sein d'Irène, c'est sur
le mien que je verrai le poignard suspendu et vacillant... Cette
action est trop simple, pour être mal imitée... Mais si l'action
se complique, si les incidents se multiplient, il s'en rencon-
trera facilement quelques-uns qui me rappelleront que je suis
460 dans un parterre; que tous ces personnages sont des comédiens, et que ce n'est point un fait qui se passe. Le récit, au
contraire, me transportera au-delà de la scène; j'en suivrai
toutes les circonstances. Mon imagination les réalisera comme
je les ai vues dans la nature. Rien ne se démentira. Le poète
465 aura dit :

> Entre les deux partis, Calchas s'est avancé,
> L'œil farouche, l'air sombre, et le poil hérissé,
> Terrible, et plein du dieu qui l'agitait sans doute[2];

ou

> ... les ronces dégouttantes
> Portent de ses cheveux les dépouilles sanglantes[3].

Où est l'acteur qui me montrera Calchas tel qu'il est dans
ces vers? Grandval[4] s'avancera d'un pas noble et fier, entre
les deux partis; il aura l'air sombre, peut-être même l'œil
470 farouche. Je reconnaîtrai à son action, à son geste, la présence
intérieure d'un démon qui le tourmente. Mais, quelque terrible
qu'il soit, ses cheveux ne se hérisseront point sur sa tête. L'imitation dramatique ne va pas jusque-là.

Il en sera de même de la plupart des autres images qui
475 animent ce récit : l'air obscurci de traits, une armée en tumulte,
la terre arrosée de sang, une jeune princesse le poignard enfoncé

---

1. Allusion à *Mahomet II* (V, IV) de La Nove (1739); 2. Racine, *Iphigénie*, V, VI,
vers 1743-1744; 3. Racine, *Phèdre*, V, VI, vers 1557-1558; 4. Charles Racot de
Grandval (1711-1784), succède à Quinault-Dufresne et précède Lenain.

dans le sein, les vents déchaînés, le tonnerre retentissant au
haut des airs, le ciel allumé d'éclairs, la mer qui écume et mugit.
Le poète a peint toutes ces choses; l'imagination les voit; l'art
480 ne les imite point.

Mais il y a plus : un goût dominant de l'ordre, dont je
vous ai déjà entretenu, nous contraint à mettre de la proportion entre les êtres. Si quelque circonstance nous est donnée
au-dessus de la nature commune, elle agrandit le reste dans
485 notre pensée. Le poète n'a rien dit de la stature de Calchas.
Mais je la vois; je la proportionne à son action. L'exagération
intellectuelle s'échappe de là et se répand sur tout ce qui
approche de cet objet. La scène réelle eût été petite, faible,
mesquine, fausse ou manquée; elle devient grande, forte, vraie,
490 et même énorme dans le récit. Au théâtre, elle eût été fort
au-dessous de nature; je l'imagine un peu au-delà. C'est ainsi
que, dans l'épopée, les hommes poétiques deviennent un peu
plus grands que les hommes vrais.

Voilà les principes; appliquez-les vous-même à l'action de
495 mon esquisse tragique. L'action n'est-elle pas simple?

MOI

Elle l'est.

DORVAL

Y a-t-il quelque circonstance qu'on n'en puisse imiter sur
la scène?

MOI

Aucune.

DORVAL

500 L'effet en sera-t-il terrible?

MOI

Que trop, peut-être. Qui sait si nous irions chercher au
théâtre des impressions aussi fortes? On veut être attendri,
touché, effrayé; mais jusqu'à un certain point.

DORVAL

Pour juger sainement, expliquons-nous. Quel est l'objet d'une
505 composition dramatique?

MOI

C'est, je crois, d'inspirer aux hommes l'amour de la vertu,
l'horreur du vice...

DORVAL

Ainsi, dire qu'il ne faut les émouvoir que jusqu'à un certain point, c'est prétendre qu'il ne faut pas qu'ils sortent

L'ACTEUR GRANDVAL
par Nicolas Lancret.
« Grandval s'avancera d'un pas noble et fier, entre les deux partis. »
Collection Cailleux, Paris.

PHILIPPE QUINAULT (1635-1688)

« Quinault mis à côté de Scarron et de Dassouci : ah, Dorval, Quinault ! »

510 d'un spectacle, trop épris de la vertu, trop éloignés du vice. Il n'y aurait point de poétique pour un peuple qui serait aussi pusillanime. Que serait-ce que le goût; et que l'art deviendrait-il, si l'on se refusait à son énergie, et si l'on posait des barrières arbitraires à ses effets?

MOI

515   Il me resterait encore quelques questions à vous faire sur la nature du tragique domestique et bourgeois, comme vous l'appelez; mais j'entrevois vos réponses. Si je vous demandais pourquoi, dans l'exemple que vous m'en avez donné, il n'y a point de scènes alternativement muettes et parlées, vous me
520 répondriez, sans doute, que tous les sujets ne comportent pas ce genre de beauté.

DORVAL

Cela est vrai.

MOI

    Mais, quels seront les sujets de ce comique sérieux, que vous regardez comme une branche nouvelle du genre drama-
525 tique? Il n'y a, dans la nature humaine, qu'une douzaine, tout au plus, de caractères vraiment comiques et marqués de grands traits.

DORVAL

Je le pense.

MOI

    Les petites différences qui se remarquent dans les caractères
530 des hommes, ne peuvent être maniées aussi heureusement que les caractères tranchés.

DORVAL

Je le pense. Mais savez-vous ce qui s'ensuit de là?... Que ce ne sont plus, à proprement parler, les caractères qu'il faut mettre sur la scène, mais les conditions. Jusqu'à présent,
535 dans la comédie, le caractère a été l'objet principal, et la condition n'a été que l'accessoire; il faut que la condition devienne aujourd'hui l'objet principal, et que le caractère ne soit que l'accessoire. C'est du caractère qu'on tirait toute l'intrigue. On cherchait en général les circonstances qui le
540 faisaient sortir, et l'on enchaînait ces circonstances. C'est la condition, ses devoirs, ses avantages, ses embarras, qui doivent servir de base à l'ouvrage. Il me semble que cette source est plus féconde, plus étendue et plus utile que celle des caractères. Pour peu que le caractère fût chargé, un spectateur

545 pouvait se dire à lui-même, ce n'est pas moi. Mais il ne peut se cacher que l'état qu'on joue devant lui, ne soit le sien; il ne peut méconnaître ses devoirs. Il faut absolument qu'il s'applique ce qu'il entend.

MOI

Il me semble qu'on a déjà traité plusieurs de ces sujets.

DORVAL

550 Cela n'est pas. Ne vous y trompez point.

MOI

N'avons-nous pas des financiers dans nos pièces?

DORVAL

Sans doute, il y en a. Mais le financier n'est pas fait.

MOI

On aurait de la peine à en citer une sans un père de famille.

DORVAL

J'en conviens; mais le père de famille n'est pas fait. En
555 un mot, je vous demanderai si les devoirs des conditions, leurs avantages, leurs inconvénients, leurs dangers ont été mis sur la scène. Si c'est la base de l'intrigue et de la morale de nos pièces. Ensuite, si ces devoirs, ces avantages, ces inconvénients, ces dangers ne nous montrent pas, tous les jours,
560 les hommes dans des situations très embarrassantes.

MOI

Ainsi, vous voudriez qu'on jouât l'homme de lettres, le philosophe, le commerçant, le juge, l'avocat, le politique, le citoyen, le magistrat, le financier, le grand seigneur, l'intendant.

DORVAL

Ajoutez à cela, toutes les relations : le père de famille,
565 l'époux, la sœur, les frères. Le père de famille! Quel sujet, dans un siècle tel que le nôtre, où il ne paraît pas qu'on ait la moindre idée de ce que c'est qu'un père de famille!

Songez qu'il se forme tous les jours des conditions nouvelles. Songez que rien, peut-être, ne nous est moins connu
570 que les conditions, et ne doit nous intéresser davantage. Nous avons chacun notre état dans la société; mais nous avons affaire à des hommes de tous les états.

Les conditions! Combien de détails importants, d'actions publiques et domestiques, de vérités inconnues, de situations

575 nouvelles à tirer de ce fonds! Et les conditions n'ont-elles
pas entre elles les mêmes contrastes que les caractères? et le
poète ne pourra-t-il pas les opposer?

Mais ces sujets n'appartiennent pas seulement au genre
sérieux. Ils deviendront comiques ou tragiques, selon le génie
580 de l'homme qui s'en saisira.

Telle est encore la vicissitude des ridicules et des vices,
que je crois qu'on pourrait faire un *Misanthrope* nouveau
tous les cinquante ans. Et n'en est-il pas ainsi de beaucoup
d'autres caractères?

MOI

585 Ces idées ne me déplaisent pas. Me voilà tout disposé à
entendre la première comédie dans le genre sérieux, ou la
première tragédie bourgeoise qu'on représentera. J'aime qu'on
étende la sphère de nos plaisirs. J'accepte les ressources que
vous nous offrez; mais laissez-nous encore celles que nous
590 avons. Je vous avoue que le genre merveilleux me tient à
cœur. Je souffre à le voir confondu avec le genre burlesque,
et chassé du système de la nature et du genre dramatique.
Quinault[1] mis à côté de Scarron[2] et de Dassouci[3] : ah, Dorval,
Quinault!

DORVAL

595 Personne ne lit Quinault avec plus de plaisir que moi. C'est
un poète plein de grâces, qui est toujours tendre et facile,
et souvent élevé. J'espère vous montrer un jour jusqu'où je
porte la connaissance et l'estime des talents de cet homme
unique, et quel parti on aurait pu tirer de ses tragédies, telles
600 qu'elles sont. Mais il s'agit de son genre, que je trouve mauvais.
Vous m'abandonnez, je crois, le monde burlesque. Et le monde
enchanté vous est-il mieux connu? A quoi en comparez-vous
les peintures, si elles n'ont aucun modèle subsistant dans la
nature?

605 Le genre burlesque et le genre merveilleux n'ont point de
poétique, et n'en peuvent avoir. Si l'on hasarde, sur la scène
lyrique, un trait nouveau, c'est une absurdité qui ne se sou-
tient que par des liaisons plus ou moins éloignées avec une
absurdité ancienne. Le nom et les talents de l'auteur y font
610 aussi quelque chose. Molière allume des chandelles tout autour

---

1. Philippe *Quinault* (1635-1688) fut essentiellement le librettiste de Lully; 2. Paul
Scarron (1610-1660), auteur de poésies burlesques et de comédies (*Jodelet*, *Don
Japhet d'Arménie*, etc.); 3. Charles Coipeau, dit *d'Assoucy* (1605-1677), auteur
burlesque, écrivit en particulier *Ovide en belle humeur* (1650).

de la tête du bourgeois gentilhomme; c'est une extravagance qui n'a pas de bon sens; on en convient, et l'on en rit. Un autre imagine des hommes qui deviennent petits à mesure qu'ils font des sottises; il y a, dans cette fiction, une allégorie
615 sensée; et il est sifflé. Angélique se rend invisible à son amant, par le pouvoir d'un anneau qui ne la cache à aucun des spectateurs[1]; et cette machine ridicule ne choque personne. Qu'on mette un poignard dans la main d'un méchant qui en frappe ses ennemis, et qui ne blesse que lui-même, c'est assez le sort
620 de la méchanceté, et rien n'est plus incertain que le succès de ce poignard merveilleux.

Je ne vois, dans toutes ces inventions dramatiques, que des contes semblables à ceux dont on berce les enfants. Croit-on qu'à force de les embellir, ils prendront assez de vraisem-
625 blance pour intéresser des hommes sensés? L'héroïne de la Barbe-bleue est au haut d'une tour; elle entend, au pied de cette tour, la voix terrible de son tyran; elle va périr si son libérateur ne paraît. Sa sœur est à ses côtés; ses regards cherchent au loin ce libérateur. Croit-on que cette situation ne soit pas
630 aussi belle qu'aucune du théâtre lyrique et que la question, *Ma sœur, ne voyez-vous rien venir?* soit sans pathétique? Pourquoi donc n'attendrit-elle pas un homme sensé, comme elle fait pleurer les petits enfants? C'est qu'il y a une Barbe-bleue qui détruit son effet.

MOI

635 Et vous pensez qu'il n'y a aucun ouvrage dans le genre, soit burlesque, soit merveilleux, où l'on ne rencontre quelques poils de cette barbe?

DORVAL

Je le crois; mais je n'aime pas votre expression; elle est burlesque; et le burlesque me déplaît partout.

MOI

640 Je vais tâcher de réparer cette faute par quelque observation plus grave. Les dieux du théâtre lyrique ne sont-ils pas les mêmes que ceux de l'épopée? Et pourquoi, je vous prie, Vénus n'aurait-elle pas aussi bonne grâce à se désoler, sur la scène, de la mort d'Adonis, qu'à pousser des cris, dans
645 l'*Iliade*, de l'égratignure légère qu'elle a reçue de la lance de Diomède, ou qu'à soupirer en voyant l'endroit de sa belle main blanche où la peau meurtrie commençait à noircir?

---

1. Quinault, dans son *Roland* (II, ii).

N'est-ce pas, dans le poème d'Homère, un tableau charmant, que celui de cette déesse en pleurs, renversée sur le sein de sa 650 mère Dioné[1]? Pourquoi ce tableau plairait-il moins dans une composition lyrique?

DORVAL

Un plus habile que moi vous répondra que les embellissements de l'épopée, convenables aux Grecs, aux Romains, aux Italiens du xve et du xvie siècle, sont proscrits parmi les 655 Français; et que les dieux de la fable, les oracles, les héros invulnérables, les aventures romanesques, ne sont plus de saison.

Et j'ajouterai, qu'il y a bien de la différence entre peindre à mon imagination, et mettre en action sous mes yeux. On 660 fait adopter à mon imagination tout ce qu'on veut; il ne s'agit que de s'en emparer. Il n'en est pas ainsi de mes sens. Rappelez-vous les principes que j'établissais tout à l'heure sur les choses, même vraisemblables, qu'il convenait tantôt de montrer, tantôt de dérober aux spectateurs. Les mêmes distinctions 665 que je faisais s'appliquent plus sévèrement encore au genre merveilleux. En un mot, si ce système ne peut avoir la vérité qui convient à l'épopée, comment pourrait-il nous intéresser sur la scène?

Pour rendre pathétiques les conditions élevées, il faut donner 670 de la force aux situations. Il n'y a que ce moyen d'arracher, de ces âmes froides et contraintes, l'accent de la nature, sans lequel les grands effets ne se produisent point. Cet accent s'affaiblit à mesure que les conditions s'élèvent. Écoutez Agamemnon :

> Encor si je pouvais, libre dans mon malheur,
> Par des larmes, au moins, soulager ma douleur;
> Tristes destins des rois! esclaves que nous sommes,
> Et des rigueurs du sort, et des discours des hommes!
> Nous nous voyons sans cesse assiégés de témoins;
> Et les plus malheureux osent pleurer le moins[2].

675 Les dieux doivent-ils se respecter moins que les rois? Si Agamemnon, dont on va immoler la fille, craint de manquer à la dignité de son rang, quelle sera la situation qui fera descendre Jupiter du sien?

---

1. *L'Iliade*, I, vers 335 et suivants, et 370 et suivants; 2. Racine, *Iphigénie*, acte premier, v, vers 363-368.

MOI

Mais la tragédie ancienne est pleine de dieux; et c'est Hercule qui dénoue cette fameuse tragédie de *Philoctète*, à laquelle
vous prétendez qu'il n'y a pas un mot à ajouter ni à retrancher.

DORVAL

Ceux qui se livrèrent les premiers à une étude suivie de la
nature humaine, s'attachèrent d'abord à distinguer les passions, à les connaître et à les caractériser. Un homme en conçut
les idées abstraites; et ce fut un philosophe. Un autre donna
du corps et du mouvement à l'idée; et ce fut un poète. Un
troisième tailla le marbre à cette ressemblance, et ce fut un
statuaire. Un quatrième fit prosterner le statuaire au pied de
son ouvrage; et ce fut un prêtre. Les dieux du paganisme ont
été faits à la ressemblance de l'homme. Qu'est-ce que les dieux
d'Homère, d'Eschyle, d'Euripide et de Sophocle? Les vices
des hommes, leurs vertus, et les grands phénomènes de la
nature personnifiés, voilà la véritable théogonie[1]; voilà le coup
d'œil sous lequel il faut voir Saturne, Jupiter, Mars, Apollon,
Vénus, les Parques, l'Amour et les Furies.

Lorsqu'un païen était agité de remords, il pensait réellement qu'une furie travaillait au dedans de lui-même : et quel
trouble ne devait-il donc pas éprouver à l'aspect de ce fantôme, parcourant la scène une torche à la main, la tête hérissée
de serpents, et présentant, aux yeux du coupable, des mains
teintes de sang! Mais nous qui connaissons la vanité de toutes
ces superstitions! Nous!

MOI

Eh bien! il n'y a qu'à substituer nos diables aux Euménides.

DORVAL

Il y a trop peu de foi sur la terre... Et puis, nos diables sont
d'une figure si gothique[2]... de si mauvais goût... Est-il étonnant
que ce soit Hercule qui dénoue le *Philoctète* de Sophocle?
Toute l'intrigue de la pièce est fondée sur ses flèches; et cet
Hercule avait, dans les temples, une statue au pied de laquelle
le peuple se prosternait tous les jours.

Mais savez-vous quelle fut la suite de l'union de la superst-
tition nationale et de la poésie? C'est que le poète ne put
donner à ses héros des caractères tranchés. Il eût doublé les

---

1. *Théogonie* : généalogie et filiation des dieux, en même temps que l'ensemble
qu'ils forment; 2. *Gothique* : barbare.

êtres; il aurait montré la même passion sous la forme d'un dieu et sous celle d'un homme.

715   Voilà la raison pour laquelle les héros d'Homère sont presque des personnages historiques.

Mais lorsque la religion chrétienne eut chassé des esprits la croyance des dieux du paganisme, et contraint l'artiste à chercher d'autres sources d'illusion, le système poétique chan-
720 gea; les hommes prirent la place des dieux, et on leur donna un caractère plus un.

MOI

Mais l'unité de caractère un peu rigoureusement prise n'est-elle pas une chimère?

DORVAL

Sans doute.

MOI

725   On abandonna donc la vérité?

DORVAL

Point du tout. Rappelez-vous qu'il ne s'agit, sur la scène, que d'une seule action, que d'une circonstance de la vie, que d'un intervalle très court, pendant lequel il est vraisemblable qu'un homme a conservé son caractère.

MOI

730   Et dans l'épopée, qui embrasse une grande partie de la vie, une multitude prodigieuse d'événements différents, des situations de toute espèce, comment faudra-t-il peindre les hommes?

DORVAL

Il me semble qu'il y a bien de l'avantage à rendre les hommes
735 tels qu'ils sont. Ce qu'ils devraient être est une chose trop systématique et trop vague pour servir de base à un art d'imitation. Il n'y a rien de si rare qu'un homme tout à fait méchant, si ce n'est peut-être un homme tout à fait bon. Lorsque Thétis trempa son fils dans le Styx, il en sortit semblable à Thersite[1]
740 par le talon. Thétis est l'image de la nature. »

Ici Dorval s'arrêta; puis il reprit : « Il n'y a de beautés durables, que celles qui sont fondées sur des rapports avec les êtres de la nature. Si l'on imaginait les êtres dans une vicissitude rapide, toute peinture ne représentant qu'un instant
745 qui fuit, toute imitation serait superflue. Les beautés ont, dans

---

1. *Thersite :* personnage de *l'Iliade*, lâche et insolent.

les arts, le même fondement que les vérités dans la philosophie.
Qu'est-ce que la vérité? La conformité de nos jugements avec
les êtres. Qu'est-ce que la beauté d'imitation? La conformité
de l'image avec la chose.

750 « Je crains bien que ni les poètes, ni les musiciens, ni les
décorateurs, ni les danseurs, n'aient pas encore une idée véritable de leur théâtre. Si le genre lyrique est mauvais, c'est le
plus mauvais de tous les genres. S'il est bon, c'est le meilleur.
Mais peut-il être bon, si l'on ne s'y propose point l'imitation
755 de la nature, et de la nature la plus forte? A quoi bon mettre
en poésie ce qui ne valait pas la peine d'être conçu? en chant,
ce qui ne valait pas la peine d'être récité? Plus on dépense
sur un fonds, plus il importe qu'il soit bon. N'est-ce pas pros-
tituer la philosophie, la poésie, la musique, la peinture, la
760 danse, que de les occuper d'une absurdité? Chacun de ces arts
en particulier a pour but l'imitation de la nature; et pour
employer leur magie réunie, on fait choix d'une fable! Et
l'illusion n'est-elle pas déjà assez éloignée? Et qu'a de commun
avec la métamorphose ou le sortilège, l'ordre universel des
765 choses, qui doit toujours servir de base à la raison poétique?
Des hommes de génie ont ramené, de nos jours, la philosophie
du monde intelligible dans le monde réel. Ne s'en trouvera-t-il
point un qui rende le même service à la poésie lyrique, et qui
la fasse descendre des régions enchantées sur la terre que nous
770 habitons?

« Alors on ne dira plus d'un poème lyrique, que c'est un
ouvrage choquant; dans le sujet, qui est hors de la nature;
dans les principaux personnages, qui sont imaginaires; dans
la conduite, qui n'observe souvent ni unité de temps, ni unité
775 de lieu, ni unité d'action, et où tous les arts d'imitation semblent
n'avoir été réunis que pour affaiblir l'expression des uns par
les autres.

« Un sage était autrefois un philosophe, un poète, un musicien. Ces talents ont dégénéré en se séparant : la sphère de la
780 philosophie s'est resserrée; les idées ont manqué à la poésie;
la force et l'énergie, aux chants; et la sagesse, privée de ces
organes, ne s'est plus fait entendre aux peuples avec le même
charme. Un grand musicien et un grand poète lyrique répa-
reraient tout le mal.

785 « Voilà donc encore une carrière à remplir. Qu'il se montre,
cet homme de génie qui doit placer la véritable tragédie, la
véritable comédie sur le théâtre lyrique. Qu'il s'écrie, comme

le prophète du peuple hébreu dans son enthousiasme : *Adducite mihi psaltem*, « qu'on m'amène un musicien », et il le fera
790 naître[1].

« Le genre lyrique d'un peuple voisin[2] a des défauts sans doute, mais beaucoup moins qu'on ne pense. Si le chanteur s'assujettissait à n'imiter, à la cadence, que l'accent inarticulé de la passion dans les airs de sentiment, ou que les principaux
795 phénomènes de la nature, dans les airs qui font tableau, et que le poète sût que son ariette doit être la péroraison de sa scène, la réforme serait bien avancée.

MOI

Et que deviendraient nos ballets ?

DORVAL

La danse ? La danse attend encore un homme de génie ;
800 elle est mauvaise partout, parce qu'on soupçonne à peine que c'est un genre d'imitation. La danse est à la pantomime, comme la poésie est à la prose, ou plutôt comme la déclamation naturelle est au chant. C'est une pantomime mesurée.

Je voudrais bien qu'on me dît ce que signifient toutes ces
805 danses, telles que le menuet, le passe-pied, le rigaudon, l'allemande, la sarabande, où l'on suit un chemin tracé. Cet homme se déploie avec une grâce infinie ; il ne fait aucun mouvement où je n'aperçoive de la facilité, de la douceur et de la noblesse : mais qu'est-ce qu'il imite ? Ce n'est pas là savoir chanter,
810 c'est savoir solfier.

Une danse est un poème. Ce poème devrait donc avoir sa représentation séparée. C'est une imitation par les mouvements, qui suppose le concours du poète, du peintre, du musicien et du pantomime. Elle a son sujet ; ce sujet peut être dis-
815 tribué par actes et par scènes. La scène a son récitatif[3] libre ou obligé[4], et son ariette.

MOI

Je vous avoue que je ne vous entends qu'à moitié, et que je ne vous entendrais point du tout, sans une feuille volante

---

1. Élisée, dans la Bible (II, Rois, III, 15) ; 2. L'Italie : allusion à la « Querelle des Bouffons », qui, en France de 1744 à 1754, opposa les partisans de la musique française, plus intellectuelle, aux partisans de la musique italienne, plus dramatique. Diderot, comme beaucoup de philosophes, préférait cette dernière. Voir *le Neveu de Rameau* (« Nouveaux Classiques Larousse », pages 108 et suivantes, et la Notice, pages 17-18) ; 3. *Récitatif* : sorte de chant — non soumis à la mesure — dont la mélodie et le rythme observent autant que possible l'accentuation naturelle des mots et les inflexions de la phrase parlée ; 4. *Récitatif obligé* : récitatif accompagné par l'orchestre et dont les intervalles, ménagés pour le repos, étaient remplis par la symphonie (orchestre seul).

qui parut il y a quelques années. L'auteur, mécontent du
820 ballet qui termine *le Devin du village*[1], en proposait un autre,
et je me trompe fort, ou ses idées ne sont pas éloignées des
vôtres.

DORVAL

Cela peut être.

MOI

Un exemple achèverait de m'éclairer.

DORVAL

825 Un exemple? Oui, on peut en imaginer un; et je vais y
rêver[2]. »

Nous fîmes quelques tours d'allées sans mot dire; Dorval
rêvait à son exemple de la danse, et moi je repassais dans
mon esprit quelques-unes de ses idées. Voici à peu près l'exemple
830 qu'il me donna. « Il est commun, me dit-il; mais j'y appli-
querai mes idées aussi facilement que s'il était plus voisin de
la nature et plus piquant :

Sujet. — Un petit paysan et une jeune paysanne reviennent
des champs sur le soir. Ils se rencontrent dans un bosquet
835 voisin de leur hameau; et ils se proposent de répéter une danse
qu'ils doivent exécuter ensemble le dimanche prochain, sous
le grand orme.

ACTE PREMIER

Scène première. — Leur premier mouvement est d'une surprise agréable. Ils se témoignent cette surprise par une *pan-*
840 *tomime.*

Ils s'approchent, ils se saluent; le petit paysan propose à
la jeune paysanne de répéter leur leçon : elle lui répond qu'il
est tard, qu'elle craint d'être grondée. Il la presse, elle accepte;
ils posent à terre les instruments de leurs travaux : voilà un
845 *récitatif.* Les pas marchés et la pantomime non mesurée sont
le récitatif de la danse. Ils répètent leur danse; ils se recordent[3]
le geste et les pas; ils se reprennent, ils recommencent; ils
font mieux, ils s'approuvent; ils se trompent, ils se dépitent :
c'est un récitatif qui peut être coupé d'une *ariette* de dépit.

---

1. *Le Devin du village*, intermède de J.-J. Rousseau joué devant la Cour à Fon-
tainebleau en 1752. Allusion au ballet de la scène VIII; 2. *Rêver :* réfléchir; 3. *Se
recorder :* se remettre en mémoire, ici par une répétition.

850 C'est à l'orchestre à parler; c'est à lui à rendre les discours, à imiter les actions. Le poète a dicté à l'orchestre ce qu'il doit dire; le musicien l'a écrit; le peintre a imaginé les tableaux : c'est au pantomime à former les pas et les gestes. D'où vous concevez facilement, que si la danse n'est pas écrite comme
855 un poème, si le poète a mal fait le discours, s'il n'a pas su trouver des tableaux agréables, si le danseur ne sait pas jouer, si l'orchestre ne sait pas parler, tout est perdu.

Scène II. — Tandis qu'ils sont occupés à s'instruire, on entend des sons effrayants; nos enfants en sont troublés;
860 ils s'arrêtent, ils écoutent; le bruit cesse, ils se rassurent; ils continuent, ils sont interrompus et troublés derechef par les mêmes sons : c'est un *récitatif* mêlé d'un peu de *chant*. Il est suivi d'une pantomime de la jeune paysanne qui veut se sauver, et du jeune paysan qui la retient. Il dit ses raisons, elle
865 ne veut pas les entendre; et il se fait entre eux un *duo* fort vif.

Ce *duo* a été précédé d'un bout de récitatif composé des petits gestes du visage, du corps et des mains de ces enfants, qui se montraient l'endroit d'où le bruit est venu.

La jeune paysanne s'est laissé persuader, et ils étaient en
870 fort bon train de répéter leur danse, lorsque deux paysans plus âgés, déguisés d'une manière effrayante et comique, s'avancent à pas lents.

Scène III. — Ces paysans déguisés exécutent, au bruit d'une symphonie sourde, toute l'action qui peut épouvanter des
875 enfants. Leur approche est un *récitatif;* leur discours un *duo.* Les enfants s'effrayent, ils tremblent de tous leurs membres. Leur effroi augmente à mesure que les spectres approchent; alors ils font tous leurs efforts pour s'échapper. Ils sont retenus, poursuivis; et les paysans déguisés, et les enfants effrayés,
880 forment un *quatuor* fort vif, qui finit par l'évasion des enfants.

Scène IV. — Alors les spectres ôtent leurs masques; ils se mettent à rire; ils font toute la pantomime qui convient à des scélérats enchantés du tour qu'ils ont joué; ils s'en félicitent par un *duo,* et ils se retirent.

ACTE SECOND

885 *Scène première.* — Le petit paysan et la jeune paysanne avaient laissé sur la scène leur panetière et leur houlette; ils viennent les reprendre, le paysan le premier. Il montre d'abord le bout du nez; il fait un pas en avant, il recule, il écoute,

il examine; il avance un peu plus, il recule encore; il s'enhardit
890 peu à peu; il va à droite et à gauche; il ne craint plus : ce monologue est un *récitatif obligé.*

Scène II. — La jeune paysanne arrive, mais elle se tient
éloignée. Le petit paysan a beau l'inviter, elle ne veut point
approcher. Il se jette à ses genoux; il veut lui baiser la main.
895 — « Et les esprits? » lui dit-elle. — « Ils n'y sont plus, ils n'y
sont plus. » C'est encore du *récitatif;* mais il est suivi d'un
duo, dans lequel le petit paysan lui marque son désir, de la
manière la plus passionnée; et la jeune paysanne se laisse
engager peu à peu à rentrer sur la scène, et à reprendre. Ce
900 *duo* est interrompu par des mouvements de frayeur. Il ne se
fait point de bruit, mais ils croient en entendre; ils s'arrêtent;
ils écoutent, ils se rassurent, et continuent le *duo.*

Mais pour cette fois-ci, ce n'est point une erreur; les sons
effrayants ont recommencé; la jeune paysanne a couru à sa
905 panetière et à sa houlette; le petit paysan en a fait autant.

Ils veulent s'enfuir.

Scène III. — Mais ils sont investis par une foule de fantômes, qui leur coupent le chemin de tous côtés. Ils se meuvent
entre ces fantômes; ils cherchent une échappée, ils n'en trouvent
910 point. Et vous concevez bien que c'est un *chœur* que cela.

Au moment où leur consternation est la plus grande, les
fantômes ôtent leurs masques, et laissent voir au petit paysan
et à la jeune paysanne, des visages amis. La naïveté de leur
étonnement forme un tableau très agréable. Ils prennent cha-
915 cun un masque; ils le considèrent; ils le comparent au visage.
La jeune paysanne a un masque hideux d'homme; le petit
paysan, un masque hideux de femme. Ils mettent ces masques;
ils se regardent; ils se font des mines : et ce récitatif est suivi
du *chœur* général. Le petit paysan et la petite paysanne se font,
920 à travers ce *chœur*, mille niches enfantines; et la pièce finit
avec le *chœur.*

MOI

J'ai entendu parler d'un spectacle dans ce genre, comme
de la chose la plus parfaite qu'on pût imaginer.

DORVAL

Vous voulez dire la troupe de Nicolini[1]?

---

1. *Nicolini* : directeur de troupe sans doute célèbre à l'époque, si l'on en croit
Diderot ici et J.-J. Rousseau dans l'*Emile* (« Qui est-ce qui n'a pas ouï parler en
Allemagne et en Italie de la troupe pantomime du célèbre Nicolini? »). Personnage
non identifié par ailleurs.

ÉCOLE FRANÇAISE
2me moitié du XVIIIe siècle.
LOUIS-PHILIPPE duc d'ORLÉANS
(Mort en 1785.)

Louis-Philippe, duc d'Orléans (1725-1785).
Il confia la pièce à Grandval.
École française, seconde moitié du XVIIIe siècle.
Musée Condé, Chantilly.

MOI

925 Précisément.

DORVAL

Je ne l'ai jamais vue. Eh bien! croyez-vous encore que le siècle passé n'a plus rien laissé à faire à celui-ci?

La tragédie domestique et bourgeoise à créer.

Le genre sérieux à perfectionner.

930 Les conditions de l'homme à substituer aux caractères, peut-être dans tous les genres.

La pantomime à lier étroitement avec l'action dramatique.

La scène à changer, et les tableaux à substituer aux coups de théâtre, source nouvelle d'invention pour le poète, et d'étude 935 pour le comédien. Car, que sert au poète d'imaginer des tableaux, si le comédien demeure attaché à sa disposition symétrique et à son action compassée?

La tragédie réelle à introduire sur le théâtre lyrique.

Enfin la danse à réduire sous la forme d'un véritable poème, 940 à écrire et à séparer de tout autre art d'imitation.

MOI

Quelle tragédie voudriez-vous établir sur la scène lyrique?

DORVAL

L'ancienne.

MOI

Pourquoi pas la tragédie domestique?

DORVAL

C'est que la tragédie, et en général toute composition destinée 945 pour la scène lyrique, doit être mesurée, et que la tragédie domestique me semble exclure la versification.

MOI

Mais croyez-vous que ce genre fournît au musicien toute la ressource convenable à son art? Chaque art a ses avantages; il semble qu'il en soit d'eux comme des sens. Les sens 950 ne sont tous qu'un toucher; tous les arts, qu'une imitation. Mais chaque sens touche, et chaque art imite d'une manière qui lui est propre.

DORVAL

Il y a, en musique, deux styles, l'un simple, et l'autre figuré. Qu'aurez-vous à dire, si je vous montre, sans sortir de mes 955 poètes dramatiques, des morceaux sur lesquels le musicien peut déployer à son choix toute l'énergie de l'un ou toute la richesse de l'autre? Quand je dis le *musicien*, j'entends l'homme qui a le génie de son art; c'est un autre que celui qui ne sait qu'enfiler des modulations et combiner des notes.

MOI

960   Dorval, un de ces morceaux, s'il vous plaît?

DORVAL

Très volontiers. On dit que Lulli même avait remarqué celui que je vais vous citer; ce qui prouverait peut-être qu'il n'a manqué à cet artiste que des poèmes d'un autre genre, et qu'il se sentait un génie capable des plus grandes choses.
965   Clytemnestre, à qui l'on vient d'arracher sa fille pour l'immoler, voit le couteau du sacrificateur levé sur son sein, son sang qui coule, un prêtre qui consulte les dieux dans son cœur palpitant. Troublée de ces images, elle s'écrie :

> ... O mère infortunée!
> De festons odieux ma fille couronnée,
> Tend la gorge aux couteaux par son père apprêtés.
> Calchas va dans son sang... Barbares! arrêtez;
> C'est le pur sang du dieu qui lance le tonnere...
> J'entends gronder la foudre et sens trembler la terre.
> Un dieu vengeur, un dieu fait retentir ces coups[1].

Je ne connais, ni dans Quinault, ni dans aucun poète, des
970 vers plus lyriques, ni de situation plus propre à l'imitation musicale. L'état de Clytemnestre doit arracher de ses entrailles le cri de la nature; et le musicien le portera à mes oreilles dans toutes ses nuances.

S'il compose ce morceau dans le style simple, il se remplira
975 de la douleur, du désespoir de Clytemnestre; il ne commencera à travailler que quand il se sentira pressé par les images terribles qui obsédaient Clytemnestre. Le beau sujet, pour un récitatif obligé[2], que les premiers vers! Comme on en peut couper les différentes phrases par une ritournelle[3] plaintive!...
980 *O ciel!... ô mère infortunée!...* premier jour pour la ritournelle... *De festons odieux ma fille couronnée...* second jour... *Tend la gorge aux couteaux par son père apprêtés...* troisième jour... *Par son père!...* quatrième jour... *Calchas va dans son sang...* cinquième jour... Quels caractères ne peut-on pas donner à
985 cette symphonie?... Il me semble que je l'entends... elle me peint la plainte... la douleur... l'effroi... l'horreur... la fureur...

---

1. Racine, *Iphigénie*, V, IV, vers 1693-1699; 2. *Récitatif obligé* : voir page 179, ligne 815 et la note; 3. *Ritournelle* : courte phrase musicale qui précède ou suit un chant.

L'air commence à *Barbares, arrêtez*. Que le musicien me déclame ce *barbares*, cet *arrêtez* en tant de manières qu'il voudra; il sera d'une stérilité bien surprenante, si ces mots
990 ne sont pas pour lui une source inépuisable de mélodies...

Vivement, *Barbares; barbares, arrêtez, arrêtez... c'est le pur sang du dieu qui lance le tonnerre... c'est le sang... c'est le pur sang du dieu qui lance le tonnerre... Ce dieu vous voit... vous entend... vous menace, barbares... arrêtez! J'entends gronder la*
995 *foudre... je sens trembler la terre... arrêtez... Un dieu, un dieu vengeur fait retentir ces coups... arrêtez, barbares... Mais rien ne les arrête... Ah! ma fille!... ah, mère infortunée!... Je la vois... je vois couler son sang... elle meurt... ah, barbares! ô ciel!...* Quelle variété de sentiments et d'images!

1000 Qu'on abandonne ces vers à Mlle Dumesnil[1]; voilà, ou je me trompe fort, le désordre qu'elle y répandra; voilà les sentiments qui se succéderont dans son âme; voilà ce que son génie lui suggérera; et c'est sa déclamation que le musicien doit imaginer et écrire. Qu'on en fasse l'expérience; et
1005 l'on verra la nature ramener l'actrice et le musicien sur les mêmes idées.

Mais le musicien prend-il le style figuré? autre déclamation, autres idées, autre mélodie. Il fera exécuter, par la voix, ce que l'autre a réservé pour l'instrument; il fera gronder la
1010 foudre, il la lancera, il la fera tomber en éclats; il me montrera Clytemnestre effrayant les meurtriers de sa fille, par l'image du dieu dont ils vont répandre le sang; il portera cette image à mon imagination déjà ébranlée par le pathétique de la poésie et de la situation, avec le plus de vérité et de force
1015 qu'il lui sera possible. Le premier s'était entièrement occupé des accents de Clytemnestre; celui-ci s'occupe un peu de son expression. Ce n'est plus la mère d'Iphigénie que j'entends; c'est la foudre qui gronde, c'est la terre qui tremble, c'est l'air qui retentit de bruits effrayants.

1020 Un troisième tentera la réunion des avantages des deux styles; il saisira le cri de la nature, lorsqu'il se produit violent et inarticulé; et il en fera la base de sa mélodie. C'est sur les cordes de cette mélodie qu'il fera gronder la foudre et qu'il lancera le tonnerre. Il entreprendra peut-être de montrer le

---

1. Mlle Dumesnil (1713-1803) débuta dans le rôle de Clytemnestre; elle jouait le mieux les rôles ou les passages passionnés.

1025 dieu vengeur; mais il fera sortir, à travers les différents traits de cette peinture, les cris d'une mère éplorée.

Mais, quelque prodigieux génie que puisse avoir cet artiste, il n'atteindra point un de ces buts sans s'écarter de l'autre. Tout ce qu'il accordera à des tableaux sera perdu pour le pathé-1030 tique. Le tout produira plus d'effet sur les oreilles, moins sur l'âme. Ce compositeur sera plus admiré des artistes, moins des gens de goût.

Et ne croyez pas que ce soient ces mots parasites du style lyrique, *lancer... gronder... trembler...* qui fassent le pathétique 1035 de ce morceau! c'est la passion dont il est animé. Et si le musi-cien, négligeant le cri de la passion, s'amusait à combiner des sons à la faveur de ces mots, le poète lui aurait tendu un cruel piège. Est-ce sur les idées, *lance, gronde, tremble,* ou sur celles-ci, *barbares... arrêtez... c'est le sang... c'est le pur sang d'un dieu...* 1040 *d'un dieu vengeur...* que la véritable déclamation appuiera?

Mais voici un autre morceau, dans lequel ce musicien ne montrera pas moins de génie, s'il en a, et où il n'y a ni *lance,* ni *victoire,* ni *tonnerre,* ni *vol,* ni *gloire,* ni aucune de ces expres-sions qui feront le tourment d'un poète tant qu'elles seront 1045 l'unique et pauvre ressource du musicien.

RÉCITATIF OBLIGÉ

Un prêtre environné d'une foule cruelle...
Portera sur ma fille... *(sur ma fille!)* une main criminelle...
Déchirera son sein... et d'un œil curieux...
Dans son cœur palpitant... consultera les dieux!...
Et moi qui l'amenai triomphante... adorée...
Je m'en retournerai... seule... et désespérée!
Je verrai les chemins encor tout parfumés
Des fleurs dont sous ses pas on les avait semés.

AIR

Non, je ne l'aurai point amenée au supplice...
Ou vous ferez aux Grecs un double sacrifice.
Ni crainte, ni respect ne m'en peut détacher.
De mes bras tout sanglants il faudra l'arracher.
Aussi barbare époux qu'impitoyable père,
Venez, si vous l'osez, la ravir à sa mère[1].

Non, je ne l'aurai point amenée au supplice... Non... ni crainte, ni respect ne peut m'en détacher... Non... barbare époux... impi-toyable père... venez la ravir à sa mère... venez, si vous l'osez...

---

1. Racine, *Iphigénie*, IV, IV, vers 1301-1314.

Voilà les idées principales qui occupaient l'âme de Clytemnestre, 1050 et qui occuperont le génie du musicien.

Voilà mes idées; je vous les communique d'autant plus volontiers, que, si elles ne sont jamais d'une utilité bien réelle, il est impossible qu'elles nuisent; s'il est vrai, comme le prétend un des premiers hommes de la nation[1], que presque tous 1055 les genres de littérature soient épuisés, et qu'il ne reste plus rien de grand à exécuter, même pour un homme de génie.

C'est aux autres à décider si cette espèce de poétique, que vous m'avez arrachée, contient quelques vues solides, ou n'est qu'un tissu de chimères. J'en croirais volontiers M. de Vol- 1060 taire, mais ce serait à la condition qu'il appuierait ses jugements de quelques raisons qui nous éclairassent. S'il y avait sur la terre une autorité infaillible que je reconnusse, ce serait la sienne.

MOI

On peut, si vous voulez, lui communiquer vos idées.

DORVAL

J'y consens. L'éloge d'un homme habile et sincère peut 1065 me plaire; sa critique, quelque amère qu'elle soit, ne peut m'affliger. J'ai commencé, il y a longtemps, à chercher mon bonheur dans un objet qui fût plus solide, et qui dépendît plus de moi que la gloire littéraire. Dorval mourra content, s'il peut mériter qu'on dise de lui, quand il ne sera plus : 1070 « *Son père, qui était si honnête homme, ne fut pourtant pas plus honnête homme que lui.* »

MOI

Mais si vous regardiez le bon ou le mauvais succès d'un ouvrage presque d'un œil indifférent, quelle répugnance pourriez-vous avoir à publier le vôtre?

DORVAL

1075 Aucune. Il y en a déjà tant de copies. Constance n'en a refusé à personne. Cependant, je ne voudrais pas qu'on présentât ma pièce aux comédiens.

MOI

Pourquoi?

DORVAL

Il est incertain qu'elle fût acceptée. Il l'est beaucoup plus 1080 encore qu'elle réussît. Une pièce qui tombe ne se lit guère.

---

1. Allusion à Voltaire.

En voulant étendre l'utilité de celle-ci, on risquerait de l'en priver tout à fait.

MOI

Voyez cependant... Il est un grand prince qui connaît toute l'importance du genre dramatique, et qui s'intéresse au pro-
1085 grès du goût national. On pourrait le solliciter... obtenir[1]...

DORVAL

Je le crois; mais réservons sa protection pour *le Père de famille*[2]. Il ne nous la refusera pas sans doute, lui qui a montré avec tant de courage combien il l'était...[3] Ce sujet me tourmente; et je sens qu'il faudra que tôt ou tard je me délivre
1090 de cette fantaisie; car c'en est une, comme il en vient à tout homme qui vit dans la solitude... Le beau sujet, que le Père de famille!... C'est la vocation générale de tous les hommes... Nos enfants sont la source de nos plus grands plaisirs et de nos plus grandes peines... Ce sujet tiendra mes yeux sans cesse
1095 attachés sur mon père... Mon père!... J'achèverai de peindre le bon Lysimond... Je m'instruirai moi-même... Si j'ai des enfants, je ne serai pas fâché d'avoir pris avec eux des engagements...

MOI

Et dans quel genre *le Père de famille?*

DORVAL

1100 J'y ai pensé; et il me semble que la pente de ce sujet n'est pas la même que celle du *Fils naturel*. *Le Fils naturel* a des nuances de la tragédie; *le Père de famille* prendra une teinte comique.

MOI

Seriez-vous assez avancé pour savoir cela?

DORVAL

1105 Oui... retournez à Paris... Publiez le septième volume de l'*Encyclopédie*...[4] Venez vous reposer ici... et comptez que *le Père de famille* ne se fera point, ou qu'il sera fait avant la fin de vos vacances... Mais, à propos, on dit que vous partez bientôt.

---

1. Mᵍʳ le duc d'Orléans (note de Diderot). Passionné de théâtre, il avait fait construire une salle dans sa propriété de Bagnolet; Saurin, Carmontelle et Collé étaient ses lecteurs et ses auteurs; 2. Donc cette pièce de Diderot, parue en 1758, était déjà en chantier; 3. Allusion au fait que le duc d'Orléans avait fait vacciner ses enfants par Tronchin, ce qui, à l'époque (1756), ne manquait pas de courage; 4. Ce volume parut en novembre 1757.

MOI

1110   Après-demain.

DORVAL

Comment, après-demain ?

MOI

Oui.

DORVAL

Cela est un peu brusque... Cependant arrangez-vous comme
il vous plaira... il faut absolument que vous fassiez connais-
1115 sance avec Constance, Clairville et Rosalie... Seriez-vous homme
à venir ce soir demander à souper à Clairville ? »

Dorval vit que je consentais ; et nous reprîmes aussitôt le
chemin de la maison. Quel accueil ne fit-on pas à un homme
présenté par Dorval ? En un moment je fus de la famille. On
1120 parla, devant[1] et après le souper, gouvernement, religion, politique, belles-lettres, philosophie ; mais, quelle que fût la diversité des sujets, je reconnus toujours le caractère que Dorval
avait donné à chacun de ses personnages. Il avait le ton de la
mélancolie ; Constance, le ton de la raison ; Rosalie, celui de
1125 l'ingénuité ; Clairville, celui de la passion ; moi, celui de la
bonhomie.

---

1. *Devant :* avant.

──────── **QUESTIONS** ────────

Sur le troisième « Entretien ». — Cet Entretien vous paraît-il construit
comme les deux précédents ? Quelle est la part de la critique du *Fils
naturel* ? Celle des discussions théoriques générales ? Y voyez-vous une
raison ?

— Indiquez les grandes lignes du projet de réforme du théâtre proposé par Diderot ; quelles sont les idées maîtresses qui le guident ? Comparez ce projet aux idées de l'auteur sur la musique (voir *le Neveu de Rameau*,
page 108 et suivantes des « Nouveaux Classiques Larousse ») et sur la
peinture (voir ses *Salons*). Pourquoi cette unité ?

— La poétique du genre sérieux : ses éléments, sa valeur ; rapprochez
les arguments de Diderot de ceux de Beaumarchais, dans l'*Essai sur le
genre dramatique sérieux* (1767) [Gallimard, coll. de la Pléiade], et en
particulier de cette phrase : « Que me font à moi, sujet paisible d'un
état monarchique du XVIIIe siècle, les révolutions d'Athènes ou de Rome ?
Quel véritable intérêt puis-je prendre à la mort d'un tyran du Pélopon-
nèse, au sacrifice d'une jeune princesse en Aulide ? »

— L'opinion de Dorval sur le merveilleux est-elle justifiée, entièrement
du moins ? Par quoi remplacer ce moyen et pourquoi ?

— Que pensez-vous de la transformation proposée pour les trois derniers actes du *Fils naturel* ? Est-ce de la tragédie ou du mélodrame ? Pourquoi ? N'y a-t-il pas un aspect du tragique qui échappa à Diderot ?

DOCUMENTATION THÉMATIQUE
réunie par la Rédaction des Nouveaux Classiques Larousse

Louis-Sébastien Mercier et le drame bourgeois.

LOUIS-SÉBASTIEN MERCIER
ET LE DRAME BOURGEOIS

Dix-huit ans après *le Fils naturel*, dans la première préface de *la Brouette du vinaigrier*, Louis-Sébastien Mercier développe des théories sur le drame bourgeois qui rejoignent celles de Diderot.

C'est une aventure assez connue [1], arrivée à Paris au commencement de ce siècle qui a fourni le sujet de ce drame. Le fait est plaisant et sert à prouver que l'orgueil des rangs, si haut, si intraitable dans ses discours, sait s'humaniser à propos [2], et qu'il ne s'agit au fond que des conditions pécuniaires.

C'est en même temps un exemple (quoiqu'en petit) de ce qui se passe tous les jours dans le monde : toutes ces plaintes sur de prétendues mésalliances sont ordinairement le cri de la cupidité trompée. On unit pour toute la vie (au nom de l'argent) deux personnes, qui ne se sont jamais vues; on sépare deux âmes sensibles, faites l'une pour l'autre, et le mariage, contrat et lien des cœurs, est déshonoré par ce calcul intéressé qui semble éteindre les plaisirs de l'amour et vendre jusqu'aux chastes baisers de l'innocence.

Voilà l'ouvrage des hommes. Ils s'unissent ou se méprisent, ils s'embrassent ou se repoussent, ils se flattent ou se déchirent, à raison d'un coffre-fort vide ou plein; et ils accusent ensuite le plus auguste de nœuds, des malheurs qu'ils ont préparés eux-mêmes. Plus ou moins d'un métal jaune ou blanc [3] établit des intervalles immenses entre citoyens enfants de la même patrie et égaux par leur mutuelle dépendance, quand ils ne le seraient pas par la loi de nature!

Ne pourrait-on pas faire par raison et par sentiment ce qu'on a fait mille fois par avarice? Mais non, pour créer des distinctions imaginaires, on détruit les liens de la plus naturelle fraternité; l'acte le plus libre est asservi à toute la masse de nos

---

1. Voir Préface de 1785, second paragraphe, (*la Brouette du vinaigrier*, « Nouveaux Classiques Larousse », 1972); 2. Cette idée est incarnée par le personnage de Delomer. Un tel optimisme était à la mode chez les Encyclopédistes; 3. « L'argent est devenu plus précieux que la vie des hommes; il leur est plus cher que le repos. On peut les frapper dans leur liberté; mais pas toujours dans leur coffre-fort; ils défendront leur or avant leur existence; ils font peu de cas de leurs jours dès qu'ils entrevoient la fortune. Voilà pourquoi tous les impôts indirects leur deviennent insensibles. Tous les hommes de la campagne enfouissent le numéraire; ce sont les plus opulents qui thésaurisent, ils cachent tout ce qu'ils ont aspiré avec une bassesse révoltante... » (Mercier, *Mon dictionnaire*). La puissance de l'argent et ses effets néfastes ont été dénoncés par de nombreux écrivains au XVIIIe siècle, notamment par Lesage (*Turcaret*), Montesquieu (*Lettres persanes*, lettre CVI) et Rousseau.

préjugés. On fait gémir, dans la fleur de sa jeunesse, la beauté qui se consume, appelant en vain l'Hymen tardif, que l'orgueil tyrannique éloigne encore. On aime mieux la livrer à une mort lente, que d'ôter quelques grains à la balance qui pèse scrupuleusement les fortunes, et la rougeur monte plus enflammée au front de tel père à qui on demande sa fille, que si on lui apprenait sa honte ou son infamie.

Qu'arrive-t-il aussi de mettre à l'encan la Beauté [4]? Tout despotisme [5] aigrit l'âme; la discorde prend la place de l'Amour, et les Furies [6] fondent leur trône sur des sacs de mille livres.

Tout ce qui mêle les différents états [7] de la société et tend à rompre l'excessive inégalité des conditions [8], source de tous nos maux, est bon politiquement parlant. Tout ce qui rapproche les citoyens est le ciment sacré qui unit les nombreuses familles d'un vaste État, qui doit les voir d'un œil égal. La même loi qui défend aux frères de s'allier à leurs sœurs, devrait peut-être interdire aux riches de s'allier aux riches.

Qu'il est beau, même en spéculation [9], de voir certaines familles descendre d'une hauteur démesurée, tandis que d'autres monteraient, paraîtraient sur la scène à leur tour et se régénéreraient. Cette espèce d'échange de biens, serait fort avantageux à la Nation. Il promènerait le signe de toutes les valeurs, et par conséquent le gage des jouissances. Il adoucirait la lutte terrible et perpétuelle de l'opulent superbe et du pauvre envieux. Il disperserait le suc nourricier et ferait refleurir toutes les branches qui périssent et se dessèchent. Que de beaux arbres antiques, à tête auguste et fière, couvriraient obscurément la terre de leurs rameaux sans l'arrosoir de la finance! Mais tout le monde n'est pas assez noblement né pour avoir de fortunées syllabes à trafiquer.

Que j'aimerais à voir refluer la sève jusques dans les plantes humbles qui rampent aux pieds de ces chênes élevés qui, les bras ouverts à tous les rayons du soleil, interceptent la moindre goutte de rosée. Quel est l'homme qui trouvera le secret du meilleur système économique; ce sera celui peut-être qui saura le mieux hacher les grosses et monstrueuses fortunes, les diviser, les subdiviser; il aura trouvé le remède le plus pressant à l'hydropisie qui étouffe les uns, tandis que l'éthisie [10] mine les autres. [...] On ne manquera pas, même avant que d'avoir lu la pièce, de dire : la Brouette du Vinaigrier! quel sujet!... les personnages

---

4. De vendre la beauté à prix d'argent; 5. *Despotisme:* autorité (sens élargi); 6. *Furies:* les trois divinités féminines des Enfers qui présidaient à la punition des infractions à la morale; par extension elles personnifient la Colère; 7. *État:* rang social; classe; 8. *Condition:* ici situation matérielle; 9. *Spéculation:* rêve, pensée. 10. *Éthisie* (aujourd'hui, *étisie*) : consomption; nom vulgaire de toutes les maladies qui produisent une « extrême maigreur », comme dans la phrase de Mme de Maintenon : « L'embonpoint sied mieux à la vieillesse que l'étisie ».

de ce drame sont trop bas! J'ai prévu le reproche[11], et je l'ai bravé.

Qu'on ne calomnie point ma Brouette, elle est assurément respectable. Il n'est aucun homme qui, la trouvant à sa porte, ne s'empressât, et par préférence, à lui donner l'hospitalité. Elle renferme l'objet des vœux ardents de tous les mortels. Cela change la thèse, je crois. La poule aux œufs d'or, si elle existait, pondrait fièrement sur le trône des Rois. Me voilà donc réconcilié avec le *bon goût*. Ma Brouette n'est pas extérieurement dorée comme le *coffre de Ninus*[12] : mais elle n'y perd rien ; elle peut se présenter en bonne compagnie ; elle aura l'air de ces gens qu'on reçoit sous les habits mesquins, parce qu'on sait qu'il ne tient qu'à eux d'être vêtus autrement. Voilà donc ma Brouette anoblie, ou je ne m'y connais pas. Le censeur le plus farouche s'adoucira, et voudrait bien la tenir, dût-il la rouler comme mon héros.

Mais j'ai d'autres raisons à donner, si l'on veut bien m'entendre. Le poète dramatique[13] (ainsi du moins je le conçois) est peintre universel. Tout le détail de la vie humaine est également son objet. Le manteau royal et l'habit de bure sont indifférents à son pinceau. Il ne s'arrête point à ces décorations extérieures, ouvrage du hasard ou du moment. C'est le cœur de l'homme qu'il cherche, qu'il saisit, qu'il tourne entre ses mains, qu'il examine à loisir. Tout lui est précieux dès que la chose est vraie, et peut ajouter à la fidélité du tableau. Il aura un respect attentif pour tous les traits naïfs qui constituent tel individu. Après avoir soulevé la première superficie, il verra les mêmes affections régir le Monarque et le pâtre. Ce n'est, au fond, que la même substance, et le cri de la nature n'est pas plus déchirant dans le sein de l'un, que dans le sein de l'autre. Aux yeux du Poète, rien donc ne sera plus grand que la vertu, rien ne sera vil que le vice. Que lui importe un diadème ? Sous cette étoffe grossière, il a touché une âme sensible. Voilà ce qu'il demande, ce qu'il aime à peindre, ce qu'il adopte avec transport. Voilà l'objet inépuisable de son art. Il devient fécond, animé, riant et moral. Il l'aura creusé dans toute sa profondeur, il l'aura vu sous tous ses rapports, c'est-à-dire, accompagné des grands moyens de former les mœurs, et de présider à l'instruction publique ; il n'aura rien dédaigné en conséquence de ce qui existe ; (car tout fait leçon à qui sait voir) il aura toujours préféré l'homme à l'accessoire ; et la satisfaction d'avoir honoré quelquefois le mérite privé de titres, lui tiendra lieu de gloire, au défaut du succès.

---

11. Voir critique de Fréron, *Jugements*, XVIIIᵉ siècle; 12. « Dans la *Sémiramis* de M. de Voltaire » (note de Mercier). 13. Expression popularisée par Diderot dans son traité *De la poésie dramatique*.

JUGEMENTS SUR « LE FILS NATUREL »
ET LES « ENTRETIENS »

Diderot lui-même explique que le Fils naturel et le Père de famille constituent une tentative de renouvellement du genre dramatique; le drame bourgeois se situerait entre la comédie et la tragédie :

J'ai essayé de donner, dans le Fils naturel, l'idée d'un drame qui fût entre la comédie et la tragédie.

Le Père de famille, que je promis alors, et que des distractions continuelles ont retardé, est entre le genre sérieux du Fils naturel et la comédie.

Qu'on reconnaisse à ces ouvrages quelque mérite ou qu'on ne leur en accorde aucun, ils n'en démontreront pas moins que l'intervalle que j'apercevais entre les deux genres établis n'était pas chimérique.

Diderot,
Discours sur la poésie dramatique (1758).

Dès la publication, une polémique se déchaîne. Le problème est moins la valeur du nouveau genre que sa paternité : du fait que Diderot, directeur de l'Encyclopédie, est considéré comme le chef de file des philosophes, deux clans vont s'opposer.

Les partisans des philosophes exaltent la pièce et les Entretiens. Grimm ne ménage pas ses éloges...

Jamais ouvrage de génie n'a paru sans causer quelque révolution. Et malheur au peuple qui produit un homme de génie sans qu'il en résulte des avantages pour plus d'une génération... et crie au succès (par anticipation) :

Quelque étranger que soit le genre de la comédie du Fils naturel, quelque neuve que soit la poétique répandue dans les trois entretiens [...], l'enthousiasme des premiers jours a été général. Tous les gens d'esprit ont admiré cet ouvrage, tous les cœurs délicats et sensibles l'ont honoré de leurs pleurs. L'envie et la sottise n'ont osé élever la voix.

Grimm,
Correspondance littéraire, III.

Mercier lui fera écho, en tant que partisan actif du drame :

La poétique de M. Diderot (la meilleure des poétiques) établit invinciblement la distinction de plusieurs genres, et il faut être aveugle pour ne point se rendre à ces démonstrations palpables.

Louis-Sébastien Mercier,
Du théâtre, ou Nouvel Essai sur l'art dramatique (1773).

Les adversaires ne sont pas moins énergiques dans leurs jugements. Collé exécute la pièce avant de conclure :

C'est pourtant d'après ce chef-d'œuvre que [Diderot] a l'intrépidité de donner une espèce de poétique et de faire le législateur aveugle sur des choses qu'il n'a point vues et que vraisemblablement la nature lui a voilées pour toujours.

Collé,
Journal (mars 1757).

Palissot, ennemi des philosophes, se plaît à critiquer de façon appuyée le côté moralisateur de la pièce :

N'y a-t-il donc rien d'original dans sa pièce? Je vous demande pardon, Madame, et c'est précisément ce qu'il y a de plus minutieux, ou de plus mauvais. C'est ce jargon philosophique et glacial mis toujours à la place de ce que les acteurs devraient dire. C'est un dialogue symétriquement uniforme, où tous les acteurs se répliquent par sentences, et dès lors ce n'en est plus un, car on n'entend nulle part de pareils entretiens. *Et de conclure :*

Ce qui est bon n'est pas nouveau; ce qui est nouveau n'est pas bon.

Palissot,
Petites Lettres sur de grands philosophes (1757).

XIX° SIÈCLE

*Puis c'est l'oubli, pour plusieurs raisons. Les passions se sont apaisées; on juge la valeur esthétique du drame médiocre, comme M*ᵐᵉ *de Staël :*

Lessing[1], en général, pensait comme Diderot sur l'art dramatique. Il croyait que la sévère régularité des tragédies françaises s'opposait à ce qu'on pût traiter un grand nombre de sujets simples et touchants, et qu'il fallait faire des drames pour y suppléer. Mais Diderot, dans ses pièces, mettait l'affectation du naturel à la place de l'affectation

---

1. Lessing (1740-1786) se consacra à des études d'esthétique, dirigea le théâtre de Hambourg, écrivit des pièces de théâtre, dont *Ninna von Barnhelm*, et sa célèbre *Dramaturgie de Hambourg*.

de convention, tandis que le talent de Lessing est vraiment simple
et sincère.

Mᵐᵉ de Staël,
De l'Allemagne (II, 1810).

*Musset, toutefois, reconnaît, avec d'autres écrivains romantiques, que
Diderot a préparé le romantisme :*

Lorsque Marmontel proposa de changer de décoration à chaque
acte; lorsque l'*Encyclopédie* osa dire que la pièce anglaise de *Beverley*[1]
était aussi tragique qu'*Œdipe*[2]; lorsque Diderot voulut prouver que
les malheurs d'un simple particulier pouvaient être aussi intéressants
que ceux des rois, tout cela parut une décadence, et tout cela n'était
que la préface du romantisme.

Alfred de Musset,
De la tragédie (1838).

*Passé le romantisme, les jugements n'émanent plus que des critiques
— universitaires pour la plupart; on arrive alors à une position d'équilibre. La dominante est le regret exprimé sur un échec.*

Diderot s'est essayé à l'art dramatique, et c'est où il a le moins
réussi. Tout lui manquait, à bien peu près, pour y entrer, pour s'y
reconnaître, pour y avoir l'emploi de ses qualités. Et d'abord, remar-
quez qu'il a beaucoup réfléchi sur l'art dramatique et que c'est un
grand raisonneur en questions théâtrales. Mauvais signe! Il peut
exister, et la chose s'est vue, un homme assez complet et assez bien
doué pour être, d'une part, un théoricien d'art dramatique, d'autre
part, pour être capable d'oublier toute théorie quand il prend sa
plume de théâtre, condition nécessaire pour s'en bien servir. Mais
la rencontre est rare.

Émile Faguet,
Dix-Huitième Siècle (1892).

XXᵉ SIÈCLE

*Jusqu'à la période contemporaine, le ton donné par Faguet reste suivi
par les quelques critiques qui expriment un jugement sur l'œuvre dramatique de Diderot. Il est vrai que c'est au fil d'une étude générale sur l'auteur.*

*Daniel Mornet montre les innovations que Diderot apporte dans ses
Entretiens et le Discours, puis il ajoute :*

Malheureusement, de cette doctrine si féconde Diderot n'a su
tirer que des pièces d'une extrême médiocrité, même si l'on s'en
tient à celles qui sont les moins mauvaises, *le Fils naturel* et *le Père*

---

1. *Beverley* : drame bourgeois en vers libres de Bernard Joseph Saurin, représenté en 1768 et imité d'une pièce anglaise, *le Joueur* d'Edward Moore (1753);
2. *Œdipe* : tragédie de Voltaire (1718), représentée avec un vif succès.

de famille. La raison en est d'abord que ces pièces qui devraient être vraies, proches de la vie moyenne, sont des aventures dont le romanesque est digne d'un roman feuilleton. [...] Au surplus, de pareils drames ne remplissent pas ou ne remplissent guère plusieurs des conditions si longuement commentées par Diderot dans ses exposés du théâtre nouveau. Ce n'est guère un théâtre bourgeois. [...]

Ces défauts énumérés dans le passage coupé et repris dans cette phrase n'étaient pas irrémédiables. Peu importerait que ces drames ne naissent pas de conditions, que la mise en scène n'y joue qu'un rôle d'accessoire ou même qu'il y eût dans le sujet quelque romanesque si Diderot avait su nous donner quelque impression de vérité et de vie. Mais, d'un bout à l'autre, nous avons des marionnettes chargées de nous débiter les sermons conçus par Diderot.

Daniel Mornet,
Diderot, l'homme et l'œuvre (Boivin-Hatier, 1941).

Il semble que récemment l'on puisse noter un regain d'intérêt pour l'œuvre dramatique de Diderot. Sans doute le constat d'échec est-il d'une sécheresse sans appel :

Tout l'enthousiasme de Diderot pour le drame se consume dans les dialogues de *Dorval et moi*, mais il ne croit pas lui-même à ses drames, visiblement conçus sur le plan expérimental et démonstratif. *Le Fils naturel* pourra être estimé en province et *le Père de famille* applaudi longtemps en Allemagne : ni l'un ni l'autre ne résiste à l'épreuve de Paris.

Jean Fabre,
« le Théâtre au XVIIIᵉ siècle »,
dans l'*Encyclopédie de la Pléiade, Histoire des littératures,*
tome III, pages 810-811, Gallimard (1958).

Les Entretiens *retiennent l'intérêt par leur valeur propre, selon M. Vernière :*

Diderot non seulement rejoignait les inquiétudes de Voltaire devant l'avenir du théâtre, mais proposait quelques issues. Si donc nous sommes sévères aujourd'hui pour le manifeste de Diderot, c'est à cause de sa réussite même. [...] La valeur durable des *Entretiens* est ailleurs que dans le programme de renouvellement dramatique; c'est un ton, une chaleur que Grimm, perspicace sur ce point, fut le premier à vanter et qui probablement choqua Voltaire. Une figure en effet domine l'ouvrage : c'est Dorval, le héros mélancolique et sombre, non plus le philosophe déjà traditionnel, sage éprouvé, sceptique et bonhomme. Dorval est *l'homme de génie*. Il serait commode de voir dans le dialogue de Moi et de Dorval la rencontre des deux Diderot, l'enthousiaste et le rationnel, le mélange des deux voix qui, jusqu'à sa mort, dans les répliques de *Jacques* et du *Neveu*, troubleront sa sérénité.

Paul Vernière,
Introduction aux « Entretiens » (Garnier, 1959).

Toutefois, ces dernières années, envisageant le drame bourgeois non d'un point de vue esthétique général, mais dans une perspective historique, on tend à reconnaître à Diderot et à ses études — car c'est lui qui donne une poétique au genre — une importance non négligeable.

Le drame bourgeois est donc un événement capital de l'histoire du théâtre. La médiocrité des réalisations compte peu auprès de l'importance des ambitions et de la portée des conséquences. L'avènement du drame bourgeois clôt définitivement en France l'ère du grand théâtre classique, et rejette dans le passé les genres purs de la tragédie et de la comédie. Son succès a modelé la sensibilité et le goût du spectateur, désormais plus attentif à la vérité qu'à l'art, plus accessible à l'émotion qu'à l'admiration. Par l'originalité de ses principes et l'étendue de son influence, le drame du XVIIIe siècle peut être considéré comme la forme originelle du théâtre moderne.

Michel Lioure,
le Drame (A. Colin, Collection U, 1963).

Deux cent dix ans après sa parution, le Fils naturel était réédité. Si l'on reconnaissait que la pièce elle-même était manquée, l'on notait son intérêt au moins documentaire. Il est de fait que les Entretiens peuvent difficilement être étudiés avec fruit sans référence au drame qu'ils étudient.

On a souvent, depuis Lessing, souligné l'importance des théories dramatiques de Diderot, sans insister, et c'est justice, sur l'échec de ses réalisations. *Le Fils naturel*, détaché des *Entretiens*, est une œuvre manquée. Mais à elle seule, sans le soutien des discussions théoriques, la fiction vaut par ses virtualités. Grâce à cette fiction Diderot, faisant éclater la scène-boudoir et la scène-prison, a ouvert la voie à un renouveau du théâtre par un retour à l'expérience dramatique elle-même. Ce n'est pas parmi les romantiques ni les naturalistes qu'il faut chercher sa postérité théâtrale, mais parmi les réalisateurs modernes, acteurs ou metteurs en scène.

Valeria Tasca,
Introduction au « Fils naturel »
(SOBODI, Bordeaux, 1965).

SUJETS DE DEVOIRS ET D'EXPOSÉS

● Dans quelle mesure Diderot a-t-il ou non mis en application la théorie du drame bourgeois telle qu'il l'exprime dans *le Fils naturel?*

● *Le Fils naturel,* œuvre de propagande philosophique.

● La peinture d'un milieu social dans *le Fils naturel* et dans *le Philosophe sans le savoir* de Sedaine.

● Discutez l'importance de la mimique dans *le Fils naturel.*

● Commentez et, éventuellement, discutez cette opinion de Palissot : « C'est un dialogue symétriquement uniforme, où tous les acteurs se répliquent par sentences, et dès lors ce n'en est plus un, car on n'entend nulle part de pareils entretiens. »

● Que pensez-vous de ce jugement de Jean de Beer sur *le Fils naturel* : « Cette affabulation sentimentalo-romanesque a plus l'air de vouloir mettre en œuvre une théorie que de jaillir d'une nécessité profonde »?

● Les thèmes communs au *Fils naturel* et au *Neveu de Rameau.*

● Appréciez cette affirmation de Grimm : « Quelque étranger que soit le genre de la comédie du *Fils naturel,* quelque neuve que soit la poétique répandue dans les trois entretiens [...], l'enthousiasme des premiers jours a été général. »

● « Fonder la tragédie bourgeoise et perfectionner la comédie sérieuse, substituer les conditions aux caractères, rénover le jeu des acteurs, le décor et la mise en scène, il y avait là de quoi réfléchir. Diderot non seulement rejoignait les inquiétudes de Vortain devant l'avenir du théâtre, mais proposait quelques issues », écrit M. Vernière. Montrez la justesse de cette analyse.

● Dans quelle mesure *le Fils naturel* montre-t-il que chez Diderot la politique, la morale et la philosophie sont étroitement liées à la poétique?

● Que voulait dire Diderot par cette phrase : « J'ai fait *le Fils naturel* et l'*Encyclopédie* »?

● *Le Fils naturel,* les *Entretiens* et le *Paradoxe sur le comédien.*

● Appréciez cette remarque de V. Tasca : Diderot « est l'homme des commencements absolus, il se plaît à revenir au chaos originel. Aborde-t-il le théâtre, il supprime la scène, les acteurs, les spectateurs, et jusqu'à l'auteur, devenu simple mémoire ».

● Les personnages du *Fils naturel* sont-ils des types, des individus ou simplement les porte-parole de l'auteur?

● Étudiez les rapports entre les personnages et l'action en vous aidant de cette réflexion de V. Tasca : « Tout en vivant le même enchaînement de faits [que chez Goldoni], les personnages se sont développés en fonction des données de leur caractère; à leur tour, non seulement elles changent la signification des événements, mais elles en infléchissent le cours. »

● « Les personnages peuvent bien boire du thé, parler de banquiers et d'assurances, songer à s'établir marchands. Libérés des conventions théâtrales, ils sont délivrés aussi des liens réels de la vie sociale », écrit V. Tasca. Dans quelle mesure cette remarque, si elle est juste, consacre-t-elle la faillite d'une des ambitions de Diderot avec son drame?

● Les personnages du *Fils naturel* sont-ils déracinés?

● Êtes-vous d'accord avec M. Vernière, qui affirme : « Dorval, à notre sens, n'est pas qu'une voix intérieure; c'est le fantôme de Rousseau »?

● L'homme de génie selon Diderot et le héros romantique.

● M. Vernière écrit : « Les *Entretiens avec Dorval* peuvent encore nous toucher; au-delà d'une poétique nouvelle et d'un discours de la méthode en matière de théâtre, nous y sentons vibrer une sensibilité neuve. Avec Dorval naît un type romanesque, celui de Saint-Preux et d'Obermann. »

● De quelle manière Dorval domine-t-il le drame et les *Entretiens?*

● « Diderot a besoin de suppléer, à force de philanthropie, aux sentiments religieux qui lui manquent » (Mᵐᵉ de Staël, *De l'Allemagne*, 1810) : qu'en pensez-vous?

● « Autant qu'une expérience littéraire, *le Fils naturel* semble une expérience personnelle. [Diderot] y a projeté ses convictions, ses phantasmes, le possible et l'impossible, le passé et l'avenir » (V. Tasca). Dans quelle mesure est-ce exact?

● « Je m'entretiens avec moi-même de politique, d'amour, de goût ou de philosophie. J'abandonne mon esprit à tout son libertinage. » En quoi ce début du *Neveu de Rameau* peut-il s'appliquer également au *Fils naturel* et aux *Entretiens?* La réflexion aurait-elle une valeur générale pour l'œuvre de Diderot?

TABLE DES MATIÈRES

IMPRIMERIE HÉRISSEY. — 27000 - ÉVREUX.
Dépôt légal : Novembre 1975. — N° 44861. — N° de série Éditeur : 14512.
IMPRIMÉ EN FRANCE *(Printed in France)*. — 870 045 G-Avril 1988.